ちくま学芸文庫

大元帥 昭和天皇

山田 朗

筑摩書房

大元帥　昭和天皇　目次

第Ⅲ章　アジア太平洋戦争における天皇の戦争指導　175

《凡例》

本書においては、叙述の根拠となる文献・史料については、注として本文の（　）内に提示した。単行本の場合には、〈著者名〉『書名』〈ページ数〉の順序で、論文の場合には、〈執筆者名〉「論文名」『掲載誌名』〈発行年月〉の順序で、機関所蔵史料（防衛庁防衛研究所図書館所蔵史料）の場合には、「文書名」『所収ファイル名』あるいは、『所収ファイル名』のみを記した。

単行本の出版データ〈出版社〉〈刊行年〉などは、巻末の参考文献一覧（書名の五十音順配列）で確認していただきたい。なお、同一文献をくり返し引用した場合には、〈著者名〉や『掲載誌名』〈発行年月〉などを省略した。

引用した史料の原文は、ほとんどが漢字・カタカナで、句読点がないものが多いので、読みやすさを考えて、固有名詞をのぞき、カタカナはすべてひらがなに直し、また、適宜、句読点を入れた場合がある。引用が長文に及ぶ場合には、とくに重要な部分に傍線をつけた。なお、引用文のなかの［　］は、山田が補足したものである。

まえがき

　戦前日本において天皇は、陸・海軍を指揮・統率する最高統帥者＝大元帥であった。本書は、大元帥としての昭和天皇の軍務と戦争関与の実態を、可能な限り具体的に明らかにしようとしたものである。

　昭和天皇の戦争関与とか、戦争責任という議論がなされると、必ずといっていいほど、次のような疑問が出される。

(1)　天皇は軍事には素人で、戦争には主体的には関わらなかったのではないか。
(2)　戦争は軍部の独走であり、天皇はそれをおさえようとした平和主義者だったのではないか。
(3)　天皇は戦争について実態を知らなかったのではないか（軍部は天皇に情報を与えなかったのではないか）。
(4)　天皇が決断したからこそ戦争が終わり、平和になったのではないか。

天皇の戦争責任を否定しようとする議論には、大別して、①天皇の憲法上の機能からの否定論（大日本帝国憲法の条文を根拠とする否定論）と、②天皇の実態からの否定論とがある。右の疑問は、おおむね後者、実態からの戦争責任否定論につながるものといえるだろう。本書は、このような疑問に、具体的な史実の提示によって答え、天皇の戦争責任を考えるための確かな素材を提供しようとするものである。

*

そもそも戦後も半世紀が過ぎ、「昭和」も終わってしまった現在、天皇の戦争責任を考える必要などあるのか、という感想をもつ人もあるだろう。いつまでも過去にこだわっていても仕方がない、たしかに日常生活のレベルでは私たちはこういった発想をしがちである。だが、過去にこだわらなければ、未来を切りひらけない問題もある。放置しておいても元に戻らないこともある。戦争や植民地支配とは、日本人にとってまさにそういった問題なのである。

近代日本の歴史は膨張と戦争の歴史であった。つまり、近隣諸国から見れば、つねに日本の膨張と軍事的脅威にさらされてきたわけである。自国が近隣諸国民から脅威と見られ、現実に数々の侵略の傷跡を残してきたことについて、必ずしも多くの日本人が自覚的ではない。十五年戦争という明白な侵略戦争に関しても、その侵略の実態を直視しないで、できればそれを覆い隠そう、美化しようという動きは、いまだに存在する。どのように弁解しても、十五年戦争は、いやそれだけでなく日清戦争以来、日本がおこなってきた戦争は、つねに日本の膨張主義戦略によってひきおこされ、他国を戦場とし、その主権を侵し、他国民の生命・財産を破壊してきた侵略戦争にほかならない。

自民党単独支配から〈連立政権〉の時代になったとはいえ、依然として政府は、十五年戦争を日本の侵略戦争であるとは認めず、日本とアジアの民衆に多大な犠牲を与えたことに無反省である。それどころか、日本の侵略と支配を正当化しようとするような発言が現職閣僚からくり返され、そのたびに内外の批判を受けている。自覚のない〈反省〉や言葉だけの〈謝罪〉は、事実の認識にもとづく日本人自身の確かな反省を妨げるだけでなく、〈謝罪〉された側の不信感とフラストレーションを高めてしまう。また他方で、今なお慰安婦や強制連行、朝鮮人・台湾人軍人軍属、朝鮮人被爆者、軍票所持の人々などからの補償要求・謝罪要求が出されている現状がある。戦争や植民地・占領地支配によって筆舌に尽くしがたい惨禍をこうむったアジア・太平洋地域の諸国民のなかには、戦争と植民地支配は、明らかに今日の問題として生きている。

対外的な問題だけではなく、国内においても戦争と軍国主義・植民地支配は、いまだに癒されぬ多くの傷跡を残している。どのような家庭でも、家族史や自分史を語るうえで多かれ少なかれ戦争で失われた肉親や友人のこと、「外地」からの引き揚げといったことにふれざるを得ない。また、被爆者援護問題、沖縄戦における住民虐殺や「集団自決」の問題などからも分かるように、今なお戦争によってこうむった精神的・肉体的苦痛からのがれられない人々がいる。

国家の意志として戦争と植民地支配がおこなわれ、また、強権的な治安体制がしかれた。その結果として、近隣諸国民と自国民にはかりしれない惨害を与え、民族間にも根深いしこりを植えつけ、生き残った多くの人々の人生をも狂わせてしまった以上、後始末のひとつとして戦争責任が問われるのは、当然のことであろう。戦争責任を問うとか、戦争責任の追及というと、天皇をふくむ政府・軍の指導者個人にたいする「死者に鞭うつ」ような非難・弾劾ということと混同されやすい。しかし、今や非難・弾劾だけでは何ものをも生み出さないことは明白である。

戦争は、今なお私たちのなかに生きているが、それはもはや〈歴史〉でもある。今日における戦争責任の追及とは、どのような歴史状況のなかで、どのような国家の判断・行動が、どのような結果をもたらしたのかを実証的に検証し、その因果関係や責任の所在を明らかにし、国民の共通認識として定着させることである。こうしたことを私たち日本人自身の手で確実におこなっておくことが、侵略・支配にたいする自覚的反省と内外にたいする実のある謝罪・補償の前提であり、ふたたび膨張・戦争といった歴史をくり返さないための確かな土台となるのである。そして、戦争責任の問題をとりあげる時には、戦前の国家元首であり、陸・海軍の最高統帥者であった大元帥・昭和天皇の責任についても触れないわけにはいかなくなるのである。

天皇と戦争との関わりや、天皇と軍部の関係について、あるいは戦争責任問題、アジア太平洋戦争における日本の戦略、といったことに関心がある方のご参考になれば幸いである。

一九九四年九月一八日

山田　朗

大元帥　昭和天皇

第Ⅰ章　大元帥への道

1　軍人としての昭和天皇の生い立ち

乃木将軍の教育を受けた幼少期

　昭和天皇は、まだ明治天皇の時代、二〇世紀が始まった年である一九〇一年（明治三四）四月二九日、青山の東宮御所で皇太子・嘉仁（よしひと）親王と節子（さだこ）妃の第一子として誕生した。嘉仁親王は、のちの大正天皇、節子妃は貞明皇后である。のちに昭和天皇となる皇子は、五月五日に明治天皇によって迪宮裕仁（みちのみやひろひと）親王と命名された。

　明治天皇は、同年三月五日、裕仁親王が誕生する前に、まもなく生まれてくる皇孫の養育掛として枢密顧問官・海軍中将川村純義伯爵を選んでいた。川村は、一八三六年（天保七）生まれで当時六四歳、薩摩の出身で、海軍草創期に二度海軍卿をつとめた軍人であったが、武人としての海上勤務は少なく、おもに兵部省・海軍省の官僚としての経歴が長い。川村が海軍卿時代におこなった薩摩出身者優遇の派閥人事により、薩派海軍閥ができあがったと言われている（松下芳男『近代日本軍人伝』五七頁）。川村は、麻布区（現在の港区）狸穴（まみあな）の自宅敷地内に二階建ての木造洋館を新築し、舶来の家具調度品を備えつけた。親王がぶつかってケガをしては一大事と、部屋のすべての柱には、絹の座蒲団が巻きつけられた（『昭和天皇全記録』五六頁）。

裕仁親王は、七月七日、わずか生後七〇日にして川村邸にあずけられた。生後すぐに臣下の家に子どもをあずけるというのは、当時の天皇家の習慣であった。翌一九〇二年六月に生まれた淳宮雍仁（あつのみややすひと）親王（のちの秩父宮）も同じく川村にあずけられ、一歳ちがいの兄弟はともに暮らすようになった。一九〇四年八月、日露戦争の最中に、養育掛・川村純義が死去すると、一九〇五年四月より裕仁・雍仁兄弟は、東宮御所内に新築された皇孫御殿へと移った。この皇孫御殿は、いわば幼稚園であって、皇孫御養育掛長・丸屋錦作（東宮侍従）の監督のもとに、「御相手」として選ばれた貴族の子どもたち四人が二人ずつ交替で親王兄弟の遊び相手となった。このころの裕仁親王は、「御相手」だった久松定孝によると、あまり丈夫な方ではなく、よく風邪で休んだ。また、無口ではあったが、「非常にまじめな」性格であったという（同前、六三〜六四頁）。

裕仁親王は、一九〇八年四月一一日、学習院初等科に入学した。明治天皇は、皇孫入学にそなえて、前年一月より日露戦争の旅順要塞攻撃で有名になった陸軍大将・乃木希典伯爵を学習院長に任命していた。乃木は、初等科教職員にたいして皇孫教育の方針として、健康第一、行状矯正を遠慮しないこと、成績については特別扱いしないこと、勤勉の習慣をつけさせること、質素を旨とすること、そして「将来軍務につかせらるべきにつき、その指導に注意すること」などを示し、その徹底を求めた。乃木自身も、裕仁親王が、雨の日は馬車で通学していたことにたいして、親王に直接、「雨の日も外套を着て歩いて通うように」と注意したという。昭和天皇ものちに、乃木からは「質実剛健ということを学びました」と回想している（一九七一年四月二〇日の記者会見、高橋紘『陛下、お尋ね申し上げます』一七五頁）。

満一一歳で軍人に

一九一二年七月三〇日、明治天皇が死去し、皇太子・嘉仁親王が天皇となり、元号も「大正」と変わった。当時、学習院初等科五年生で、一一歳だった裕仁親王も皇太子となった。また、「皇族身位令」（一九一〇年制定）第一七条の

皇太子皇太孫は満十年に達したる後陸軍及海軍の武官に任す

という規定にしたがって、同年（大正元）九月九日付で、皇太子・裕仁親王は陸軍歩兵少尉と海軍少尉に任官し、近衛歩兵第一聯隊付と第一艦隊付となった。将来の大元帥としての軍人修業がここから始まる。

皇太子は、一〇月一二日には、さっそく近衛歩兵第一聯隊におもむき、「命課布達式」〈赴任式〉に出席した。聯隊長・高島友武大佐は、聯隊全将兵の前に皇太子を導き、聯隊が皇太子を迎えた名誉を告げた。また、一一月一〇日には横浜沖に停泊中の第一艦隊旗艦・戦艦〈河内〉での赴任式にのぞみ、一二日には東京湾で行なわれた海軍特別大演習と

観艦式に大正天皇とともに出席した（海軍大臣官房編『海軍制度沿革』第一巻、二六二頁）。

皇太子は軍人として任官したといっても、小学生であることには変わりはなかったが、時折の軍務をこなす必要があった。一九一三年の四月八日と一〇月二四日には、学校からの帰りに、親王は近衛師団司令部と近衛歩兵第一聯隊に立ち寄り（『昭和天皇全記録』七〇頁）、また、一一月三〇日には秩父宮・高松宮とともに横須賀軍港で新鋭巡洋戦艦〈金剛〉を見学、翌一四年三月には戦艦〈薩摩〉に乗って江田島へ行き、海軍兵学校や呉軍港を視察している（『海軍制度沿革』第一巻、二六八頁、二七一～二七二頁）。なお、一九一二年九月、一一歳で陸軍・海軍両方の少尉に任官した皇太子は、その後、一四年、一三歳で中尉、立太子礼が行なわれた一六年、一五歳で大尉、二〇年、一九歳で少佐、二三年、二二歳で中佐、二五年、二四歳で大佐へと、大元帥になるために猛スピードで進級した。

一九一三年三月より、弟親王たちと別れて青山の東宮仮御所（以前の皇孫御殿）から高輪の東宮御所（旧高輪御殿）に移った皇太子は、翌一四年四月二日、学習院初等科を卒業した。このあと、皇太子は、彼ひとりの教育のために東宮御所内に新築された東宮御学問所で、天皇＝大元帥となるための帝王教育をうけることになる。

〝過激思想〟の広まりを憂慮

一九一四年（大正三）五月四日に開設された東宮御学問所の総裁となったのは、日露戦争日本海海戦の英雄、元帥・海軍大将東郷平八郎であった。東宮御学問所は、一般の人々の中学校（当時は五年制）・高等学校（三年制）にあたる教育を一二歳から七年間でおこなうとともに、天皇にとって必要な帝王学を修得する場所であった。五人の少年が、「東宮職出仕被仰付」という宮内省職員の辞令をもらって、皇太子の学友に選ばれた。

東宮御学問所での教科は、倫理（杉浦重剛）・歴史（白鳥庫吉）・地理・数学・地文・国漢・博物・理化・フランス語・習字・法制経済・美術史・体操・武道・馬術の正規科目のほかに軍事学の講義があった。倫理と歴史は帝王学の基礎であり、軍事学も重要視されていた。

軍事学の講師には、陸軍大学校の校長と海軍軍令部次長クラスの将官があたった。陸軍側講師は当初、河合操少将（のち参謀総長・大将）、次に浄法寺五郎少将（のち中将）、三人目が宇垣一成少将（のち陸相・大将）ですべて現職の陸大校長であった。海軍側講師は、最初が海軍大学校教官・海軍軍令部第四（情報担当）班長だった竹下勇少将（のち大将）、二人目が海大教官・海軍軍令部第一（作戦担当）班長から講師の任期途中に海軍軍令部次長となった安保清種少将（のち海相・大将）である。軍事学の講義は、週一回、陸軍と海軍が隔週で講義を担当した。内容は古今東西の戦争史、軍隊の歴史から始まり、やがてはかなり専門的な戦略・戦術にまでおよんだが、時には軍機に属することとして「他言をしないように」との注意がつけ加えられた講義もあったという（『昭和天皇全記録』七四頁）。

のちに昭和天皇は、この御学問所時代のこととして

若い頃、西洋歴史、とくにフランス革命史とナポレオン時代に興味をもって読みました。……箕作元八という人が書いたものもよく読みました（『陛下、お尋ね申し上げます』一四一～一四二頁）戦争や政治史に関係したものに、興味があった（同前、二四八頁）

と語っている。箕作元八（みつくりげんぱち）は、東京帝国大学教授をつとめ、一九一九年には没したが、『仏蘭西大革命史』全二巻（一九一九～二〇年）、『ナポレオン時代史』（一九二三年）などの著作を残している。皇太子・裕仁が夢中になったのもこの類いの著作であろう。皇太子は、一九世紀ヨーロッパの戦争・政治史に関心をもっただけでなく、当時の世界政治と国内の治安問題についても、一定の理解と関心をもっていた。皇太子が、東宮御学問所で帝王学を学んだ時期（一九一四～二一年）は、第一次世界大戦の勃発、ロシア革命、戦争の終結、ベルサイユ講和会議、戦後のヨーロッパの混乱、というように世界情勢が大きく動いた時期であった。当時、軍事学の講師であった宇垣一成陸大校長は、しきりにナポレオンの膨張主義とドイツの戦略を重ね合わせて観察しているが（『宇垣一成日記』第一巻）、激動するヨーロッパ情勢と社会運動の高揚などを、一般社会とは隔離された世界から一〇代の皇太子はどう見ていたのか。一九二〇年一月に倫理学の教師・杉浦重剛の指導のもとに、裕仁皇太子は、「平和成立の詔勅を拝読して所感を述ぶ」という作文を書いている。これはべ

ルサイユ条約批准にあたって大正天皇が一月一〇日に発布した詔書を題材に、皇太子が感想を述べたものである。その作文の中で皇太子は、

> 世界の思想界は大に乱れ、過激思想は世界に広まらんとし、労働問題はやかましくなりたり。……此の際我国民たるもの詔勅に仰せられたる如く奮励自彊、随時順応の道を講ぜざる可からず。（中略）
> 各個人としては［詔書は］「重厚堅実を旨とし浮華驕奢（ふかきょうしゃ）を戒めざる可からず」と仰せられたり。今や国内は奢侈に流れんとす。今日特に留意すべき点なり。
> 「国力を培養して以て時運に伴はざる可からずと」仰せられたるは大切なる事なり。もし軍備を充実せざれば一朝事のありし時に国を防ぐ事能はず。（中略）
> 万々年後に政事を指導する大任を帯びたる余は、此［詔書］の御趣旨を遵奉して以て国家を益々盛んにし永遠の平和を確立して以て御父宮様の御恩徳に報い奉らん。
> （『牧野伸顕日記』二二二〜二二三頁）

と「過激思想」たる社会主義の広がり、労働運動の高揚を憂慮し、国民の「浮華驕奢」を戒め、さらに軍備充実を訴えている。詔書で示された要点をおさえた上で、みずからの「大任」についても自覚のほどを明らかにしている。御学問所での帝王教育の成果が、かなり現われているといえる。

2　大元帥としての自覚——摂政時代の転換

大正期の天皇制支配

皇太子・裕仁親王は、一九二一年（大正一〇）二月一八日に御学問所の課程を修了した。当時、すでに皇太子は大正天皇の代理で政務・軍務につくことが多くなっていた。大正天皇は、幼少の頃に脳膜炎を煩い、その後も病気がちだったが、一九一九年ごろよりとみに健康状態がすぐれず、歩行と言語にも支障を来すようになり、儀式における勅語の朗読なども難しくなっていた。一九二〇年四月におこなわれたイギリス大使、メキシコ、チェコスロバキア両国公使の信任状奉呈式には、初めて天皇に代わって皇太子が出席、同年一一月に大分県でおこなわれた陸軍特別大演習も皇太子が視察した。この一九二〇年から陸軍大学校・海軍大学校などの軍学校の卒業式にも裕仁皇太子が天皇の名代で出席するようになり、翌一九二一年からは、陸・海軍の特別大演習の統監も代行した。

明治以来、学校教育、軍隊教育やさまざまな情報統制・操作によって天皇を「現人神（あらひとがみ）」として敬う天皇制による「心の支配」は、国民に強く浸透してきた。学校教育では、「教育勅語」に代表される天皇制イデオロギーと修身・国史から国語読本や音楽にいたるまで巧みに系統化された軍国主義教材によって、天皇あっての日本、忠孝こそが最高の美徳であるとの価値観が子どもたちに植えつけられていた。軍隊教育では、新兵たちに「軍人勅諭」の暗記を強要し、「死は鴻毛（こうもう）よりも軽しと覚悟せよ」と天皇のためにいさぎよく死ぬことの「尊さ」が叩きこまれた。また、情報統制・操作は、内務省を中心に強大な警察権力によって日常的に展開され、反天皇制的言動は一般のマスコミからはほぼ完全にしめだされた。天皇・皇室に関する情報が、国家によって一元的に管理されることによって国民の天皇観を画一的なものにしていた。これらの結果、民衆の多くは、古新聞ひとつ処分するにも、「不敬」にならぬよう天皇・皇族の写真が印刷されていないか気を配らなければならないほどに、日常生活の隅々まで道徳的にしばられていたのである。

だが、これらの「心の支配」の浸透装置を用いても、現実には第一次世界大戦以後の大衆社会化の進展と社会運動の広がりを前に、支配のタガは緩みがちであった。天皇制による支配のタガが緩み始めたのには、大正天皇が、重い病気のために国民を強力に引きつける求心力に欠け、天皇の奇行に関するさまざまな噂話が一般にも流布して天皇家の権威が著しく低下したことにもひとつの原因があった。また、「元老」として大正天皇を支えた桂太郎（一九一三年）、井上馨（一五年）、大山巌（一六年）、山縣有朋（二二年）、松方正義（二四年）といった明治の元勲たちがあいついで没していったことも、明治以来の支配秩序が緩む要因であったといえる。帝王教育を終えるか終えないかの年若い皇太子・裕仁親王が、一九二〇年以降、政務・軍務の前面に立たざるを得なくなったことは、天皇制にとっては大きな危機であったとも言える。また、ほかならぬ皇太子妃をめぐる指導層の内紛が「宮中某重大事件」として伝えられたことも天皇家の威信低下に拍車をかけた。

ヨーロッパ旅行と摂政への就任

天皇側近の一部と政府は、この天皇制の権威低下、危機を皇太子の摂政就任によって打開しようとした。そして、時の首相・原敬と元老・西園寺公望公爵は、皇太子を摂政にするまえに、外遊をさせて裕仁親王に大国の君主としてのさらなる自覚と見識をつけさせようと考えた。皇太子の外遊に難色を示す貞明皇后に対して元老・松方正義は、「内奏文」において

> 世界大戦の欧州に及ぼせる影響の甚大なるは申す迄も之なく、劫後、民族の離合、邦国の抗争尚ほ未だ息まず。其間、民衆の運動、思想の動揺迭に起り、各国国勢の消長、目前に呈露し来り候に付、治乱興廃の因る所を明かにし得ること現時の如き恐らくは空前にして又絶後に之有べく、是等実況の御視察は誠に再び得難かるべきの好機会と申すべきか（岸田英夫『天皇と侍従長』二〇〜二一頁）

と、摂政就任をひかえた皇太子にとって、激動のヨーロッパで見聞を積むことが実物教育としていかに重要かを繰り返し強調した。この外遊には、もちろん大戦後のヨーロッパ

の実情を見聞するという目的のほか、ジョージ五世治下のイギリスを外遊の中心とすることにより、大戦後における世界強国の君主のあり方を皇太子に自覚させることもめざされていた（佐々木隆爾『現代天皇制の起源と機能』八八頁）。天皇や皇太子の側近の中には、この外遊を機会に、皇太子の欠点が矯正されるのではないかとの期待もあったようである。皇太子の欠点とは、人前で落ちつきのないこと、性格が内気で、物事を徹底的に追究しようという気力に欠けることであった。

一九二一年（大正一〇）三月三日、皇太子裕仁親王は、軍艦〈香取〉に乗ってヨーロッパ歴訪の旅に出た。皇太子には、元帥・陸軍大将閑院宮載仁親王（のちの参謀総長）を後見役に、宮内省御用掛・元イギリス大使の珍田捨巳（ちんだすてみ）を供奉長（ぐぶ）に、かつての軍事学の教師・竹下勇海軍中将、東宮武官長・奈良武次陸軍中将、東宮侍従長・入江為守ら三三人の供奉員のほか、御召艦〈香取〉、供奉艦〈鹿島〉の乗組員、第三艦隊司令長官・小栗孝三郎中将ほか司令部要員、合計二〇〇〇人以上が同行した。イギリス・フランス・ベルギー・オランダ・フランス（二回目）・イタリアを歴訪し、同年九月三日、皇太子一行は帰国する。

昭和天皇自身、この外遊の成果を、イギリスにおいて「立憲君主制の君主はどうなくちゃならないか」をジョージ五世から直接教えられたことである、とのちに語っている（『陛下、お尋ね申し上げます』二七九頁）。しかし、帰国直後の九月六日、供奉長・珍田捨巳の報告を聞いた宮内大臣・牧野伸顕は、あらためて

御性質中御落附の足らざる事、御研究心の薄き事等は御欠点なるが如し（『牧野伸顕日記』二六頁）

と記しているところをみると、表面上、皇太子は旅行中にはあまり変化しなかったようである。だが、明らかに帰国後、皇太子は「君主」としての自覚を高め、積極的に政務・軍務をこなすようになるのである。一〇月一四日、東京駅前で催された鉄道五〇年祝典に天皇の名代で出席、一一月には陸軍大学校・海軍大学校の卒業式に出席、一一月一五日には本来は天皇が主催する赤坂御苑での観菊会を開き、同一七日からは神奈川県で行なわれた陸軍特別大演習を統監した。

一一月二五日、皇太子裕仁親王は、二〇歳で摂政に就任した。これは、政務・軍務のほとんどを皇太子である摂政が天皇に代わって行ない、大正天皇の事実上の引退を意味した。摂政就任の許可を求める牧野宮内大臣らの上奏にたいしても、大正天皇は、「唯々アーアーと切れ目切れ目に仰せられ御点頭」しただけで、牧野には「言上の意味は御会得遊ばされざりし様」に見受けられたという（同前、三八頁）。

宮中側近や軍部高官を安心させた摂政の変身

摂政就任前後から、皇太子は「君主」としての自覚と意欲を高めた。古い因習にとりまかれた宮中における女官制度の改革（住込み者の全廃）では、牧野宮内大臣に

諸事進歩的に御在しまし、少しく極端に御奔（はし）り易き御意向（同前、四五頁）

と言わせるほどで、牧野はそれを頼もしいと思う反面、「御輔導［指導］益々大切なり」とも感想をもらしている。確かに、まだ二〇歳をすこしすぎたばかりの若者である裕仁皇太子は、ヨーロッパの空気にふれ、半年とはいえ、かなり自由な生活を経験したことで、政治には大いに関心を持った反面、天皇家の古い儀式・しきたりには反発を感じ始めたようである。二二年九月には、貞明皇后は、牧野伸顕に対して、摂政がいまだに正座ができないこと、それでは神嘗祭などの宮中行事がつとまらないこと、また、「昨年来殊に此種の御務め事に御怠慢の御様子」であることに苦言を呈し、今後はもっと「自発的に」、自覚を持たせるようにしてほしい、また、最近は「御運動」（スポーツ）に熱心すぎるのではないか、など相当に厳しい注文をつけている（同前、六五頁）。宮中行事には今一つ熱が入らない皇太子ではあったが、政務については意欲的に取り組み、一一月から一二月にかけての海軍特別大演習統裁とその前後の四国方面訪問に供奉した牧野は、

益々天職を尽す御自覚の出来させられたるを種々の場合に於て眼前に目撃し、前途の為め気を強くせり（同前、六九頁）

と摂政の自覚の高まりを高く評価している。ただ、牧野は「慎重に物事を御熟思遊ばさるゝ御気風」が養成されれば、「君徳愈々高くならせらるゝ事なるべし」とも言っているので、まだ、皇太子は深い思慮に欠ける面があったということであろう。しかし、牧野ら

側近や皇后が心配した点を皇太子はひとつひとつ克服していった。『牧野伸顕日記』には、摂政が、君主として、将来の大元帥としての自覚と能力を高めていった様子が、詳細に記録されている。

たとえば、摂政は、一九二三年九月の関東大震災直後に、みずからの判断で秋に予定されていた結婚を「進行するに忍びず」と延期を決定し、牧野を自発性・熟慮の習慣が身についてきたと喜ばせたし（同前、八九～九〇頁）、同年一二月、暗殺未遂事件（虎ノ門事件）に遭遇しても、動揺することなく泰然とふるまって、周囲を感心させた（同前、一〇八頁）。また、従来、軍隊閲兵の際に必要不可欠でありながら、苦手としていた乗馬も、自発的かつ集中的に練習し、陸軍の師団長たちに「殿下御馬術近年非常の御進歩にて著しき御熟練なり」と言わせるまでに上達した（一九二四年四月、同前、一二二頁）。馬上での閲兵は、大元帥にとってはひとつの「見せ場」であり、堂々と閲兵できれば、将兵の士気を大いに鼓舞することになる。逆に、大元帥が将兵の前で、馬にしがみついているようでは、威信を失墜させること甚だしい。また、将兵の前で、立派に勅語を読むというのも、大元帥にとっては重要な仕事である。よく通る明瞭な声でなければならないし、そうかと言って声を張り上げた下品なものでもいけない。そのあたりの兼ね合いが難しいのだが、一九二四年一一月の北陸地方でおこなわれた陸軍特別大演習の際には、摂政は風邪をひいていたにもかかわらず、朗々と勅語を読み、「参集軍人一般に多大の感動を与へ」たという（同前、一六五頁）。大正時代になって、軍の最高統帥者不在の状態が久しく続いていたが、摂政が次第にその名代を立派に務めるようになり、宮中の側近や軍部高官を大いに安心させたのである。

3　大元帥としての天皇の役割

大元帥と統帥権

そもそも「大元帥」とは何か。「大元帥」は漢語で、国家の兵権を総攬する（とりしきる）官、総大将といった意味であるが、日本においては、明治時代より前には、特に用いられていた言葉ではない。

明治天皇が一八八二年（明治一五）一月に発布した「陸海軍軍人に賜はりたる勅諭」（軍人勅諭）では

夫（それ）兵馬の大権は朕か統（す）ふる所なれは、其の司々をこそ臣下には任（まか）すなれ、其大綱は朕親（みずか）ら之を攬（と）り肯（あへ）て臣下に委（ゆだ）ぬへきものにあらす。……朕は汝等軍人の大元帥なるそ。されは朕は汝等を股肱（ここう）［手足のこと］と頼み、汝等は朕を頭首と仰きてそ其親（したしみ）は特に深かるへきとされている。「兵馬の大権」すなわち軍隊を指揮・統率する大権は、その「大綱」を天皇みずからが握っていること、つまり、日本の軍隊は天皇が親率する(みずから率いる)ことが大原則であると示されている。また、同時に天皇は軍人の「大元帥」であることが強調されている。だが、まだ軍人勅諭の段階では、「大元帥」は、天皇の尊称として公に定められていたわけではなかった。

「大元帥」の名称が軍の指揮・統率者としての天皇の尊称として制度化するのは、一八九八年(明治三一)に、天皇の軍事上の最高顧問機関として元帥府が設置されてからである。元帥の称号は、陸・海軍大将のなかでとくに軍功のあった者のみに授けられた。元帥の称号を受けた大将は、終生、現役でいることができ、軍の「大御所」として影響力を保つことができた。この元帥たちが列席して天皇の諮問に答えるための機関が元帥府である。元帥の制度化にともない、天皇は元帥である大将よりもさらに上位の最高位の軍人であることを示す正式の呼称が必要になり、以後、天皇のことを「大元帥陛下」と称するようになった。したがって、大元帥とは、日本陸海軍の最高位の軍人ということである。

この日本陸海軍の最高位の軍人である大元帥が、軍隊を指揮・統率する権限を統帥権(統帥大権)という。一八八九年に発布された大日本帝国憲法には、

第一一条　天皇は陸海軍を統帥す

第一二条　天皇は陸海軍の編制及常備兵額を定む

とある。一般に、昭和の初期までは、第一一条を天皇の統帥大権を定めたもの、第一二条を国務大権の一部である編制権を定めたものとされていた。条文上はともに、天皇が直接行使する大権であるが、慣習的に統帥権は、内閣の介入を許さず、天皇に直属する参謀本部や軍令部などの軍令機関のみが輔翼（補佐）するものとされた。これを統帥権の独立という。「独立」とは内閣（政治）からの独立の意味である。一方、編制権をふくむ天皇の国務大権とは、内閣が輔弼（補佐）するものとされた。

統帥権は政治から独立しているとされ、統帥大権（軍事）と国務大権（政治）は分裂しているように見えるが、これが天皇によって統一されている、というのが明治憲法体制の建前であった。また、大正の初期までは、国務にも統帥にも能力を発揮した明治の元勲たちが健在で、この国務と統帥の形式上の分裂は、実際の国家運営・戦争遂行のうえには大きな矛盾を生じなかった。政府と軍に圧倒的影響力をもつ元勲たちが、基本的な国家戦略を決定し、軍官僚たちはそれにもとづいて軍事戦略・作戦を構想した。この場合の統帥権の独立とは、国家戦略が政府によって決定された上での統帥の独立ということであり、作戦の遂行に関しては政府は細かな介入をしないということであった。

しかし、日露戦争以降、陸海軍が官僚機構を肥大化させて、独自の対外戦略をもち、政治力を強めたのにたいし、大正期に、元勲たちが次々と死去し、国家戦略の決定そのものに軍の官僚組織が大きな影響力をもつようになった。このような段階で、軍がもちだした統帥権の独立とは、政府にたいする軍への介入拒否ということであり、文字どおりの国務と統帥の分裂をもたらすものであった。したがって、天皇という一機関によって統合されている建前の国務（政府）と統帥（軍）は、国家の指導層がはっきりとした国家戦略を決定しないかぎり、天皇が国務か統帥かの優先順位を決めなければならず、天皇個人をも分裂させてしまう恐れがあった。裕仁親王が、摂政になった頃は、明治以来の国家戦略の決定システム、いわば元勲合議制ともいえるシステムが崩壊し、それに代わる政党制がまだ充分に力を発揮できない時期であった。また、前述したように、明治天皇の死去と大正天皇の病気によって天皇制の威信が急速に低下しつつあった時期でもあった。

ところで、統帥権は天皇の大権であるとはいっても、大元帥が実際に軍隊の先頭にたって戦うわけではないのであるから、天皇による統帥権の行使とか天皇親率とか言われることの実態は、どういうものであったのか。戦時・平時のさまざまな情況における個別具体的な例は、本書全体で見ていくわけであるが、あらかじめアウトラインを示しておけば、天皇自身による実際の統帥権の行使とは、(1)最高命令の発令（大本営命令等の発令）、(2)下問などを通しての作戦指導、(3)将兵の士気の鼓舞、ということになろう。(1)と(2)は、おおむね戦時に限られるが（平時の作戦計画にたいする変更指導も含まれる）、(3)士気の鼓舞は戦時・平時を通じてのことであり、将兵に天皇親率を実感させるものである。したがって、平時における大元帥の仕事として特に重要なものは、この士気の鼓舞に関連するものである。

陸海将兵の士気を鼓舞

平時においても大元帥としての天皇は、決して暇なわけではない。たとえば、一九三〇年（昭和五）を例にして、一年間の天皇の主要な軍務を追ってみよう。

一月八日　毎年恒例の陸軍始（はじめ）観兵式。代々木練兵場において近衛師団・第一師団の将兵約一万を親閲（まず馬上より閲兵し、そのあと将兵の分列行進に挙手の礼で応える。他の観兵式も同じ形式）。

二月一九日　宮中にて金谷範三参謀総長の親補式。

三月一〇日　陸軍記念日　陸軍戸山学校での奉天会戦二五周年祝賀会に出席。

四月二九日　天長節　代々木練兵場での観兵式（毎年恒例）は雨天のため中止。

五月二七日　海軍記念日　海軍・水交社での日本海海戦二五周年記念祝賀会に出席。

五月二九日　静岡行幸　安東練兵場にて静岡県下の学生・青年団員一万八〇〇〇人の武装分列行進を親閲。

七月一九日　陸軍士官学校卒業式に出席、分列行進を親閲、優秀卒業生徒の御前講演を聞く。

一〇月一八～二一日　海軍特別大演習（関東～四国沖）を統監。御召艦〈霧島〉。

一〇月二四日　江田島の海軍兵学校を視察、生徒による観兵式を親閲。

一〇月二六日　神戸沖での特別大演習観艦式を親閲。勅語を出す。

一一月一四〜一六日　陸軍特別大演習（岡山・広島）統監。勅語を出す。

一一月一七日　岡山練兵場にて特別大演習観兵式（第五師団・第一〇師団など約三万人参加）を親閲。

一一月一九日　岡山練兵場にて中等学校生徒・青年団員・在郷軍人など約五万人の分列行進を親閲。

一一月二七日　陸軍大学校卒業式に出席。卒業生らによる図上戦術（戦史上重要な戦闘を図上で再現すること）を見学。

一一月二八日　海軍大学校卒業式に出席。卒業生の図上演習を見学。

一二月一日　宮中にて海軍司令長官（佐世保鎮守府司令長官、第二艦隊司令長官）親補式（海軍の司令長官以上の補職は、天皇がみずからおこなった）。

一二月二二日　宮中にて師団長（第四師団長）親補式（陸軍の師団長以上の補職は、天皇がみずからおこなった）。

このほかに、毎年二月頃に「帝国陸海軍年度作戦計画」の裁可（許可）をすることになっている。一九三〇年は、天長節の観兵式が中止になったが、例年、陸軍始・天長節・陸軍特別大演習の際に大規模な観兵式がある。天皇が統監する特別大演習は、陸軍が毎年秋に、海軍が三年に一度これも秋におこなわれる（巻末の年表参照のこと）。特別大演習は地方巡幸もかねており、とりわけ、陸軍特別大演習には、首相はじめ政府の高官も陪席するのできわめて大がかりなイベントになった。

天皇は、平時のこれらの軍務を通じて、陸海将兵の士気を鼓舞するようにつとめたのである。

大元帥を支えたスタッフ

天皇は、国務については政府、統帥については軍令機関の補佐をうけ、その大権を行使するわけであるが、これとは別に、つねに天皇の近くにいて天皇の政務・軍務を支える集団がある。元老・内大臣・侍従長・侍従次長・宮内大臣・侍従武官長・侍従武官などの人々である。

元老とは昭和天皇にとってはただ一人、西園寺公望である。天皇にたいして後継首相の推薦をおこなう元老・西園寺は、天皇にとっては国家運営をおこなう上での最高顧問であり、一九四〇年（昭和一五）に死去するまで、重要な決定にさいしては常にその意見が求められた。内大臣は、政務に関する補佐を主な仕事とし、天皇の相談相手であり、天皇と政府要人との連絡役である。牧野伸顕・斎藤実・湯浅倉平・木戸幸一、歴代の内大臣はいずれも天皇に大きな影響を与えた。侍従長・侍従次長は、天皇に仕える侍従たちをまとめるとともに、政治的な問題をふくめ天皇の日常的な活動全般の補佐をする。戦前、天皇につかえた侍従長五人のうち一九二九年に就任した鈴木貫太郎以降の三人はいずれも海軍大将であった。これらの侍従長のうち鈴木は、政務・軍務の両面で、天皇に与えた影響は大きかった。宮内大臣は、皇室財産の管理と皇族・貴族の監督を主な仕事とするため、天皇の国務・統帥には直接はかかわらない。

天皇の軍務に非常に大きな影響力をもったのが、侍従武官長である。武官長には、慣例として陸軍の中将以上の将官が就任した。また、天皇の傍らには、武官長のほか少佐〜少将クラスの陸軍四人・海軍三人の侍従武官が交代で勤務し、天皇の軍事問題に関する下問に対応するほか、陸海軍の要人、軍機関の責任者との連絡にあたった。このうち、侍従武官長の役割は非常に大きく、大元帥・天皇の軍事顧問として、天皇の軍事的判断に影響を及ぼした。昭和天皇につかえた五人の武官長のうち、天皇が皇太子時代から一一年間にわたり武官長であった陸軍大将・奈良武次は、大元帥としての昭和天皇の行動様式を作り上げたと言っても過言ではない存在であった。また、侍従武官には、天皇の目となり耳となって各地に視察に行き、天皇の「聖旨」を伝達し、天皇が直接には赴けないような地方（戦地・植民地）の将兵の士気を鼓舞するという重要な任務もあった。昭和天皇につかえた侍従武官の人数は、皇太子時代の東宮侍従武官が陸軍八名、海軍八名、天皇になってからが陸軍二五名、海軍一八名にのぼる（秦郁彦編『日本陸海軍総合事典』より算出。武官長は除いた人数)。

戦前期において昭和天皇につかえた側近たちのうち内大臣・侍従長・侍従武官長の氏名と在任期間、前職は次の通りである(岸田英夫『天皇と侍従長』一一頁、一二二頁)。

内大臣

氏名	在任期間	前職
牧野伸顕	一九二五年三月三〇日〜三五年一二月二六日	宮内大臣
斎藤　実	一九三五年一二月二六日〜三六年二月二六日	総理大臣、海軍大将
湯浅倉平	一九三六年三月六日〜四〇年六月一日	宮内大臣
木戸幸一	一九四〇年六月一日〜四五年一一月二四日	宮内省宗秩寮総裁

侍従長

氏名	在任期間	前職
徳川達孝	一九二二年三月二二日〜二七年三月三日	大正天皇侍従長
珍田捨巳	一九二七年三月三日〜二九年一月一六日	東宮大夫、駐米、駐英大使
鈴木貫太郎	一九二九年一月二二日〜三六年一一月二〇日	海軍軍令部長、海軍大将
百武三郎	一九三六年一一月二〇日〜四四年八月二九日	海軍大将
藤田尚徳	一九四四年八月二九日〜四六年五月三日	海軍大将、明治神宮宮司

侍従武官長

氏名	在任期間	前職
奈良武次	一九二二年一一月二四日〜三三年四月六日	東宮武官長、陸軍中将

本庄　繁　一九三三年四月六日～三六年三月二三日　関東軍司令官、陸軍中将

宇佐美興屋　一九三六年三月二三日～三九年五月二五日　第七師団長、陸軍中将

畑　俊六　一九三九年五月二五日～三九年八月三〇日　中支那派遣軍司令官、陸軍大将

蓮沼　蕃　一九三九年八月三〇日～四五年一一月二日　駐蒙軍司令官、陸軍中将

第Ⅱ章　大陸への膨張と昭和天皇

一　代替わり＝大元帥・昭和天皇の誕生

1　大元帥の誕生と大礼特別観兵式

山東出兵を裁可

一九二六年一二月二五日、かねて病気であった大正天皇が葉山御用邸で死去した。皇太子・裕仁親王はただちに践祚（皇位を継承すること）し、「昭和」と改元された。践祚と同時に昭和天皇は大元帥となり、一二月二八日、陸海軍人にたいして勅諭を下した。

朕祖宗の威霊に頼り万世一系の大統を嗣くに臨み朕か股肱たる陸海軍人に告く

惟ふに皇祖考［天皇の祖父＝明治天皇］夙に汝等軍人に聖訓を降し給ひ皇考［天皇の父＝大正天皇］亦申ねて聖諭を垂れ給へり汝等軍人眷々服膺し克く匪躬の節を効し尽忠報国の偉績を建てたり

朕は先朝の慈育愛撫し給へる軍隊を念ひ切に汝等軍人の忠誠勇武に信倚し列聖の遺業を紹述し倍々国威を顕揚し億兆の慶福を増進せむことを冀ふ

汝等軍人其れ克く朕か意を体し先朝の訓諭に遵由し審に宇内の大勢を察し深く時世の推移に鑒み切磋砥礪愈〻操守を固くし一意奉公の至誠を攄て以て宏猷を扶翼せむことを期せよ

勅諭の前半部分は、明治天皇・大正天皇の教えにしたがって日本軍隊が大きな功績を挙げたと称え、後半部分では軍隊に「倍〻国威を顕揚」することを求めている。明治以来、日本軍には、国家を防衛するという仕事とともに、「国威発揚」というややもすると膨張主義に傾斜しやすい任務が与えられていた。昭和天皇も大元帥となり、明治天皇にならってまずそのことを勅諭でしめしたのである。

大正天皇の死去により一九二七年（昭和二）一月八日の陸軍始の観兵式は中止となり、新天皇の大元帥としてのデビューは、四月一六日、横須賀海軍工廠における新鋭巡洋艦〈妙高〉進水式というやや地味なものになった。初の「天長節」となった四月二九日の観兵式も行なわれなかった。昭和天皇は、大元帥にはなったものの、大正天皇の服喪中ということでしばらくは、将兵の士気を鼓舞する機会がなかった。

ところが、天皇の大権は、海外派兵の裁可という思いがけない形で行使されることとなった。当時、中国では国民政府（蔣介石）による北伐、すなわち華北・満州を支配する種々の軍閥政権を武力討伐して国家統一をなしとげようとする動きが急であった。五月になると北伐軍は、山東省へとせまり、四月二〇日に成立したばかりの田中義一内閣は、満州と山東の既得権益を守り、北伐軍の北上を阻止することをねらった。五月二七日、日本政府は、閣議において「居留民保護」を名目に山東へと派兵することを決定した。五月二八日、田中首相は参内して、出兵理由と政府の決定を上奏、続いて参謀総長・鈴木荘六大将が、関東軍から第一〇師団の歩兵第三三旅団約二〇〇〇名を青島に派遣する旨、上奏した。天皇はこれらの上奏を裁可した。陸軍は、さらに派遣兵力の増強を求め、天皇の裁可をへて七月には第一〇師団の歩兵第八旅団など約二二〇〇名を済南に派遣した。

軍務多忙

一九二七年も後半になると、天皇の軍務は半年間の空白を取り戻すかのように、過密スケジュールとなり、アクシデントもあって天皇はきわめて多忙となった。天皇は、七月一九日には陸軍士官学校卒業式に出席したのを皮切りに、七月二八日には横須賀軍港より御召艦戦艦〈山城〉に乗って小笠原・奄美方面行幸に出発、その途中、八月四、五日、豊後水道での海軍戦技演習（空母艦上機による実艦爆撃など）を親閲した。

八月二四日には島根県美保関沖で夜間演習中の海軍艦艇四隻が衝突事故を起こし、駆逐艦〈蕨〉が沈没、一一九名の死者を出す惨事となったため、天皇はただちに侍従武官・住山徳太郎海軍大佐を現地（舞鶴）に派遣して弔慰の「聖旨」を伝達させた。八月二六日には、関東軍司令官、教育総監、師団長らの親補式があった。八月三〇日には、海軍の事故現場に派遣した住山侍従武官の報告を受け、同日午後には田中首相と鈴木参謀総長の山東撤兵についての上奏をうけ、それをただちに裁可した。北伐が停止され、日本の出兵が内外からの批判にさらされたためである。日本軍は、九月八日に撤兵を完了した。

九月一九日には、富士の裾野でおこなわれた陸軍の特別陣地攻防演習を親閲、一〇月二二日から二四日までは、御召艦戦艦〈陸奥〉に乗り、豊後水道と紀州沖でおこなわれた海軍特別大演習を統監、三〇日には横浜沖における観艦式を親閲した。一一月一四日には、愛知県下での陸軍特別大演習に先だって、名古屋城北練兵場において在郷軍人・学生・青年団員の分列行進を親閲、一五日から一八日までは特別大演習を統監、一九日には名古屋・第三師団練兵場において特別大演習観兵式を親閲、演習勅語を下した。この観兵式の際、閲兵中の天皇に対して、歩兵第六八聯隊所属の北原泰作二等卒が、軍隊内の部落差別について直訴状を提出しようとして、取り押さえられるという事件もあった。北原は第三師団軍法会議にかけられ、二六日には懲役一年の判決を受けた。東京へ帰った天皇は、二五日に海軍大学校の卒業式に出席、海軍省へも立ち寄った。

このように、昭和天皇の大元帥一年目、とりわけ後半はまさに軍務につぐ軍務であった。昭和天皇は、側近や軍部上層の期待によく応え、実に精力的に大元帥としての役割をこなした。

大礼特別観兵式・観艦式

一九二八年、昭和天皇の即位礼・大嘗祭の年、天皇の軍務は、前年中止となった一月八日、陸軍始観兵式で始まった。

この年、一一月の即位の大礼までに、天皇・皇后の「御写真」（いわゆる「御真影」）が官公庁・学校に下賜された。各新聞社は、二月に宮内省から下賜された「御写真」を「特別上質紙、高級グラビア印刷」で複製し、「紀元節」の特別付録として月極購読者に配った。一般家庭に掲げられていた「御真影」は、おおむねこの種のものである。「御写真」の天皇の服装は、陸軍式大元帥正装である。

天皇の服装は、宮中祭祀以外は、大元帥の軍服である。大元帥の軍服には、陸軍式と海軍式の二種類があり、陸軍式にも正装・礼装・通常礼装・軍装・略装の五種類が、海軍式にも正装・礼装・通常礼装・第一種軍装・第二種軍装の五種類があった。通常、天皇は儀式・行動にあわせて五種類の陸軍式大元帥服のいずれかを着用し、海軍に関連する際には海軍式大元帥服を着た。

この年は、観兵式・分列式の多い年であった。大元帥・天皇を現役将兵・在郷軍人・青年団員・学生たちに大いにアピールした年であるといえる。一月八日の陸軍始観兵式（代々木練兵場、参加将兵約九二〇〇名）、四月二九日の「天長節」観兵式（代々木練兵場、約一万五〇〇〇名）。一〇月九日には陸軍特別大演習の観兵式（岩手県観武ヶ原練兵場）が予定されたが、中止となった。前日の特別大演習中、天皇は豪雨の中、ぬれたままで演習を統監したので、側近が天皇の健康を心配したためである。だが、翌一〇日には、岩手県下の在郷軍人・青年団員など約一万四〇〇〇人の分列式を親閲している。一一月の即位礼・大嘗祭をへて、一二月二日には大礼特別観兵式があった。

大礼特別観兵式は、従来にない規模で、代々木練兵場に全国の部隊（全歩兵聯隊・全騎兵聯隊）から約三万五〇〇〇名の将兵、四九〇〇頭の軍馬が参加、陪観者約七万名、一般市民約一四万名を集めた。天皇は、約四五分にわたり〈初緑〉に乗馬して閲兵、つづいて一五三機の空中分列式、地上諸部隊将兵、戦車・自動車牽引重砲などの新兵器の分列式を親閲、勅語を下し、白川義則陸軍大臣が奉答した。翌三日には、全国から集まった在郷軍人の分列式を親閲（皇居前広場、約二万一七〇〇名）、さらに翌四日、天皇は御召艦戦艦〈榛名〉に乗り、供奉艦〈金剛〉〈比叡〉〈磐手〉を従えて横浜港沖にて大礼特別観艦式に臨んだ。聯合艦隊・練習艦隊から一八六隻の艦艇、一三二機の航空機、アメリカ・アジア艦隊旗艦〈ピッツバーグ〉やイギリス、フランス、イタリア、オランダの軍艦七隻も参加した。空中分列式のあと参加艦艇を親閲、〈榛名〉艦上で勅語を下し、岡田啓介海軍大臣が奉答した。

一二月一五日には、皇居前広場にて東京・埼玉・神奈川・千葉・山梨の学生・青年団・在郷軍人約七万名の分列式を、雨の降る中、親閲した。その際、天皇は、冷たい雨が降るにもかかわらず、わざわざテントを撤去させ、侍従がかけた外套も脱いで、一時間あまり微動だもしないで直立し挙手の礼を続けたという。天皇のこの行動は、参加者だけではなく側近をも感動させた（『昭和初期の天皇と宮中――侍従次長河井弥八日記』第二巻、二一五頁、以下『昭和初期の天皇と宮中』と略す）。皇太子時代、態度に落ちつきがないと側近を心配させた昭和天皇であるが、参加者の士気を鼓舞する大元帥としてのパフォーマンスは、すでに申し分のないものになっていた。

2　張作霖爆殺と田中義一内閣の崩壊

第二次山東出兵と張作霖爆殺

昭和天皇が多忙な軍務に明け暮れた一九二八年は、再び中国情勢が大きく動いた年でもあった。四月には、国民革命軍による北伐が再開され、田中内閣は四月二〇日に山東出兵（第二次）を声明、熊本の第六師団（師団長・福田彦助中将）を山東省・青島に、支那駐屯軍（天津）から歩兵四個中隊を済南に派遣した。五月三日、済南で日中両軍の衝突事件があり、それを理由に第六師団は済南を攻撃、五月一一日にこれを占領した。日本政府は、五月八日に第三次派兵を承認、陸軍は名古屋の第三師団の山東派遣を決定した。一八日に日本政府は満州の治安維持のために、華北で衝突している国民政府と張作霖の両者にたいして警告を発し、とくに張作霖にたいしては北京から満州への帰還を勧告した。

従来、張作霖は日本の支援で満州を支配し、日本は張作霖の協力で満州に権益を拡張してきた。だが、六月四日、奉天に向かう途中、張作霖は仕掛けられていた爆薬によって爆殺された。この爆殺事件は、関東軍高級参謀・河本大作大佐らの仕組んだ謀略であった。河本らは、張作霖を暗殺することによって満州の治安状態を悪化させ（暗殺は国民党の仕業であるかのように偽装し、日中両軍の衝突を誘発しようとした）、それに乗じて関東軍を出動させて満州を一挙に武力占領してしまおう、ともくろんでいた。だが、関東軍司令部は、部隊の出動を認めず、日中両軍の衝突事件もおこらず、この計画は失敗した。

張作霖爆殺事件の処理（真相の解明、責任者の処罰）をめぐって、田中義一首相が、翌一九二九年（昭和四）六月に昭和天皇の厳しい叱責をうけ、内閣の総辞職（七月二日）をもたらしたことは、現在では有名なことである。『昭和天皇独白録』では、天皇は、次のように回想している。

この事件の主謀者は河本大作大佐である。田中［義一］総理は最初私に対し、この事件は甚だ遺憾な事で、たとへ、自称にせよ一地方の主権者を爆死せしめたのであるから、河本を処罰し、支那に対しては遺憾の意を表する積である、と云ふ事であつた。そして田中は牧野［伸顕］内大臣、西園寺［公望］元老、鈴木［貫太郎］侍従長に対してはこの事件に付ては、軍法会議を開いて責任者を徹底的に処罰する考だと云つたそうである。

然るに田中がこの処罰問題を、閣議に附した処、主として鉄道大臣の小川平吉の主張だそうだが、日本の立場上、処罰は不得策だと云ふ議論が強く、為に閣議の結果はうやむやとなつて終つた。

そこで田中は再び私の処にやつて来て、この問題はうやむやの中に葬りたいと云ふ事であつた。それでは前言と甚だ相違した事になるから、私は田中に対し、それでは前と話が違ふではないか、辞表を出してはどうかと強い語気で云つた。

こんな云ひ方をしたのは、私の若気の至りであると今は考へてゐるが、とにかくそういふ云ひ方をした。それで田中は辞表を提出し、田中内閣は総辞職をした（『昭和天皇独白録　寺崎英成御用掛日記』二二〜二三頁）。

田中義一首相を叱責

たしかに田中義一首相は、一九二八年一二月二四日にこの事件に関する上奏をおこない、作霖横死事件には遺憾ながら帝国軍人関係せるものの如く、目下鋭意調査中なるを以て若し事実なりせば法に照して厳然たる処分を行なうべく、詳細は調査終了次第陸相より奏上する（『田中義一伝記』下巻、一〇三〇頁）

と言ったとされている。田中は、天皇にたいして張作霖爆殺犯人（河本ら）の厳罰を約束したのである。これは、天皇の回想（引用文）の最初の傍線部と一致する。そして、天皇の回想の通り、閣僚と陸軍の反対によって、田中は前年一二月に上奏した厳罰方針を撤回してしまい、翌一九二九年六月二七日に、天皇がいうところの「うやむやの中に葬りたい」旨の上奏をおこなったのである。天皇は、田中が前回と相反する上奏をしたことに激怒した。

西園寺公望の秘書・原田熊雄の記録では、天皇は田中にたいして「お前の最初に言つたことと違ふぢやないか」と言って退出してしまい、鈴木貫太郎侍従長に「田中総理の言ふことはちつとも判らぬ。再びきくことは自分は厭だ」と言ったという（『西園寺公と政局』第一巻、一一頁）。これは、従来からよく知られていたことである。奈良侍従武官長も、「陛下より責任を取るにあらされは許し難き意味の御沙汰ありし由」と記している（「奈良武次侍従武官長日記」六月二八日、『中央公論』一九九〇年九月号・一〇月号所収、以下「奈良日記」と略す）。『昭和天皇独白録』にあるように天皇が田中に「辞表を出してはどうか」とまで直接的に言ったかどうかは、やや疑問だが、責任問題に天皇が言及したことは確かである。

内大臣・牧野伸顕の日記によれば、すでに五月の段階で、田中が前回と異なり、「本件を行政事務として内面的に処置し、然して一般には事実なしとして発表」したいといった上奏をするであろうという情報は、天皇のもとに伝わっており、その場合には、天皇は「責任を取るか云々の御反問」を田中にするつもりだ、と侍従長に語っている（『牧野伸顕日記』三五九頁）。牧野は、この件で西園寺に相談する。牧野は、田中首相が天皇にそのくらいの叱責をうけ、総辞職となるのも仕方がないという姿勢であるのにたいして、西園寺は、「御言葉の点に付明治天皇御時代より未だ曾て其例なく、総理大臣の進退に直接関係すべし」と反対した（六月二五日、同前、三七四頁）。「責任を取るか」といったことを天皇が首相に言った前例はなく、そのようなことになれば内閣が崩壊してしまうから、やめた方がよい、というのである。西園寺のアドバイスにたいして、なおも牧野は「愈々の時機に聖慮の顕はるゝ事あるも止むを得ざる事と思考す」（同前、三七五頁）としているところをみると、牧野も田中にたいしてかなりの悪感情をもっていることがわかる。張作霖爆殺事件の処理をめぐる田中首相叱責＝内閣崩壊劇は、天皇だけの怒りに端を発しているのではなく、牧野内大臣ら宮中グループの田中排斥運動の結果としての一面をもっているのである。昭和初期の宮中と政治との関係については、近年、史料の発掘にともなって研究が進み、田中内閣崩壊は、天皇・宮中グループ合作による田中排斥運動とする考え方が定着してきたといえる（たとえば、粟屋憲太郎「田中内閣崩壊前後の政局と天皇・宮中」『昭和初期の天皇と宮中』第三巻解説）。

〝若気の至り〟

田中首相が天皇に前例がないほど叱責されたのは、河本らの処分が軽かったからではない。田中が最初に厳罰に処する旨上奏しながら、閣僚や軍部の反対に屈し、河本らの陰謀であることが分かっていながら、次にはうやむやにするかのごとき上奏をしたからである。これは、田中が上奏して天皇の不興をかった同じ六月二七日に、白川義則陸軍大臣が事件関係者の行政処分について上奏した際には、何事もなかったかのように天皇は裁可していることからもわかる。処分のあり方そのものに不満があるならば、白川へ一言の注意もないのは理解できないことである。

だが、前後で違うことを天皇に上奏したことが、なぜそれほどに天皇の叱責をまねいたのか。これは、張作霖爆殺事件の処理だけを天皇が叱責したというよりも、田中義一の政治手法、天皇にたいする田中の姿勢に、天皇と牧野内大臣ら宮中グループが強く反発した結果にほかならない。

『牧野伸顕日記』を見ると、田中義一首相の政治手法は、内閣成立直後から天皇の反発をくらっている。一九二七年（昭和二）六月一五日、天皇は牧野に

近頃事務官の進退頻繁にて、然かも其人の能否に依らず他の事情にて罷免する場合多き感ありて面白からず（『牧野伸顕日記』二六八頁）

と洩らしている。これは、政党の事情による官僚の更迭は、田中内閣だけの問題ではな

いが、官僚の更迭・人事異動はあくまでも天皇の名のもとにおこなわれることであるから、そうした傾向が強まっているのを牧野も「大権の発動を軽視する傾向あり」と憂慮している。天皇は、田中内閣発足後、大権軽視の傾向をなんとかしなければと思い始めていたのである。田中は、八月にそのことを牧野から直接注意されたが、天皇に「事務官［官僚］の更迭は従前に比し特に員数を増加し居らず」などと弁解する始末で、天皇も田中が「趣意を能く了解し居らざる」と嘆いている（同前、二八二頁）。一九二八年五月にも、田中が天皇に言ったことと牧野ら側近に言ったことがくい違ったり（同前、三〇九頁）、一九二九年四月にも済南からの撤兵の件で田中の上奏と鈴木荘六参謀総長の上奏がチグハグであったり（同前、三五六頁）、天皇や側近にとっては、田中が天皇に熟慮の上で上奏していないのではないか、つまり、天皇の存在を軽視しているのではないかと思わせる事件が続いている。こうしたさまざまな伏線があって、張作霖爆殺事件処理の問題をきっかけに天皇の怒りが爆発するのである。

人事問題にみられる天皇大権の軽視、天皇を軽視するような杜撰（ずさん）な上奏、つまり、天皇の大権と権威をないがしろにする行為の最たるものとして、張作霖爆殺犯人の処分問題に関する首相の上奏の不一致があったといえる。天皇大権と権威の軽視の傾向は、政務・軍務につけなかった大正天皇によってもたらされたものであった。即位の大礼の前後、昭和天皇には、大正との違いをはっきりと打ちだそうと、かなりの気負いがあった。それは、天皇としての使命感とも言えるが、低下した天皇家の威信を回復しようという強い意欲のあらわれであった。それゆえに天皇は、前述したようにきわめて精力的に軍務をこなし、過度と思われるほどに、大正時代とは違う大元帥を演出して見せたのである。昭和天皇が、田中義一に強く反発したのは、田中の政治手法、天皇にたいする姿勢に、大正時代との違いを理解しない鈍感さを見つけたからである。先に引用した『昭和天皇独白録』の中で、「私の若気の至り」と天皇は言っている。田中内閣を倒したのは、牧野ら宮中グループとの合作であるから天皇ひとりの「若気の至り」だけとはいえないが、この言葉は、即位の大礼前後の天皇の気負った意識を伝えている。

二　満州事変、二・二六事件と天皇

1　満州事変と天皇

満州事変の勃発

満州事変は、一九三一年九月一八日午後一〇時二〇分頃、奉天近郊・柳条湖における満鉄線爆破事件を発端に引き起こされた関東軍による計画的軍事行動である。天皇は、翌一九日午前九時四五分に南次郎陸軍大臣より「奉天附近にて日支両軍衝突我軍北大営を攻撃占領せる」旨の報告を受けた（「奈良日記」）。また午後三時には金谷範三参謀総長が参内し、関東軍の要請により朝鮮軍の混成第三九旅団が鉄道で出発しようとしているので、参謀本部が制止している旨を奏上した。金谷参謀総長は、「専断派兵の処置に関し恐懼の意を表」した。この時すでに参謀総長は、朝鮮軍の行動について統帥権を犯すものではないか、との心配をしていた。

しかし、朝鮮軍は、二一日には総長の待機命令を無視して、独断で満州領内に越境攻撃を開始した。金谷参謀総長は、同日「誠に恐懼に堪へさる」旨奏上している。金谷は重ねて朝鮮軍の不始末を天皇に詫びている。天皇は、二一日に若槻首相に「満州事件の拡大せざる様との閣議の趣は適当」と言い（『牧野伸顕日記』四七四頁）、二二日にも「行動を拡大せさる様」に奈良に指示しており（「奈良日記」）、基本的には事態不拡大という希望は表明している。だが、天皇も、侍従武官長・奈良武次大将も、まだ事態を自然に鎮静すると比較的楽観していたようで、事件を引き起こした関東軍そのものの行動を強く抑制しようとした形跡がない。また、二二日午後、金谷参謀総長がさきに独断越境した朝鮮軍の混成旅団について、派遣を追認するように許可を求めたのにたいし、「此度は致方なきも将来充分注意せよ」（「奈良日記」）とあっさり、朝鮮軍の行動を認めてしまったのである。

天皇が、関東軍の戦線拡大と朝鮮軍の独断越境という事態をそれほどに深刻にとらえていないのは、奈良侍従武官長の楽観論の影響であると思われる。奈良は、事変勃発直後、天皇や牧野伸顕ら側近たちにも「此上積局［極］的軍隊の進出はあるまじく、支那側の対抗もあるまじく」（九月二二日、『牧野伸顕日記』四七四頁）などと希望的観測を表明している。天皇や側近たちにたいする奈良侍従武官長の軍事専門家としての権威は絶大なものであり、その影響は大きかった。奈良は当初、関東軍の暴走そのものをさして憂慮せず、むしろ問題は「朝鮮軍司令官の独断専行並に参謀総長の不取締」にあり、その「責任は時局平静を待て詮議」すればよいと見ていた（「奈良日記」九月二二日）。また、朝鮮軍司令官の独断専行についても、「大権干犯」といった大げさなものではないと認識していた。昭和天皇も基本的には奈良の情勢認識に同意し、彼のアドバイスに従って行動したものと見てよい。

国際的摩擦避けつつ権益拡大へ

天皇は、関東軍の行動が拡大の一途をたどり、軍が満蒙の分離独立を策動していることを懸念していたが、日本側が軍事的に劣勢になることも認めなかった。天皇は、奈良侍従武官長にたいして、一〇月九日、

錦州附近に張学良軍隊再組織成れは事件の拡大は止むを得さるへきか　若し必要なれ

ば余は事件の拡大に同意するも可なり（「奈良日記」一〇月九日）

と述べ、参謀総長の意見を聞きたいと言っている。奈良は、天皇の発言をただちに参謀次長・二宮治重少将に伝えている。張学良軍が態勢を立て直して一戦を挑むならば、「拡大」にも同意するというわけである。関東軍は、一〇月八日には、作戦参謀・石原莞爾中佐自らが指揮をとり、錦州の無差別爆撃を行なうなど、軍事行動をエスカレートさせていた時でもあり、天皇の条件付き拡大容認論は、結果的にではあるが、陸軍内の拡大派を大いに勇気づけたであろう。

ただ、この段階では天皇にも迷いがあった。拡大容認発言の前日、一〇月八日には、天皇は「本庄［繁、関東軍］司令官の声明及布告は内政干渉の嫌ひあり」（「奈良日記」）と四日に本庄が発した張学良政権にたいする否認声明を批判し、さらに

出先軍部と外務官吏との間の意見の相違は、陸軍は満蒙を独立せしめ其政権と交渉せんとするに反し外務側は其独立政権を好まさる点にありと認む、此点陸軍の意見適当ならさる様思はる　其積りにて陸軍中央部に注意する様に（同前）

と発言している。関東軍と陸軍中央の満蒙独立論にたいして、天皇は「適当ならさる」と否定的な見方をしている。翌日の拡大容認発言とあわせて考えてみると、天皇は、関東軍による内政干渉（張学良政権否認）・独立政権樹立という穏当ならざる手法は明らかに嫌悪していたが、張学良政権の存在を認めた上で、それを屈服させることは何ら否定するも

のではなかったといえる。英米など大国との摩擦を避けつつ、満州において日本の権益が拡大できれば、あるいは軍事力によって国威が発揚できれば、それに越したことはない、という立場である。したがって、日本の権益拡大の手法があまりにも乱暴・露骨な場合や、明らかに英・米など大国との衝突を招きそうな場合には、天皇は強い反発をしめした。

関東軍への憂慮と賞賛

国際連盟の警告と同理事会による撤兵勧告案の決定をものともせず、また、ソ連との衝突を懸念する国内の声を無視して関東軍は、一一月一九日にはチチハルを占領、三二年一月二日には錦州を、二月五日には北部満州の要衝であるハルビンまでも占領した。そして、三月一日には「満州国」が建国され、関東軍による張学良政権否認＝独立政権樹立の路線は貫徹されてしまった。この間も天皇は、対外的な影響を思って関東軍の強引な手法を憂慮しつつも、関東軍による国威発揚は認めるという姿勢をとった。

天皇は、一九三一年一二月二三日、犬養毅首相兼外相に「錦州不攻撃の方針を下」し、「国際間の信義を尊重すべきを諭」した（『昭和初期の天皇と宮中』第五巻、二二五頁）。また、二七日にも「錦州攻撃の対外影響に付、深く御軫念遊ばされ」、犬養に下問したという（同前、二二七頁）。また、三二年一月一日、首相に「支那の云ひ分も少しは通して遣る方可然」と言い（『牧野伸顕日記』四九五頁）、八日には陸軍始観兵式の帰りに鹵簿に爆弾を投げつけられるという事件に遭遇しながらも、慌ててかけつけた牧野伸顕内大臣にたいして事件のことにはふれず「満州問題に付御軫念の程を種々」語ったというから、天皇が満州問題について頭を痛め（関東軍の錦州攻略が国際連盟を刺激しないかどうか）、中国側との交渉の余地を残すようなある程度ソフトな解決を志向していたようである。だが、同じ時期の天皇のもう一面の行動が、軍部・関東軍をいたく勇気づけたことも確かである。

まず、一月四日、天皇は、荒木貞夫陸軍大臣・大角岑生海軍大臣にたいして、軍人に賜わりたる勅諭五〇年記念の勅語を下賜したのにつづいて、八日午前、代々木練兵場での陸軍始の大観兵式で閲兵をおこない、午後には閑院宮載仁参謀総長を宮中に呼び、関東軍にたいして「勅語」を与えている。

> 勅　語
>
> 曩に満州に於て事変の勃発するや自衛の必要上関東軍の将兵は果断神速寡克く衆を制し速に之を芟討せり　爾来艱苦を凌ぎ祁寒に堪へ各地に蜂起せる匪賊を掃蕩し克く警備の任を完うし或は嫩江斉々哈爾地方に或は遼西錦州地方に氷雪を衝き勇戦力闘以て其禍根を抜きて皇軍の威武を中外に宣揚せり　朕深く其忠烈を嘉す　汝将兵益々堅忍自重以て東洋平和の基礎を確立し　朕か信倚に対へんことを期せよ

この勅語において天皇は満州事変が「自衛」であり、関東軍が戦っているのが「匪賊」であるとしたうえで、関東軍の「寡克く衆を制」する「勇戦力闘」を「皇軍の威武を中外

に宣揚せり　朕深く其忠烈を嘉す」とほめ称えた。これにより、関東軍の謀略と朝鮮軍による越権行為で始められた満州事変は、天皇によって「東洋平和の基礎を確立」する正義の戦いと認定された形となったのである。天皇は一方で関東軍のやり方が乱暴で、英米・国際連盟を刺激しないかと憂慮しつつも、他方で日本陸海軍の大元帥として、中央・出先の将兵の士気を鼓舞するためにも軍事的な勝利・成功は賞賛するという分裂した行動をとった。これは、天皇の中における国務大権と統帥大権の分裂でもあり、天皇がどちらかの大権を優先することを決心しない以上、統一がとれない問題であった。

関東軍の熱河侵攻計画

たとえ乱暴な手法をとったとはいえ、「満州国」という既成事実ができあがり、結果的に日本の勢力圏が拡大したことは、天皇にとって決して困ったことではなかった。そもそも天皇は、満州だけならば、日本が勢力圏に組み込んでも英米は黙認するのではないかと考えていたふしがある。『昭和天皇独白録』では日中戦争の勃発に関連した部分で、

満洲は田舎であるから事件が起つても大した事はないが、天津北京で起ると必ず英米の干渉が非道くなり彼我衝突の虞があると思つた（『昭和天皇独白録　寺崎英成御用掛日記』三五頁）

と語っている。これは、間接的ではあるが、天皇の満州にたいする認識を図らずも示し

ている。満州だけなら大丈夫であろうという考え方が、結局は関東軍の行動を追認してしまった根底にはある。

したがって、一九三二年末より関東軍が、満州＝東三省の領域から踏み出して内蒙古の熱河省に侵攻して武力併合しようとする動きを見せ始めると、天皇は、これ以上の膨張は英米・国際連盟の決定的反発をまねくとみて、これまでにない強い調子で出先軍を抑制しようとした。そして、一九三三年年始早々に、満州と華北の境界であり、万里の長城の東端に位置する山海関において日中両軍の衝突が報じられると、天皇は、これを機会に関東軍が一挙に熱河にも侵攻するのではないかと大いに憂慮し、政府・軍の方針を一致させ、出先軍をしっかりと統制するために御前会議を開催したらどうか、と天皇みずからが牧野内大臣・鈴木貫太郎侍従長らに提案している（三三年一月九日、『牧野伸顕日記』五三四頁）。もっとも、牧野は、日記に「御前会議の事は前々より数度問題に上りたる事なるが、……若槻以来犬養も之を好まず……」（同前）と記しているので、天皇による御前会議の提案は、満州事変勃発直後から何度かあったものと思われる。政・戦略、国務と統帥の統一を図ろうとする、また、しばしば御前会議を開いた明治天皇のごとくありたいという天皇の意欲が感じられる。

天皇自身による御前会議の提案について、鈴木侍従長は、元老・西園寺公望に意見を求めたが、西園寺は、「もし御前会議で決まつたことがその通り行かなかつた場合には、陛下の御徳を汚すばかりである」として御前会議に反対した（原田熊雄述『西園寺公と政局』第二巻、四二八頁）。西園寺や牧野など側近が、乗り気でなかったことから、結局、この時の御前会議開催案は立ち消えとなった。天皇による御前会議提案は、もともと天皇のアイデアなのか、だれかの進言なのかは正確なところは不明だが、事変勃発直後の三一年九月一九日、奈良侍従武官長が南次郎陸軍大臣にたいして

関東軍は其条例に指示せられたる任務の範囲内行動は軍部専断し得へきも其以上のことは閣議の決定に待つへく、尚大なる出兵を要するか如き場合には或は御前会議を要すへし（「奈良日記」、『昭和初期の天皇と宮中』第五巻、一五六頁にも同趣旨の記録あり）

と注意を与えていることから、「尚大なる出兵」の際には、御前会議を開くのも一策であると、天皇は奈良から進言を受けていたのかもしれない。

一九三三年一月一四日、満州への兵力増派の允裁を仰ぎにきた閑院宮参謀総長にたいして、天皇は「熱河侵入に就て慎重の態度を採る様」注意した。参謀総長に直接、こうしたことを言うのはそれまでにはなかったことなのだろう。奈良侍従武官長は、「実に聖上より総長殿下に公然左様の御注意ありたるなり」と特記している（「奈良日記」）。天皇は、なぜ、これほどまでに、熱河侵攻を抑制しようとしたのか。もちろん、これ以上の膨張は、英米・国際連盟との亀裂を決定的にすることを懸念したことは確かであるが、天皇は閑院宮総長にこうも語っているのである。

満州に付ては此れまで都合好く進み来りたり、誠に幸なり、今後功一簣〔簣〕を欠く様の事ありては遺憾なれば、熱河方面に付ては特に慎重に処置すべし（『牧野伸顕日記』五三八頁）。

「奈良日記」には記録されていなかった部分、満州については、これまで「都合好く」すすんできたが、最後の一手を誤って元も子も無くしてしまっては残念であるので云々、という意味の一節は、関東軍の電撃的軍事行動にたいする天皇の賞賛が、かならずしも職責上の形式的なものではなかったことを示すものである。

また、ちょうどこの時期に、満州事変勃発時の関東軍の主力部隊であった仙台・第二師団（師団長・多門二郎中将）と関東軍とともに転戦した朝鮮軍（羅南）の混成第三八旅団（旅団長・依田四郎少将）が、他部隊と交代してそれぞれ帰還してきた。第二師団司令部が、広島の宇品港に到着するや、昭和天皇は現地に侍従武官・阿南惟幾大佐を派遣して「聖旨」を伝達するとともに、一月二三日には、多門・依田両「凱旋将軍」と幕僚たちを宮中・豊明殿に招いて陪食の機会を持ち、みずから慰労の言葉を与え、その上、多門・依田には「御紋付銀製花瓶」と金一封を下賜した。天皇は、関東軍の熱河侵攻という新たな膨張行動を憂慮しつつも、かつての暴走の主役たちを国威を発揚した英雄として手厚く遇したのである。「戦果」をあげた「凱旋将軍」たちへの賞賛・厚遇は、現に戦闘に従事している関東軍、それを支える軍中央の将兵たちの士気を大いに鼓舞するものであった。

熱河作戦命令をめぐる苦い経験

一九三三年二月四日、閑院宮参謀総長は熱河作戦実施にともなう関東軍の部隊配置の変更について天皇の許可をもとめた。配置変更の許可は、事実上、作戦開始許可であることは、天皇もよく了解していた。したがって、天皇は、総長に「対熱河作戦は万里の長城を超て関内に進入することなき条件にて認可する旨」申し渡し（「奈良日記」）、条件付きで作戦を許可した。ところが、これは天皇の思わぬ「勇み足」となってしまった。

二月八日、斎藤実首相が、「熱河攻略は［国際］連盟の関係上実行し難きことなれは内閣としては不同意なり」と上奏してきた（「奈良日記」、以下同じ）。天皇は、内閣の方針を確認しないままに、参謀総長に作戦の許可を与えてしまったことに驚き、「［作戦許可を］取消したし、閑院宮に伝へよ」と奈良侍従武官長に命じたが、奈良は一〇日に総長が拝謁に来る予定だから、その際に話をすればよいと、大元帥の作戦許可取り消しには慎重な姿勢をとった。一〇日に天皇は、総長にたいして「熱河攻略は内閣にて能く承認し居らさりしやの旨、尚中止し能はさるや」と、作戦中止を要求した。翌一一日には、斎藤首相が、熱河作戦を強行すれば、日本は国際連盟を除名される恐れがあるので、中止させたいが、軍部はすでに天皇の「御裁可」を得ていることを理由にどうしても中止に応じない、と訴えてきた。天皇は陸軍が、二月四日の作戦許可を楯に首相の中止要請をきかないことに憤慨したようで、奈良侍従武官長に「就ては統帥最高令に依り之を中止せしめ得さるや」と「稍興奮遊はされて」言った。天皇は、統帥大権を発動して、中止を命じようとしたのである。

だが、奈良侍従武官長は、天皇の作戦の裁可取り消しに強く反対し、天皇に「慎重熟慮」を求めた。奈良の主張は、

国策上害あることなれは閣議に於て熱河作戦を中止せしめ得さる道理なし、国策の決定は内閣の仕事にして閣外にて彼是れ指導することは不可能のことなれは熱河作戦の中止も内閣にてなさゝるへからす、陛下の御命令にて之を中止せしめんとすれば動もすれは大なる紛擾を惹起し政変の因とならさるを保し難し(「奈良日記」)

というものである。国策上の重大事項であれば、内閣が決定すべきことで、軍事作戦もやるか否かの決定は内閣がすべきである、内閣が中止したければ、内閣の責任で中止させなければならない、というのである。奈良の意見は、憲法論議としてはむしろ正論であり、政治はかくあるべきである、という点では確かにその通りであろう。しかし、奈良の意見は筋論としては的確であったが、現実の政治における政府と軍部の力関係を無視した「あるべき」論であった。斎藤は、軍部がおさえられないからこそ、天皇に苦衷を訴えたのであり、それを内閣でなんとかしろと再びゲタを斎藤にあずけても、軍部の無理が通るだけの結果となったであろう。奈良は、政治的には穏健な立憲君主主義者であったが、明らか

に政治の流れが読めなかった。

天皇は奈良の説得に納得せず、その日のうちにあらためて奈良に「熱河問題は東三省と別問題とし熱河攻略は中止するを可と考ふる故、此点に関し意見を」聞きたいと書簡をもって質した。奈良も再度「内閣以外にて之を中止せしむるは不適当」と書簡で答えた。結局、このやりとりで天皇も奈良の意見に従い、翌二月一二日、天皇はあらためて、長城線を越えないことを条件に熱河作戦を許可する旨、参謀本部に伝えさせた。

熱河作戦の許可をめぐる天皇の動揺は、天皇にとって苦い経験となった。政府の方針をみずから確かめた上でないと、うかつに作戦の許可を出してはならないこと、一度出した命令（許可）は、容易に撤回できないこと、大元帥・天皇にとっては強烈な体験であった。しかし、なにより、日本の進路にとって重大だったのは、熱河作戦が斎藤首相らの懸念した通り、日本の国際連盟での立場を決定的に悪くし、結局は国際連盟脱退へとつながってしまったことである。

国連脱退と河北省侵攻

熱河作戦は、一九三三年二月二三日に開始された。翌二四日、国際連盟総会は、リットン報告書を賛成四二・反対一（日本）・棄権一（シャム）で採択し、日本代表の松岡洋右は議場を退席した（日本の連盟脱退通告は、三月二七日）。

関東軍は三月上旬には長城線に達したが、中国軍を長城線付近から駆逐しようと、四月になると長城線を越えて河北省へと侵攻を開始した。四月一八日、天皇は、四月六日より奈良武次にかわって新たに侍従武官長となっていた本庄繁大将（満州事変勃発時の関東軍司令官）を呼び、「関東軍に対し、其前進を中止せしむべき命令を下しては如何」と下問した（『本庄日記』一五九頁）。これは「御下問」とはいうものの、そうとう強い調子の発言であったものと思われる。本庄が、天皇の言葉を真崎甚三郎参謀次長に伝えるや、翌一九日には、参謀総長は関東軍に長城線に復帰するよう指示を出している。そのため関東軍は、長城線まで兵力を引き下げざるを得なかった。新任の侍従武官長・本庄には、天皇は摂政の頃からの武官長であった奈良にたいしてよりも強くものが言えたし、本庄も天皇の言葉をそのまま参謀本部に伝えたのであろう。

だが、河北省の中国軍の打破と華北進出の足場づくりをねらう関東軍は、参謀本部の同意を得た上で、五月七日、再度、長城線を越えて作戦を開始した。当然のことではあるが、天皇は、これに憤慨した。一〇日、本庄侍従武官長に次のように言っている。

> 関東軍は長城線を越へ引続き関内に進出しつゝあるが、元来参謀総長が熱河に軍を進むべきを請ひし時、「1　関内に進出せざること、2　関内を爆撃せざること」を条件として許可したるものなり。然るに、何時までも関内に進軍するは、情況の変化と云はゞ夫れまでなるべく、外交問題と雖深く懸念にも及ばざるべしと雖、一旦総長が

明白に　予が条件を承はり置きながら、勝手に之を無視したる行動を採るは、綱紀上よりするも、統帥上よりするも穏当ならず（『本庄日記』一六〇頁）

国際連盟脱退を通告した後であるので、天皇は、関東軍の膨張行動を、外交問題というよりも、大元帥である自分の意図を無視したことに力点をおいて叱責している。ただ、注目すべきは、天皇は前回の関東軍の長城線突破の時とは異なり、作戦中止までは求めなかったことである。本庄も「陛下は敢て作戦を差控へしめんとせらるる抔の御意図にあらず。只統帥の精神に悖るが如きを許さず、とせらる、にあり」としている（同前）。これは、あくまでも本庄武官長の解釈が加わっているので、天皇の真意はわかりにくい。そもそも、本庄が天皇の意志を正確に伝えていると仮定しても、あえて作戦の中止までは求めないが、統帥の精神すなわち天皇親率の建て前をないがしろにしてはいけない、というのは、相矛盾する意見である。統帥の精神を尊重するならば、天皇が認めていない作戦は中止するのが筋であろう。しかし、これは、満州事変が勃発したときに、独断越境した朝鮮軍に関して天皇が言った「此度は致方なきも将来充分注意せよ」と同じ論理なのである。始まった作戦は仕方がないが、以後は自分の意図・方針を尊重せよ、という現状追認の論理である。そして、現状追認の後にくるのが、結果優先の論理なのである。

関東軍の河北省侵攻作戦は、天皇の当初の憂慮にもかかわらず急速に進み、軍事的に敗北した中国側は五月二五日に停戦を申し出、三一日には塘沽（タンクー）停戦協定が結ばれるにいたる。

塘沽停戦協定は、長城以南に非武装地帯を設けることなど、日本側の主張をほぼ全面的に容認したものである。手法は乱暴であっても、明らかな軍事作戦の成功と中国政府の譲歩を獲得した以上、また、英米など列強の介入もなかったとあって、天皇は関東軍の行動を結局は認めたのである。

2　二・二六事件と天皇の怒り

性急な二・二六事件「鎮圧」の主張

二・二六事件が反乱軍敗北に終わった原因として、事件に激怒した昭和天皇が「叛軍討伐」を強硬に主張して譲らなかったことが、よく指摘される。これは確かにその通りで、侍従武官長・本庄繁大将の『本庄日記』にも、「朕自ら近衛師団を率ひ、此が鎮定に当らん」（二七六頁）といった天皇の怒りに満ちた言葉が数多く記録されており、天皇が反乱軍鎮圧を執拗に要求していたことがわかる。天皇の強硬な姿勢に、反乱軍青年将校の期待をになっていた軍事参議官・真崎甚三郎も情勢不利を悟り、二七日には青年将校たちを見放してしまう。それでは、天皇はなぜ、それほどまでに性急に「鎮圧」を主張したのか。

二・二六事件について、『独白録』では天皇は、次のように回想している。

当時叛軍に対して討伐命令を出したが、それに付ては町田忠治を思ひ出す。町田は大蔵大臣であつたが金融方面の悪影響を非常に心配して断然たる所置を採らねばパニックが起ると忠告してくれたので、強硬に討伐命令を出す事が出来た（『昭和天皇独白録　寺崎英成御用掛日記』三二頁）。

つまり、経済混乱（海外為替の停止や銀行の取りつけなど）を憂慮し、断固として「討伐」を命じた、というのである。また、それは蔵相・町田忠治の「忠告」によるものだ、としている。二・二六事件当時、岡田内閣の蔵相は高橋是清であったが、高橋が反乱軍に襲われ死亡したので、商工相であった町田が、二七日午前九時より蔵相を兼任していた。経済的パニックを心配したという天皇の発言は、事件解決後の『木戸幸一日記』（木戸は当時、内大臣秘書官長）や二八日の『本庄日記』にも見られ（本庄が天皇の心境を推察するという形式の記述だが、天皇の発言に基づくものと考えられる。『本庄日記』二三六頁）、当時から経済パニック防止が天皇の念頭にあったことは確かであろう。

しかし、経済的混乱を心配したというのは、事件が勃発してしばらくたって考えたことであり、天皇は最初からそのことを理由に強硬な態度をとっていたわけではない。これは、町田忠治による天皇への内奏と「討伐命令」の前後関係を確かめてみればすぐに分かることである。『本庄日記』等によれば、本庄が事件勃発直後、二六日午前六時頃に天皇に事態を報告した時には、すでに天皇は陸軍大元帥の軍装を身につけており、「禍を転じて福と為せ」（二七二頁）と事件の早期収拾を指示し、午前九時頃にかけつけた川島義之陸相にも強い調子で「鎮定」を命じている。以後も天皇の鎮圧要求はエスカレートする一方で、翌二七日にピークに達する。だが『独白録』に記された町田による経済混乱を憂慮する旨の内奏があったのは、町田に内奏するように勧めた大蔵次官・津島寿一によれば、事件発生二日後の二八日午後三時以後のことである（津島寿一『高橋是清翁のこと』三一四頁）。すでに前日二七日午前八時二〇分、反乱軍は原隊に復帰せよ（命令に服さない場合は攻撃）との「奉勅命令」が天皇によって裁可されており、鎮圧は既定方針になっていた。つまり、町田の「忠告」よりもはるかに前から天皇は「討伐」を決意し、「強硬に討伐命令」を出していたことになる。町田の内奏は、なかなか実行されない「奉勅命令」履行をせまる天皇を支えた一つの要素であったとは思われるが、二六日早朝以来の天皇の強硬姿勢を説明できるものではないのである。

くりかえし「暴徒」と……

本庄侍従武官長が二六日午前六時頃に天皇に報告した時点で、すでに天皇は陸軍大元帥の軍装を着用し、すぐさま事件を「禍」と断じ、反乱軍の鎮圧を指示した。また、天皇は、反乱軍を当初から「暴徒」と呼んでいた。皇道派に同情的な本庄侍従武官長は「暴徒という言葉を差控へて戴きたい」とまで言ったというから（『西園寺公と政局』第五巻、六頁）、本庄がうんざりするほど、「暴徒」「暴徒」とくり返し天皇は言ったのであろう。また、天皇は、川島陸相をしばしば呼びつけては「一時間の内に暴徒を鎮圧せよ」と言い、それから一五分程たつと「もう撃ち始めたか」と攻撃を督促し、本庄に様子を見に行かせるという、大いにいらだった状態であった(同前、七頁)。これは、町田の「忠告」などとは関係なく、事件の当初から、天皇が断固として「鎮圧」を決意していたことを示している。

二六日早朝、本庄が最初に報告にいった時、天皇は事件について知っており、すでに「鎮圧」を決意していた。だからこそ、わざわざ陸軍大元帥の軍装を着て準備をしていたのである。本庄よりも前に、天皇に事件を知らせたのは、当直侍従であった甘露寺受長であった。甘露寺は午前五時四〇分頃、宮内省と内大臣邸からの電話で事件を知り、すぐ天皇を起こして報告している(甘露寺受長『背広の天皇』一二五頁)。事件の報を聞き、天皇は、「とうとうやったか」と言ったまま、しばし呆然としていたという。天皇の両眼に涙が光るのを見た甘露寺は、「ここでお上にしっかりして頂かなければなりません。青年将校たちは皇道派とかなんとか、さも忠臣のようにいっていますが、このさい、よくお考えになって下さい」と進言する(岸田英夫『天皇と侍従長』七五頁)。この言葉にわれに返った天皇は、「そうだ、あの者たちは反乱軍だ」と断じたという(同前、七六頁)。天皇はただちに陸軍大元帥の軍装に着替えた。これは、陸海軍を統帥する「大元帥」として行動しようという天皇の明確な意思表示とみてよい。「反乱軍だ」と言った以上、天皇は「大元帥」として彼らの「討伐」を決意したのであろう。事件を知らせに、本庄侍従武官長がやってきたのは、そのすこし後のことである。

激怒の理由

天皇はなぜそれほどに激怒し、「暴徒」鎮圧を急がせたのか。二七日未明、枢密院への諮詢をへて、天皇は東京市に戒厳を実施する緊急勅令を公布した。この日、本庄が天皇にたいして反乱軍の行為を「其精神に至りては、君国を思ふに出でたるものにして、必ずしも咎むべきにあらず」と弁護すると、天皇は「朕が股肱の老臣を殺戮す、此の如き兇暴の将校等、其精神に於ても何の恕すべきものありや」（『本庄日記』二七五頁）と、反乱軍を絶対に許してはならない、との姿勢を示した。天皇の怒りの原因が、内大臣・斎藤実、侍従長・鈴木貫太郎ら天皇側近、信頼する蔵相・高橋是清らが殺傷されたことにあるのがわかる。

しかし、天皇の怒りはそれだけに発するものではなかった。天皇は本庄にたいして「朕の命令に出でざるに、勝手に朕の軍隊を動かしたといふことは、その名目がどうであらうとも、朕の軍隊でない」（『西園寺公と政局』第五巻、七頁）とも言っている。これは、統帥大権を侵害されたことにたいする怒りの言葉である。また、本庄は二八日午後七時半、軍事参議官を代表してやってきた荒木貞夫にたいして、「速やかに鎮定せよ」との天皇の意思を伝え、「御心中を拝察するに」として、天皇が鎮圧を急ぐ理由をいくつかあげているが（前述の経済的パニックの問題もあげられている）、その第一に、

> 日本帝都の陸軍省、参謀本部は暴徒に占領せられ、三日を費して尚回復し得ず、日本軍部の内容甚だ薄弱なりとの感想を海外列強に与ふ

という点があげられ、また、反乱を鎮圧できない第一師団の様子を「我軍の堅実を疑はる寔に憂慮の至りなり」とも伝えている（『本庄日記』二三六～二三七頁）。荒木の話をきいた真崎甚三郎も「外国に笑はれざるか」と天皇が憂慮しているのだ、と記している（『真崎甚三郎日記』第二巻、四〇四頁）。すなわち、自らの統帥大権がないがしろにされ、鎮圧の「奉勅命令」を出してもなかなか攻撃が実行されないという軍の無統制・弱体状態を諸外国に知られ、軍事強国としての日本の威信が低下することを天皇は恐れ、憤慨し、早急な鎮圧を命じたのである。ところが、統帥大権に関連したことは、『独白録』にはほとんどといってよいほど登場しない。

統帥大権に触れない『独白録』の記述

二・二六事件について、『独白録』では、前掲の個所に続いて次のように述べられている。

> 大体討伐命令は戒厳令とも関聯があるので軍系統限りでは出せない、政府との諒解

が必要であるが、当時岡田［啓介・首相］の所在が不明なのと且又陸軍省の態度が手緩るかつたので、私から厳命を下した訳である。

私は田中内閣の苦い経験があるので、事をなすには必ず輔弼の者の進言を俟ち又その進言に逆はぬ事にしたが、この時と終戦の時との二回丈けは積極的に自分の考を実行させた（『昭和天皇独白録　寺崎英成御用掛日記』三三頁）。

二月二七日未明に発せられた戒厳は、本来の戒厳令（一八八二年太政官布告第三六号）に基づくものではなく、緊急勅令によって戒厳令の一部を実施した行政戒厳である。戒厳（軍事力による治安維持と行政の掌握）は、天皇の統帥大権の発動ではなく、国務大権に属すると解釈されていた。また、この場合は行政戒厳（行政機能は基本的に変更せず、軍事力による治安維持が中心）であり、なおさら国務大臣の輔弼（補佐＝同意）を不可欠とするものであった。しかし他方で、戒厳布告とは別に、師団単位の戦闘部隊を投入した反乱軍攻撃という作戦行動そのものは、天皇の統帥大権の行使である。つまり、形式的にいえば、戒厳布告と反乱軍討伐の決定までは国務大権の範囲であり、作戦が開始されれば統帥大権の範囲内にあるといえる。

『独白録』によれば、内閣の輔弼を必要とする鎮圧の決定まで天皇がやってしまったのは、立憲君主としての例外的逸脱行為だったが、それは輔弼者（岡田首相）が不在だったので仕方がなかった、というのである。もっとも、岡田の遭難が判明するや、二六日午後四時すぎには、後藤文夫内相が内閣総理大臣臨時代理に任命されており、権力の空白は実際には半日であるので、事態の収拾策をその日のうちに政府レベルで決定することは不可能ではなかった。しかし、天皇が特にそれをもとめた形跡はなく、事件当時は、天皇は自らの行為の脱線を意識していなかったのである。むしろ、反乱の第一報を聞き、軍装に着替えた時点で、天皇自ら政府の輔弼を必要とする国務大権よりも統帥大権の行使を重視し、以後一貫して「大元帥」としてふるまったのである。

『独白録』にこれらの点が語られないのは、天皇の統帥大権の問題、「大元帥」としての天皇の行動については極力触れない、という『独白録』の基本方針にそったものであり、東京裁判に臨んで、天皇に戦争責任がないことを弁明するために作成された『独白録』の性格が色濃く反映しているからである。

三　日中全面戦争と大本営の設置

1　日中戦争の全面化

盧溝橋事件の勃発

一九三七年七月七日、盧溝橋事件が勃発すると、天皇がまず心配したのはソ連の出方であった。元老・西園寺公望の秘書である原田熊雄にたいして内大臣・湯浅倉平は、次のように語っている。

十一日に参謀総長の宮さん〔閑院宮載仁〕を陛下がお召しになるといふことをきいたので、自分〔湯浅倉平〕はすぐ参内して拝謁を願ひ、「参謀総長宮に御会ひになる前に、総理にお会ひになつたらどうか」といふことを陛下に申上げたところが、陛下は「満州事変の時、総理に先に会つたところが、後から陸軍から統帥権云々といふことを言はれて、総理も非常に迷惑したやうなことがあつたから、この際近衛には後で会はう」とのことで、まづ参謀総長宮に会はれた。陛下から参謀総長宮に「もしソヴィエトが後から立つたら、どうするか」といふ御下問があつたが、閑院宮殿下は「陸軍では立たんと思つてをります」と奉答された。すると重ねて陛下から「それは陸軍の独断であつて、もし万一ソヴィエトが立つたらどうするか」といふ御下問があつたが、殿下はたゞ「致し方ございません」といふやうな御奉答をされた。このため陛下には非常に御不満の御様子であらせられた（『西園寺公と政局』第六巻、二九〜三〇頁）

昭和天皇は統帥権重視の立場から、近衛首相を呼んで政府の対処方針を確認したらどうかという湯浅内大臣の進言にもかかわらず、まず参謀総長・閑院宮載仁元帥を呼んで状況を聞き、くり返しソ連が出ることを憂慮している。それでは、中国にたいしてはどう思っていたのか。『昭和天皇独白録』では、日中戦争の勃発前後の状況について、次のように書かれている。

十二年の初夏［五月］の頃、北支に於る日支間の対立は愈〻尖鋭化し、宋子文支配下の税警団が天津を包囲した。［中略］

日支関係は正に一触即発の状況であつたから私は何とかして、蔣介石と妥協しようと思ひ、杉山陸軍大臣と閑院宮参謀総長とを呼んだ。

丁度この頃北満の国境に乾岔子島事件［六月一九日］が起つてゐたので、世間へはこの為に呼んだものと「カムフラージ」されたが、実は対支意見を求める為に呼んだのである。

若し陸軍の意見が私と同じであるならば、近衛に話して、蔣介石と妥協させる考であつた。これは満洲は田舎であるから事件が起つても大した事はないが、天津北京で起ると必ず英米の干渉が非道くなり彼我衝突の虞があると思つたからである。

当時参謀本部は事実石原完［莞］爾が採［采］配を振つてゐた。参謀総長と陸軍大臣の将来の見透しは、天津で一撃を加へれば事件は一ヶ月内に終るといふのであつた。これで暗に私の意見とは違つてゐる事が判つたので、遺憾乍ら妥協の事は云ひ出さなかつた。

かゝる危機に際して盧溝橋事件が起こつたのである。之は支那の方から、仕掛けたとは思はぬ、つまらぬ争から起つたものと思ふ（『昭和天皇独白録　寺崎英成御用掛日記』三五～三六頁）。

カンチャーズ島事件でソ連の出方憂慮

昭和天皇は、英米との衝突回避のために蔣介石と妥協しようと思っていたが、ちょうどその時に盧溝橋事件が勃発した、と回想している。しかしながら、これは天皇自身が日中戦争中に語っている内容とかなり相違する部分がある。そもそも天皇は、いずれは中国と戦争になると考えていたようである。事件勃発の三年後のことではあるが、一九四〇年七月一一日、天皇は内大臣・木戸幸一にこう語っている。

> 盧溝橋事件の起らざる前だったが、どうも支那とは結局戦はなければならぬ様に思はれたのだが、而し一面ソヴィエットに備へなければならぬ、そうすれば支那とは一度妥協するの外なからうと思ひ、実はカムチャツカ［カンチャーズ島事件］の問題と云ふことになって居たが、総長宮［閑院宮載仁］と陸相［杉山元］を招き其の点はどうかと尋ねたところ、陸軍としては対ソの準備は心配はない。支那は万一戦争となっても二三ヶ月で片付と云ふ様な意味の答申であったので、其の儘となってしまった、私の考へでは実は近衛に話て御前会議でも開いて之を決しようかと思った、それにしても軍が反対では駄目なので、予め軍に話て見たところそう云ふ訳で駄目だったが、それならそれで一貫して其主張ならい丶のだが、支那と戦ふことになって見ると兵力が足りない、思ひ切って満蘇国境より廻してはと云ってもそれは出来ないと云ふ様なことで、とう〳〵今日に迄なってしまった（『木戸幸一日記』下、八〇二頁）。

ここでは、天皇がやはりソ連の動きを第一に心配していたことが分かる。『昭和天皇独白録』で述べられている蒋介石との「妥協」も、ソ連にそなえるための一時妥協という文脈で語られている。盧溝橋事件直後に筆記された前掲の原田熊雄の記録や日中戦争中の天皇の発言から判断する限り、対蒋介石「妥協」問題については、『独白録』の記述をそのままに史実とするには疑問が残る。

それでは、天皇がそれほどまでにソ連の出方を心配したのはなぜか。一九四〇年における天皇発言の中にも出てくるように、直接には、盧溝橋事件の直前にソ満国境でおきたカンチャーズ島事件が原因であろう。カンチャーズ島は、満州北部、アムール河を黒河市からやや下った地点に位置する中州である。このあたりは二・二六事件の後で派遣された第一師団が駐屯する満州国北部の戦略的要衝で、三つの大規模な国境陣地が構築されつつあった(浅田喬二・小林英夫編『日本帝国主義の満州支配』二一七頁)。日本側の記録では、この事件は、一九三七年六月一九日、ソ連兵がカンチャーズ島などに上陸、これに対し、陸軍中央部の制止にもかかわらず、六月三〇日、現地の第一師団が速射砲をもってソ連軍砲艇一隻を撃沈、一隻を撃破した、というものである。この後、七月二日にソ連軍は地上兵力・水上艦艇を撤収している。

盧溝橋事件は、関東軍によるソ連軍砲艇の撃沈からわずか一週間後であり、天皇にしてみると、ソ連軍は一度はカンチャーズ島から撤収したが、態勢を立て直して黒河方面に進攻してくるのではないか、あるいは、砲艇撃沈とソ連軍撤退で強気になった現地軍がソ連軍を挑発するのではないか、と心配したのであろう。とくに前掲の下問(原田熊雄の記録)から見るかぎり、ソ連軍の進攻を恐れたように思われる。これは、一九三五年頃から参謀本部が、対ソ戦備は劣悪な状態にあるとさかんに主張し、三七年には極東ソ連軍の常駐総兵力は関東軍の三・六倍(二九万人)にも増強されており、いまや日本側からの「作戦遂行が至難となった」とまで危機感をあおったため(戦史叢書27『関東軍〈1〉』二五九頁)、天皇もこのことが念頭にあり、非常に心配になったのであろう。

兵力集中による決戦を要求

したがって、ソ連に背後をつかれることを恐れた天皇は、当初は、明らかに中国との戦争については速戦即決・短期決着を希望していた。戦争が上海に飛び火したあと、八月一八日、参謀総長・閑院宮と軍令部総長・伏見宮博恭（ふしみのみやひろやす）元帥に対して

斯くの如くにして諸方に兵を用ふとも戦局は永引くのみなり。重点に兵を集め大打撃を加へたる上にて我の公明なる態度を以て和平に導き速に時局を収拾するの方策なきや。即ち支那をして反省せしむるの方策なきや（戦史叢書86『支那事変陸軍作戦〈1〉』二八三頁）

と下問している。盧溝橋事件が勃発した当初、天皇はいわゆる「不拡大」「早期収拾」を望んでいたと考えてよいが、戦線が拡大してしまうと、下問からも明らかなように、早期解決のために大兵力の集中投入による決戦の実施を求めるようになる。この問題については、『独白録』の記述も符合している。

その中に事件は上海に飛火した。近衛は不拡大方針を主張してゐたが、私は上海に飛火した以上拡大防止は困難と思つた。

当時上海の我陸軍兵力は甚だ手薄であつた。ソ聯を怖れて兵力を上海に割くことを

嫌つてゐたのだ。［中略］二ヶ師の兵力では上海は悲惨な目に遭ふと思つたので、私は盛に兵力の増加を督促したが、石原［莞爾・参謀本部作戦部長］はやはりソ聯を怖れて満足な兵力を送らぬ。

私は威嚇すると同時に平和論を出せと云ふ事を、常に云つてゐたが、参謀本部は之に賛成するが、陸軍省は反対する（『昭和天皇独白録　寺崎英成御用掛日記』三七頁）。

ここでは、戦線拡大後、天皇が、上海方面への兵力増強を督促したとまで述べられている。早期に中国軍との間で、戦争の決着をつけるような大会戦をおこなうことを天皇は望んだ。

陸海軍の意思統一うながす

「大打撃を加へ」よ、との下問にたいして、両総長は、陸海両統帥部において十分研究したうえで奉答するとし、二一日午前に「支那をして戦意を喪失せしむへき諸方策」として次のような上奏（奉答）をおこなった。

早期に目的を達成する為、目下最も期待し得へき手段は海軍航空兵力を以て敵国軍隊の白眉とする航空兵力を覆滅し、且重要なる軍事施設、軍需工業中心地及政治中心等を反復攻撃して敵国軍隊竝に国民の戦意を喪失せしむるにあり。

之か為速に上海附近に陸上航空基地の獲得を要す（『支那事変陸軍作戦〈1〉』二八四頁）。

これは、航空兵力によって、中国の軍事力に打撃を加えるだけでなく、都市にたいする無差別爆撃をおこなうことを含んでいる。事実、このあと日本軍による戦略爆撃は、南京・重慶などにたいして実施されたのである。

奉答文では、この後に、「右に拠り必すしも目的を達成し得るものとは限らす。従て戦局相当長期に亘る覚悟の下に次の諸施策を継続若は新に実施するを要す」として、(1)華北主要部の占領、(2)南京方面への大兵力の投入、(3)上海の確保、(4)海上封鎖の実施などが示された。天皇の下問は、陸海軍のなかにあった戦略爆撃思想を顕在化させるとともに、陸海軍の意思統一をうながしたといえる。

天皇が、早期決戦をうながしたのは、基本的には、ソ連にたいする懸念から、とにかく早く戦争を終結させたいと考えたからである。しかしこの後、ソ連が出てくる恐れがないことがわかり(当時、ソ連軍はスターリンによって最高幹部が粛清され、混乱していた)、中国もいっこうに天皇が望んだように「反省」しないと見るや、しだいに近衛文麿内閣の戦争継続・「膺懲」論へと傾斜していく。

ところで、戦争の早期決着のために「重点に兵を集め大打撃を加へ」るというのは『統帥綱領』(一九二八年)にもある集中と先制の原則に則ったきわめて原則的な考え方であるように見えるが、当時の日本陸軍では「寡をもって衆を撃つ」ことを「作戦の妙」と考え、「奇策」を重視する傾向が強かったことを考えると、天皇の軍事思想は、そういった空気にあまり染まっていないオーソドックスなものであったといえる。

2 最高統帥機関としての大本営の設置

宣戦布告と大本営設置の矛盾

日中戦争のとめどもない拡大にともない、八月以降、陸海軍の最高統帥機関としての大本営を設置すべきか否かの問題が浮上してくる。作戦の大規模化と陸海軍の共同作戦の必要性から大本営設置を主張しだしたのは、陸軍とりわけ参謀本部である。しかし、当初、陸・海軍省は、参謀本部が「大本営で決まつた」と言って陸・海軍省を「圧迫する」ことを恐れ、大本営設置には難色をしめしていた（『西園寺公と政局』第六巻、九〇頁。九月一二日、原田熊雄にたいする海軍大臣・米内光政の談話）。だが、政府と陸・海軍とのやりとりをへて、近衛首相や湯浅内大臣は、政戦略を統合させようと構成員に文官も加えるという条件で大本営設置に賛成した。また、海軍はその反対に首相ら文官を加えないことを条件に設置賛成に転じた。海軍は、陸軍が首相を大本営にとりこんで意のままにすることを恐れ、陸・海軍の共同作戦司令部としての「狭義国防大本営」の設置を主張した。

かくして軍部の意見は、陸・海軍の間で大枠において大本営設置で一致した。だが、大本営は、一九〇三年に改定された「戦時大本営条例」によれば、戦時においてのみ設置できるものであったから、「事変」であると強弁して遂行していた対中国戦争には、大本営を設置することができなかった。大本営設置には、中国への武力行使が、「事変」ではなく、「戦争」であると日本政府自らが認める必要があった。これは、特別に難しいことではなく、蔣介石政権にたいして正式に宣戦布告をすればすむことである。

近衛内閣の中には、近衛首相をはじめ、中国に宣戦布告をしたほうがよいという意見も強かったが、これには陸海軍が強硬に反対した。陸・海軍とりわけ、陸・海軍省は、宣戦布告をして国際的に「戦時」であることを宣言した場合、アメリカが「中立法」を適用して、日本に対する軍需物資を輸出しなくなることを恐れていた(風見章『近衛内閣』六五頁)。アメリカの「中立法」とは、戦争中の国にはどちらに対しても武器・弾薬をはじめ軍需物資を輸出しないというアメリカの国内法である。もし、アメリカが「中立法」を適用したならば、アメリカから大量の部品供給を受けている航空機・自動車工業など日本の軍需工業は大きな打撃を受けることは必至であった。かくして、日本軍部は、大本営を設置するためには宣戦布告をして戦時であることを内外に宣言する必要があるが、現実の戦争遂行のためには宣戦布告ができないというディレンマに陥ってしまった。だが、軍部はこのディレンマにそれほど悩まされなかった。彼らは、大本営の戦時のみの設置を定めていた従来の「戦時大本営条例」を廃止し、大本営を「事変」においても設置できるとする新しい軍令第一号「大本営令」を制定するというやりかたで、宣戦布告と大本営設置の矛盾を突破したのである。

大本営御前会議

一九三七年一一月二〇日、日露戦争以来、三二年ぶりに陸海軍の最高統帥機関としての大本営が皇居内に設けられた。大本営の設置の経緯について述べたついでに、大本営の組織、機能についても説明しておこう。

「大本営令」にもとづく新しい大本営でも、統帥権の独立を楯にした軍部の反対で、近衛らが望んだような首相・外相らの文官を含むものにはならなかった。新大本営の正式構成員は、天皇のもとに参謀総長・軍令部総長、陸軍大臣・海軍大臣、参謀次長・軍令部次長、参謀本部作戦部長・軍令部作戦部長であり、侍従武官長が陪席する。正式構成員による会議が大本営会議である。天皇のもとでおこなわれる大本営会議は、大本営御前会議とも呼ばれたが、後述する国策決定の場としての御前会議とは別物である。大本営会議には、必要に応じて陸・海軍次官、参謀本部・軍令部の作戦課長も参加することが許されていた。

また、大本営会議での決定に先立ち、陸・海軍の間で意見の調整をするため、天皇・総長をのぞいた構成員と、参謀本部と軍令部の作戦課員各一名、必要に応じて軍務局長・大臣随員各一名を加えたメンバーでおこなう「大本営第二会議」もあった。ただし、大本営会議を開催しなければ、大本営は意思決定ができないというわけではなく、参謀総長・軍令部総長が天皇に決裁事項を上奏し、天皇が裁可すれば大本営の決定となる。大本営会議（御前会議）は、重要な戦略・作戦の決定、方針の転換など節目に開かれた。大本営御前会議の開催年月日と主な決定事項は次の通りである。

(1) 一九三七年一一月二四日　陸海軍作戦計画の天皇への報告
(2) 一九三八年二月一六日　自昭和十三年至同年夏季・支那事変帝国陸軍作戦指導要綱（戦面不拡大方針の決定）
(3) 一九三八年六月一五日　漢口攻略作戦実施の決定
(4) 一九三九年一月一三日　海南島攻略の決定
(5) 一九四二年一二月三一日　ガダルカナル島撤退の決定
(6) 一九四三年三月五日　昭和十八年度帝国陸海軍作戦計画の決定
(7) 一九四三年三月二六日　第八方面軍（在ラバウル）の軍状報告
(8) 一九四三年五月二〇日　北方作戦方針の転換（アリューシャン所在部隊の撤収）

（戦史叢書102『陸海軍年表』より作成）

大本営の組織全体は、**図1**にあるように、天皇を統帥部全体が支える巨大なものであるが、実質的に下部機関の中心となるのは大本営陸軍参謀部としての参謀本部と大本営海軍参謀部としての軍令部である。厳密に言えば、各参謀部と参謀本部・軍令部は同一ではな

図1　大本営の組織（1937年11月編成当時）

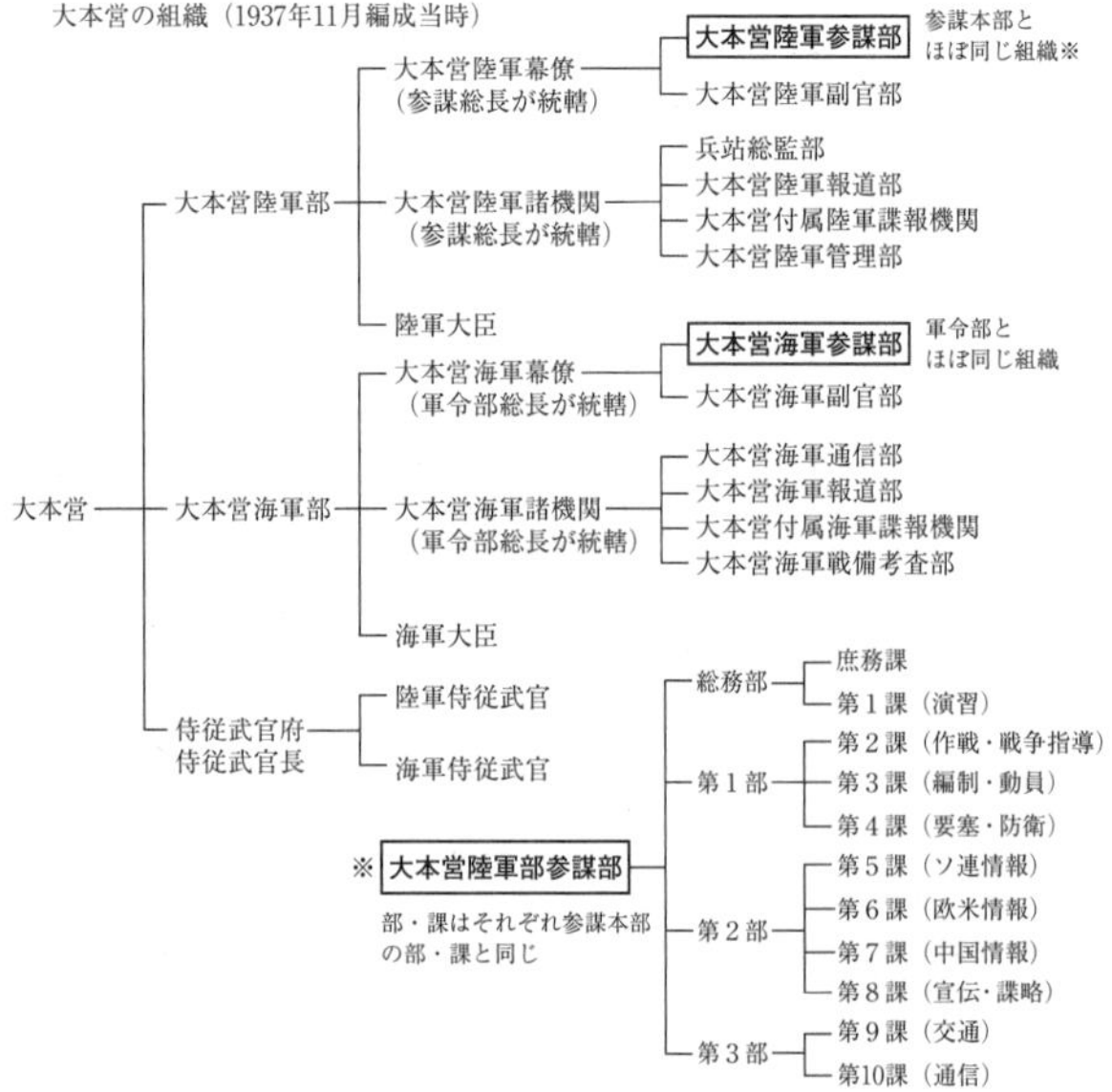

出典：「大本営編制」「大本営勤務令」「大本営陸軍部幕僚業務分担規定」（1937年11月20日）、稲葉正夫編『現代史資料(37)大本営』（みすず書房、1967年）および秦郁彦編『日本陸海軍総合事典』（東京大学出版会、1991年）より作成。

く、参謀本部・軍令部から戦史研究の課などを除いた編制となっている。しかし、大本営における参謀本部・軍令部の役割は大きく、実際上、大本営陸軍部＝参謀本部、大本営海軍部＝軍令部と考えてほぼ誤りはない。

明治の大本営と昭和の大本営

ところで、明治の大本営も、正式構成員は軍人に限られていたが、天皇の特旨によって現実には、首相・外相・枢密院議長など文官や元帥も参加していた。したがって、明治の大本営は、事実上、国策・国家戦略の一元的な決定の場になりえたのである。とくに日清戦争の際にはその傾向が強かった。あくまでも軍事戦略のみの決定の場と限定された昭和の大本営とは性格が異なっている。しかし、現実には、権限が軍事戦略・作戦に厳密に限定されたはずの昭和の大本営は、独自に世界戦略を構想し、政府を引きずり回す存在となっていく。

明治と昭和の大本営の違いは、明治と昭和の軍部の性格の違い、政府と軍部の力関係の違いであるともいえる。日清・日露戦争期における明治の国家指導層は、文官であれ武官であれ、明治維新をくぐり抜けてきた政治・軍事双方に目配りできる存在であり、軍事官僚を強力に統制する実力をもっていた。したがって、大本営の正式構成員が軍人（武官）のみであっても、国家戦略の基本は政府が決定し、大本営はその枠内で軍事戦略の検討に従事し、政治と統帥の分裂は、実際上ほとんどおこらなかった。しかし、日露戦争後、軍はしだいに政治勢力化し、独自の対外戦略を有するようになった。そして、昭和期となり、当時の国家指導層は、軍事について介入する実力をもたない政治家と政治に介入することを当然視する軍事官僚層に分裂していた。したがって、大本営の正式構成員が軍人（武官）のみであっても、国家戦略の大筋と軍事戦略を大本営が先行して決定してしまい、政府はその枠内で外交・内政に従事するという、転倒した関係になり、つねに国務と統帥の分裂、不一致に悩まなければならなくなった。

一九三七年一一月の大本営設置にともない、政府と大本営の意見を統一・調整するために、近衛内閣は大本営政府連絡会議を設置した。大本営政府連絡会議は、以後の内閣にもうけつがれ、小磯内閣以降は最高戦争指導会議と改称され、形式的には国家戦略の最高決定機関のような存在であったが、現実の戦争指導すなわち内政・外交・作戦の総合指導の主導権は大本営にあったといえる。大本営自体、国家戦略を構想・立案するための大本営第二〇班（参謀本部戦争指導班）という組織をもち、また、参謀本部と軍令部のそれぞれの中核をなす作戦課では、作戦立案の枠を越えて、これまた独自に国家戦略を構想していたのである。

大本営の法制上の機能は、あくまでも最高統帥機関であり、一元的な作戦指導・命令発令機関であった。だが、現実には、陸軍と海軍の二元性を克服することはできず、大本営が発する命令も大陸命と大海令に分けられていた（ただし、大海令という命令呼称は、日清・日露戦争・第一次世界大戦の時にも、日中戦争に際しても大本営設置以前から用いられていたので全ての大海令が大本営命令というわけではない）。大陸命とは天皇が発する陸軍への命令、大海令とは同じく海軍への命令を意味する発簡符号で、大陸命第〇〇号、大海令第〇〇号という言い方をした。大本営命令の発令の手続きは、大本営における天皇の役割を示す重要な事例であるので、ここで説明しておこう。

大本営命令すなわち大陸命・大海令を発令する場合、これらは天皇の名において下されるいわゆる「大命」であるので、事前に必ず天皇の允裁（命令発令の許可）を得なければならない。参謀総長と軍令部総長は、命令の発令者ではない。両総長は、あくまでも大本営の幕僚長であり司令官ではないのである。大本営勤務令（一九三七年一一月二〇日）によれば、

第一　参謀総長は大本営陸軍幕僚及大本営陸軍諸機関を統督し帷幄の機務に奉仕し陸軍の作戦を参画奏上し勅裁の後之を陸軍各独立指揮官に伝達するを任とす
陸海軍協同の作戦は軍令部総長と協議策定の後之と共に奏上し又単に陸軍のみに関する作戦の計画は勅裁の後軍令部総長に通牒し以て陸海軍の策応を図るものと

図2　大陸命の書式

大陸命第〇〇号
命令
［命令主文］
一、〇〇〇〇〇〇〇
一、〇〇〇〇〇〇〇
一、細項ニ関シテハ
参謀総長ヲシテ指示セシム
昭和〇〇年〇月〇日
奉勅伝宣　参謀総長名
〇〇殿（受命者名）

す［中略］

第二十　軍令部総長は大本営海軍幕僚及大本営海軍諸機関を統督し帷幄の機務に奉仕し海軍の作戦を参画奏上し勅裁の後之を海軍各独立指揮官に伝達するを任とす

　陸海軍協同の作戦は参謀総長と協議策定の後之と共に奏上し又単に海軍のみに関する作戦の計画は勅裁の後参謀総長に通牒し以て陸海軍の策応を図るものとす

（『現代史資料第(37)大本営』四一九～四二〇頁）

　ということであり、両総長の任務は、作戦の立案・上奏・伝達、陸海軍の協同促進という点にある。よって、当然のことながら総長自身には大本営命令を発令する権限はないのである。大日本帝国憲法第一一条「天皇は陸海軍を統帥す」の原則からすれば、大本営は「天皇の大纛下(たいとう)」の「最高の統帥部」（大本営令）であるから、大本営命令を発令できるのはあくまでも天皇ただ一人である。それは、大陸命や大海令の書式にもあらわれている。**図2**は、大陸命の書式である。そこでも参謀総長は大陸命の発令者の位置にはなく、また、法律や勅令に副署する国務大臣に相当する位置も占めていない。総長は「奉勅伝宣」するのみ、すなわち命令を伝達する存在なのである。このことを確認した上で、大陸命と大海令についてさらに見ておこう。

大陸命と大海令

防衛研究所図書館所蔵の大陸命原本綴によれば、大陸命第一号（一九三七年一一月二二日）から第五四〇号（一九四一年九月三日）までが日中戦争・仏印進駐に関するもの、第五四一号（一九四一年九月一五日）から第一三九二号（一九四五年八月二八日）までが太平洋戦争に関するものと分類されている。また、大海令原本も、防衛研究所に所蔵されており、日中戦争中に大海令第一号（一九三七年七月二八日）から第三〇四号（一九四一年九月六日）までが発令され、太平洋戦争中には、改めて第一号（一九四一年一一月五日）から第五七号（一九四五年九月一日）が発令された。つまり、アジア太平洋戦争期（一九四一年九月～一九四五年九月）に発令された大本営命令は、大陸命が八五二通、大海令が五七通の合計九〇九通である。その全てについて統帥部は、「命令案」とその命令が必要な理由を記した「御説明」を作成して天皇に上奏し、允裁を仰いだ。従って、アジア太平洋戦争中、大陸命允裁を仰ぐ上奏だけでも形式的には八五二件あったことになる。

同一期間にもかかわらず、大陸命が八五二通、大海令が五七通というのは、発令数にずいぶん違いがある。大本営陸軍部は命令を頻発し、海軍部はまれにしか命令を出さなかったというわけではない。これは、諸部隊に対する命令の仕方が陸軍と海軍とで異なるためである。大本営において今後の作戦指導の大綱が決定されると、海軍部はこれらの決定を直接に部隊に伝えることをせず、その内容を適宜必要に応じて、軍令部総長より大海指の形式で天皇に直隷する司令長官等に伝達する。一方、陸軍部は大本営で決定されたことは、そのまま大陸命の形で天皇に直隷する各司令官に「奉勅伝宣」として伝達する（戦史叢書45『大本營海軍部・聯合艦隊⑹』二〇三～二〇四頁）。つまり、陸軍はかなり細部にわたる事項でも大陸命として発令し、海軍は具体的な指示は大海令ではなく大海指で伝達したために、このように発令数に格差が生じたのである。

大陸命・大海令の允裁を仰ぐ上奏文の書式は型にはまったものであり、たとえば陸軍の場合、おおむね「……に関し命令相成度件」という題名で提示される。上奏文は、冒頭（第一頁目）に「……に関し別紙の通関係官憲に命令相成度謹みて奉仰允裁候也」という命令の承認を求める頭書があり、次（第二頁目以降）に主題である「命令（案）」（大陸命案）がくる。大陸命には前掲**図2**の書式のように必ず本文末項に「細項に関しては参謀総長をして指示せしむ」とあり、その指示内容が大陸指である。「命令（案）」の次にはその「指示（案）」が示される。大陸指は形式上、天皇の承認はいらないが、大陸命に基づく大陸指は同時に天皇の裁可をうけるのが慣例であったようである。海軍でも重要な大海指は大海令と同様に裁可をうけ、そうでないものも発令後には必ず天皇に提出していたという（山本親雄『大本営海軍部』一二五頁。著者は一九四三年一月から一九四五年一月まで軍令部作戦課長）。天皇は、裁可する場合には、命令案の表紙に「可」の印を押し、侍従武官を通じて統帥部に下げ渡すのが常であった（『大本營海軍部・聯合艦隊〈6〉』二〇三頁）。この手続きをふまないと大本営命令は発令できないのである。

統帥部による作戦上奏

大本営が設置されると天皇は実に多忙になる。前述の大本営命令案だけではなく、統帥部によるさまざまな上奏を受けなければならないからである。統帥部による天皇に対する上奏の主なものは、作戦事項に関する上奏（作戦上奏）と戦況に関する上奏（戦況上奏）で占められる。作戦上奏は、

(1) 天皇の名において発令される陸海軍の大本営命令、すなわち大陸命と大海令を発令する允裁（許可）を求める上奏

(2)　今後の作戦計画を天皇に説明するための上奏

に大別できる。また、戦況上奏にも、

(3)　陸海統帥部による毎日の戦況報告

(4)　統帥部参謀等の出張報告

(5)　軍司令官・艦隊司令長官等による戦況報告・業務報告

などがある。さらに、統帥部が関係する上奏としては、

(6)　「御前兵棋演習」「御前研究」における説明

等がある。

これら統帥部の上奏のうち、(5)軍司令官・艦隊司令長官等による戦況報告・業務報告以外のものは、基本的に大本営陸軍参謀部と同海軍参謀部のそれぞれの中核である参謀本部第一部第二課（作戦課）と軍令部第一部第一課（作戦課）の課員（大尉・少佐）・班長（中佐）クラスが起案し、作戦課長（大佐）・作戦部長（少将）・次長（中将）・総長（大将）の決裁をへた後に上奏される。また、(4)統帥部幕僚等の出張報告は、原則として課長（大佐）級以上の場合行なわれたようである。(6)「御前兵棋演習」「御前研究」における説明も、作戦課において起案し、総長が上奏した。これらの具体例は数多く後掲することになるが、作戦上奏については、若干、予備的な説明をしておこう。

作戦上奏のうち、今後の全般的作戦指導など陸海軍双方に関わる重要なものは、参謀総

長・軍令部総長が列立して行ない、大陸命・大海令の允裁を求める場合には各総長が単独で上奏する。ただし、命令允裁の場合、作戦の規模と内容により、総長の拝謁上奏ではなく、書類上奏の場合もある。天皇は、拝謁上奏の場合には、その場で下問したり、後で侍従武官長や担当侍従武官を通じて下問する。天皇は、書類上奏の場合も質問があれば、侍従武官長等が直接、軍令部や参謀本部など関係部署に問い合わせることができる。

前述した(1)大本営命令の允裁を求める上奏は、命令発令にともなう不可欠の手続きであるが、(2)今後の作戦計画に関する上奏は、作戦方針決定のための手続きであると同時に、統帥部にとっては戦争指導・作戦指導の見通しについて天皇を納得させる、天皇にとっても下問や注意を通じてみずからの意思を作戦計画に反映させる最大の機会である。

なお、どれほどの頻度で統帥部が天皇に作戦上奏を行なったのか、アウトラインが分かるように、一九四一年九月から一九四四年一二月にいたる陸軍統帥部による作戦上奏――今後の作戦計画を天皇に説明するための上奏――を調べられる範囲で付表1（巻末）としてまとめておいた。

「御下問奉答資料」

統帥部が天皇の納得を得ようとする努力は尋常なものではない。戦争指導・作戦指導に関する重要な方針の決定に際しては、「方針案」とその方針をとる理由の「御説明」を文書で作成・提出するだけではなく、天皇の質問に統帥部幕僚長（参謀総長・軍令部総長）が円滑に回答できるように、重要な上奏に際しては、詳細な「御下問奉答資料」が作成された。陸軍の場合、この「御下問奉答資料」とはすなわち想定問答集のことであり、作戦課の起案者が天皇の質問を予想して遺漏がないように課内で質疑応答を行なって原案を作成し、他の課員の連帯印をうけ、作戦課長・作戦部長・次長の決裁をへて完成する（高山信武『参謀本部作戦課』一二五頁。著者は一九四一年七月から一九四五年四月まで参謀本部作戦課課員。多くの上奏文・「御下問奉答資料」の起案にあたった）。「御下問奉答資料」は、上奏の際に天皇の納得を得るために作成されたものであり、時には大本営政府連絡会議での応答にも利用された（同前、一二二頁）。「御下問奉答資料」は、当然のことながら上奏文と同様「軍事機密」（軍機）指定の文書であり、陸軍の場合、作成部数は一五〜二〇部で、配布個所が厳しく限定されていた。「御下問奉答資料」は統帥部の作戦研究の集大成であり、かつ簡にして要を得たものでなければならなかったので、それは今日、統帥部の論理を知るには非常に有益な資料であると言える。また、海軍の場合には、想定問答集だけではなく、天皇の下問に後日、文書で回答するものも「御下問奉答資料」あるいは「御説明資料」と称した。

3　国策決定のための御前会議

参謀本部「不拡大派」の工作

ところで、大本営設置（一九三七年一一月）よりも前、いっこうに事態が収拾に向かわないことを焦慮した参謀本部の不拡大派は、ドイツ駐華大使・トラウトマンを介して国民政府と和平交渉を行ない状況の転換をはかろうとした。作戦部長・石原莞爾少将は、九月、参謀本部第二部付の馬奈木敬信中佐とドイツ武官・オイゲン・オットー大佐を仲介にして、トラウトマンとの連絡に成功していた（重光葵『昭和の動乱』上、一八〇頁）。当時のドイツにとって、日本は防共協定を結んだ盟邦であり、一方の中国は有力な兵器市場、かつ多数の軍事顧問団を送っている間柄であった。事実、上海周辺の中国軍は、ドイツ軍将校の助言をうけ、ドイツ製兵器で日本軍と戦っていた。ドイツにあっても、ナチ党は反ソという点で日本を重視し、外務省と軍部は中国を重視していたが、当時はまだ日本と中国をいずれも失いたくないとしていた時期なので、和平の斡旋にもかなり積極的であった（三宅正樹『日独伊三国軍事同盟の研究』八五頁）。

陸軍内の不拡大派（参謀本部作戦課戦争指導班）は、すでに圧倒的少数派となっていたが、

活動は精力的で、一一月二一日には「対支那中央政権方策」を策定し、

> 現中央政権［蔣介石政権］が一地方政権たるの実に堕せざる以前に於て長期持久の決心に陥ることなく其面子を保持して媾和に移行する如く我諸般の措置を講ずる（『現代史資料』第9巻〈日中戦争1〉、四九～五〇頁）

ことが必要だ、と主張していた。すなわち、首都である南京の陥落以前に、蔣介石のメンツをつぶすことなく講和をはかれ、というのである。なぜなら、

> 蔣政権（継承政権）の否定は彼等を反日の一点に逐ひ込み……必然的に「ソ」英米策源の推進と相俟ち此に永久抗争のため帝国は永き将来に亘り之に莫大の国力を吸収せらる（同前、五〇頁）

からである。これは、今日から見れば実に理性的な判断であったが、不拡大派が必ずしも平和論者だったわけではない。彼らは、対ソ戦準備の遅れと国力の消耗（日本と満州を重化学工業化して「国防国家」を建設しようといういわゆる「石原構想」の挫折）を恐れていたのである。彼らは新任の参謀次長・多田駿中将を説得し、トラウトマン工作の成功と、御前会議で「不拡大」を天皇に言わせることにより出先軍と中央の拡大派を抑えこもうとした。彼らは天皇の「聖断」にすがろうとしたのである。

〝君権に瑕のつかないやうに〟

参謀本部不拡大派の御前会議工作とちょうど時をあわせて、当の昭和天皇自身も御前会議をやるべきだと考えていた。政戦略をリードしようとする天皇の意欲が感じられる。一一月一一日に湯浅倉平内大臣が原田熊雄に語ったところによれば、天皇は、湯浅にたいして

戦況が今日の如くに立至つて、万一先方から講和の申出でもあつた時に、こちらとしては何の用意もないやうに見える。なにかそれを決めなければならないのぢやないか。そのために御前会議の用意でも始めたらどうかといふことを、総理に自分から話してみたい。いま自分の見るところでは何の用意もないし、その用意するだけの仕組が今日ないのだから、その仕組を今日からしておかなければならないのぢやないかといふことをたづねてみようと思ふが、どうか（『西園寺公と政局』第六巻、一三六〜一三七頁）

という下問をしたという。湯浅は、天皇が状況をリードすることに婉曲に懸念を示し、

これは重大なことでございまして、前から元老［西園寺公望］の意見もあることでございますから、予め元老に御下問になつた後、総理にお話しになつたらどうでございませうか（同前、一三七頁）

と答えている。ここで決定的な役割を果したのが元老・西園寺公望である。西園寺も、湯浅同様、天皇がイニシアティブをとるような形になってはならないと考えていた。それ

が西園寺の天皇観であった。西園寺は原田にこう語っている。

とにかく第一に総理に意見を立てさせてみて、御前会議をやられるよりしやうがないぢやないか。なほ陸軍あたりで言つてゐるやうに、陛下の思召といふことで出先を抑へるといふことだが、もし実際にそれができなかつたらどうするか。一度出た陛下のお言葉は取戻すことはできないし、陛下がデマの中心となるやうなことになつては大変である。で、結局もし自分に御相談となるならば、とにかく総理にまづ第一に意見をたづねてみて、政府のすべての膳立で政府から願ふといふことでなければよくない。陛下からの御下命で出来るやうな御前会議では困る。なほ、出先の軍人も、「すぐ帰れ」と言つてもなかなか帰るまい。思召とか或は御勅裁とかいふ風なことで持つて行くといふやうなことに陥る虞があつてはならないが、もしそこに行つたとして、その思召なりなんなりに従はない場合はどうするか。要するに君権に瑕(きず)がつくことになり、申訳のないことになるから、よほど慎重な態度を要する。で、御親裁とかなんとかいふことで本当にやる気ならば、これはよほど支度をしておかなければならないし、全然別の問題である。しかしそれはできないし、危険千万なことであるから、もし今度の御前会議をお開きになるにしても、いはゆる枢密院に常に御親臨になる意味の御前会議であつて、御勅裁とか御親裁とかいふことにならないやうにしなければいけない(一九三七年一一月一一日、同前、一四〇頁)

西園寺はくり返し「どこまでも君権に瑕のつかないやうに」(同前、一四一頁)と強調し、天皇が前面に立たないように、天皇の言動がそのまま政策決定につながらないように、と重ねて釘をさした。満州事変の際、西園寺は、もし決定が実行されない場合には「陛下の御徳を汚す」として御前会議の開催自体に反対したが、今回は、同様に考えつつも開催についてはやむを得ないとの立場をとった。

二五年ぶりの御前会議

天皇の希望と参謀本部戦争指導班員・堀場一雄少佐の工作で、一九三八年一月一一日、第一次世界大戦参戦を決定した一九一四年八月一五日の大正天皇による御前会議以来、実に二五年ぶりに国策決定のための御前会議が、宮中の御学問所を会場に開かれることになった。天皇は、枢密院本会議と大本営会議には「親臨」することになっていたが、国策決定のための御前会議は昭和天皇にとっては初めての経験である。御前会議には、大本営側から閑院宮・伏見宮両総長、多田参謀次長、古賀峯一軍令部次長、政府側から近衛首相、広田弘毅外相、杉山陸相、米内海相、末次信正内相、賀屋興宣蔵相が、そして天皇の特旨により平沼騏一郎枢密院議長が出席した。

御前会議で発言すべきか否か、天皇は迷った。陸軍の不拡大派は、西園寺の言葉からも分かるように、天皇の「勅裁」によって、出先軍を抑え、一挙に講和にもっていこうと工作を展開していたからである。会議前日になっても「一体どうしたらよいか。元老にその意向をもう一遍きいてくれないか」と依然として迷う天皇に、湯浅内大臣は「要するに政治の責任が直接陛下に来るやうな結果を導くやうなことはおつしやつてはならんといふことだらうと思ひます」(同前、二〇二頁)とはっきり言った。天皇は、結局この時は、西園寺や湯浅の言に従い、御前会議では何も発言せず、和平と継戦の両論併記的な「支那事変処理根本方針」が事務的に決定され、御前会議は一時間一〇分ほどで終了した。

ここで注目すべきは、なぜ天皇がこうまで迷ったのか、ということである。もし天皇が、西園寺や湯浅が考えていたように、大日本帝国憲法に規定された天皇の地位を純粋な立憲君主として理解・納得していたのならば、いろいろ迷うことはなかったはずである。むしろ、みずから御前会議の開催を言い出したり、発言すべきか否か迷ったということは、天皇が政戦略にイニシアティブを発揮した方がいいのではないかと揺れ動いていたことを示している。

戦争継続論に傾斜

この後、「勅裁」へのあてがはずれた不拡大派は、トラウトマン工作に一段と期待をかけた。しかし、一九三七年一二月の南京の陥落によってすっかり戦勝ムードに浸りきった政府は、講和条件を賠償を含む一段と厳しいものにかえ、さらに近衛首相や陸軍大臣・杉

山元は、和平交渉の打ち切りさえ主張するようになった。近衛や文部大臣・木戸幸一は

まるで敗戦国のやうな態度で、こつちからわざわざ肚を見せた条件等を出して、「これで講和したらどうか」といふやうなことは、今日連戦連勝の国の側から示すべき態度ぢやあない（同前、二〇八頁）

と参謀本部の早期和平論を厳しく批判した。一月一五日の大本営政府連絡会議の席上でも、外務大臣・広田弘毅が、トラウトマン工作は「とても望がない。……どこまでも支那に対抗して行くといふ決心を固めなければよくない」（同前、二〇七頁）と工作打ち切りと戦争継続を主張した。統帥部（多田参謀次長）が講和を説き、政府（首相・外相・陸海相）が戦争を主張するという奇妙な会議となった。結局、終日の押し問答のすえ参謀本部が押し切られる結果となった。その夜、不拡大派は、閑院宮参謀総長を近衛首相よりも前に上奏させて、最後の逆転をはかったが、盧溝橋事件の際とは逆に、天皇は

決まつたことをまたひつくり返さうと思ふんぢやないかと思つたから、「総理と最初に会う約束をしてゐるから、それはいけない」と言つて断つた（同前、二〇八頁）

参謀本部のやり方も陰謀的ではあるが、この時の選択は、政府の決定を尊重したといえば確かにそうであるが、天皇が、盧溝橋事件直後とは異なり、近衛や木戸・広田らの国民政府否定＝戦争継続論に傾斜していたことを示している。近衛首相の後で、閑院宮参謀総長が参内して工作継続＝蔣介石政権否認反対をあらためて上奏したが、その際、天皇は、

(1) 南方に中国の抗日軍隊が残るが、日本軍はいかにする考えか、

(2) 北支政権を盛り立てるため日本も負担せねばならぬが、なるべく表に立たぬよう顧問等を通してやるように、

(3) ゲリラ戦術にたいしてはいかに対抗するか、

(4) 中国側回答に対し尽くすべき処置につき陸軍は案があるというが、いかなることか

といったことを下問したという（『支那事変陸軍作戦〈1〉』四七六頁）。統帥部は、純作戦的な(1)と(3)の問題については翌日、上奏したようである。(4)はこの日の大本営政府連絡会議で方針が決定されたのに、まだ言うことがあるのか、といわんばかりの天皇の下問である。参謀本部の講和論は、天皇によってあらためて封じ込められた。

翌一月一六日、日本政府は「国民政府を対手とせず」の声明を出し、自ら、戦争終結への道を閉ざしてしまう。

国策決定のための御前会議

ここで、御前会議について若干、付言しておこう。一般に「御前会議」といった場合には、一九三八年一月を第一回とする国策決定のための御前会議をさす。この御前会議のメンバーは、政府側と大本営側の代表すなわち大本営政府連絡会議の構成員と枢密院議長か

らなりたっている。前述した大本営御前会議とは全く別の会議である。しかし、多くの一般向け図書では、両者が混同されていたり、大本営御前会議が無視されていたり、少なからず混乱がある。本書では、両方の御前会議に言及することになるので、前後関係から明らかな場合をのぞき、「国策決定のための御前会議」、「大本営御前会議」と書き分けることにする。国策決定のための御前会議は、日中戦争の処理、三国同盟問題、対英米開戦、戦争指導とポツダム宣言受諾などの問題について合計一五回開かれている。国策決定のための御前会議の開催年月日と決定された国策文書名等は次の通りである。

(1) 一九三八年一月一一日　支那事変処理根本方針　第一次近衛内閣
(2) 一九三八年一一月三〇日　日支新関係調整方針　第一次近衛内閣
(3) 一九四〇年九月一九日　日独伊三国同盟条約　第二次近衛内閣
(4) 一九四〇年一一月一三日　支那事変処理要綱に関する件ほか　第二次近衛内閣
(5) 一九四一年七月二日　情勢の推移に伴う帝国国策要綱　第二次近衛内閣
(6) 一九四一年九月六日　帝国国策遂行要領　第三次近衛内閣
(7) 一九四一年一一月五日　帝国国策遂行要領　東條内閣
(8) 一九四一年一二月一日　対米英蘭開戦の件　東條内閣
(9) 一九四二年一二月二一日　大東亜戦争完遂の為の対支処理根本方針　東條内閣
(10) 一九四三年五月三一日　大東亜政略指導大綱　東條内閣

(11) 一九四三年九月三〇日　今後採るべき戦争指導の大綱ほか　東條内閣
(12) 一九四四年八月一九日　今後採るべき戦争指導の大綱ほか　小磯内閣
(13) 一九四五年六月八日　今後採るべき戦争指導の基本大綱　鈴木内閣
(14) 一九四五年八月九日　ポツダム宣言受諾の可否について　鈴木内閣
(15) 一九四五年八月一四日　ポツダム宣言受諾の最終決定　鈴木内閣

（大江志乃夫『御前会議』一〇一～一〇二頁より）

なお、ポツダム宣言受諾をめぐる一九四五年八月の御前会議以外では、天皇は発言しなかったとよく言われるが、これは、国策決定のための御前会議については、おおむね妥当であるが、大本営御前会議においてはそうではなく、大元帥としての天皇は、軍事問題についてはしばしば積極的に下問をし、場合によっては対応にあたった軍人たちを叱責することもあった。

4　天皇の「御下問」「御言葉」の効き目

大本営御前会議で意欲的に質問

天皇が統帥部からさまざまな上奏を受け、それにたいする「御下問」（質問）や「御言葉」(意見・感想)を言うことで、統帥部を激励したり、時には叱責したりする実例は、アジア太平洋戦争の時期には数多く史料として残っている。天皇の発言が実際の戦争にどのような影響を与えたのか、あるいは与えなかったのか、それは後に詳しく見ることになるが、大本営の機能、天皇への上奏の種類や形式についてふれたので、軍当局者にとって天皇の言葉はどのような重みをもったのか、あらかじめまとめておこう。

作戦事項に関する天皇の質問が要点をついたものであったという証言はいくつもある。一般に戦況や作戦事項について上奏するのは総長あるいは次長であり、個別具体的な問題点について説明するのは作戦部長であった。また、今後の作戦方針を決定する大本営御前会議には、陸海軍双方の大臣・総長のほか、次長・作戦部長(必要に応じて作戦課長)と侍従武官長が出席し、天皇への説明には部長以上があたった。その際にも天皇は活発に質問した。たとえば、「昭和十八年度帝国陸海軍作戦計画」を決定した一九四三年三月五日の御前会議の模様を、当時、軍令部作戦課長であった山本親雄は次のように伝えている。

[一九四三年]三月五日の[大本営]御前会議は会議とはいうものの、実際は事前に軍令部と参謀本部との間で十分に研究打ち合わせを行い、意見一致して作成した案を、陛下に御説明申し上げて御裁可を仰いだもので、作戦指導方針の原案はもとより、両総長、両次長、両作戦部長が説明する内容も、あらかじめ文書にして準備しておき、これを陛下の御前で読み上げるという、まるで芝居のような方式をとったのである。

そのうえ陛下から御下問のある場合も考え、両総長の奉答案まであらかじめ御下問を予想して作っておき、これも文書にして準備しておいた。

このときの会議は順調に、筋書き通りに進み、休憩もなく四時間ばかりで終わった。あとで当時［軍令部］作戦課の参謀であった高松宮殿下が参内されたさい、陛下から「先日の会議は、少しも会議らしくなかった」と、やや御不満らしいお言葉があったという。そのことを殿下から承わったので、次の［大本営］御前会議では、準備した書類をそのまま読み上げるような形式的なやり方はとりやめ、説明の要点だけを文書として準備し、これにもとづいてわかりやすくご説明することに改めた。また陛下に対してご説明するというだけでなく、出席者もたがいに質疑応答を行うように改めたが、そのときの御前会議の後では、陛下も「こんどは、少しは会議らしくなった」と、言われたと承っている。しかしいずれの場合にも、陛下には会議の議題のみを事前にお耳に入れておくにとどめ、関係書類は当日玉座の机上に用意する習慣であった。これは機密保持のための措置だったが、このため会議の席では、陛下は机上の書類に一度も目を通されることなく、終始端正な御姿勢のまま、各自の説明を聴取され、ときどきうなずいておられるだけだった。

長時間にわたる各員の説明が終わったあと、陛下からの御下問や御注意はみな要点をついたものばかりで、われわれ幕僚が準備しておいた御下問奉答案の大部分が役に

> たった。これは陛下が各員の説明を聞かれるだけで、いかに適確に要点を把握されたかを明らかにする証拠であると思う（『大本営海軍部』一二三～一二四頁）

昭和天皇は大本営御前会議が形式に流れるのを不満に思い、かつ自ら意欲的に質問したようである。天皇からの不満の声を間接的に聞いただけで、山本作戦課長は、会議の進め方を次回から変更している。また、山本らが事前に用意した「御下問奉答案」（想定問答集）も大いに役に立ったというから、天皇の質問は詳細をきわめたのであろう。国策決定のための御前会議においては、「沈黙」が常であった天皇も、大元帥として参加する大本営御前会議では、一転して活発だったことが分かる。また、山本の回想にある、一九四三年三月という時期は、ガダルカナルからの撤退直後で、天皇も非常に積極的に作戦に発言をしていた時でもある。

上奏者の意表突く天皇の質問

作戦担当者ではないが、天皇の下問が厳しかったという証言は陸軍側にもある。開戦当時、東條英機首相兼陸相の第一の側近であった陸軍省軍務課長（のち軍務局長）佐藤賢了は次のように回想している。

> 御納得を仰ぐには正式に上奏すべきことでなくても、よく内奏又は中間報告を申し上げた。それは過度と思われるほどで、私達は「東条さんの内奏癖」とかげ口をきい

た。上奏案は勿論その内奏［中間報告］案にも詳しい説明ばかりでなく、御下問を予想してその答弁まで準備しなければならず、それが多くは軍務局の仕事なので、局長の私以下悲鳴をあげた。

陛下は記憶力がお強い上に終始タカミクラを変らせられないのだから、過去のことをひき出して鋭い御下問があり、外の大臣では特にお答に窮することもあったらしいが、東条さんは右のように周到に準備して御前に出たから、そんなことはなく、したがって戦局の悪化するまでは御信任がきわめて厚かったと承った（佐藤賢了『東條英機と太平洋戦争』二二一頁）

天皇の下問は上奏者の意表を突くこともしばしばだったようで、陸・海軍省ならば軍務局、統帥部ならば各作戦課は、上奏の際には相当の準備が必要だった。すでに述べたように、大本営による大陸命・大海令の発令にさいしては、書類上奏の場合には「御説明」の書類が添付され、総長が直接天皇に奏上する際には「御説明」書類だけでなく必要に応じて「御下問奉答案」が作成された。作戦事項に関しては、このような準備は参謀本部・軍令部の作戦課が担当したが、その事務量は膨大なものであった。おそらく、この大本営方式を東條英機が陸軍省にも持ち込んだのであろう。佐藤賢了ら東條の部下たちは、「悲鳴をあげた」が、そのかわり、東條は天皇の揺るぎない信頼を勝ちとることができた。

多岐・細部にわたる杉山参謀総長への下問

また、天皇の下問はしばしば多岐に、あるいは細部におよび、総長レベルが十分に対応できないこともあり、事務当局泣かせであった。例えば、太平洋戦争開戦後まもない、一九四二年二月九日、天皇は重慶政権打倒工作の進捗状況から始め、次々に派生的な問題に言及しながら参謀総長・杉山元大将に次のように下問している。

お上　重慶政権も段々弱つて来て居る様たか閻錫山も、もう此方へ来るのではないか其後どうなつてるか。

総長　閻錫山工作は其の後も引続いてやつて居りますか、今日迄の工作の経過を見まするに閻はやはり支那式の日和見て時間を引延はして、その間に出来るたけ日本側から都合のよい条件を取り付け様として居る様に思はれます。大体之の工作に就ては最初少し焦り過きた様に思ひます。従つて閻か我か方の足下を見て条件を有利にしやうとして来たものの様に思はれます。けれども今後は一般情勢か有利に進むと思はれますから先方から手を出す様になるかも知れませぬ。此方としてはそう言ふ風に工作して行きたいと思ひます。

お上　それもそうだね。

お上　新聞に慶洲作戦をやつた様に出て居るか、あれはどうしたのか。

総長　あれは第二十三軍のおこなつた作戦てあれだけでなく他の方面でも色々やつて

居る作戦と関聯したもので御座います。

お上　今後の第十独立守備隊は何処へやるのか。あれは直く比島にやるのか。

総長　之から編制し訓練をして更に隊長の掌握下にしつかり入つた後でなければあちらにやることは出来ません。第六十五旅団を直く持つて行つた結界〔果〕はあの通りて、苦い経験を再ひ掌〔嘗〕めない様にしたいと思ひます（参謀本部編『杉山メモ』下、一二一〜一二三頁）。

本書では、以後しばしば、『杉山メモ』や戦史叢書などからこういった天皇と総長との問答をそのまま引用する。なぜこのような記録が残っているのかと言えば、陸軍統帥部では天皇と総長が問答をかわした場合、総長が参謀本部の部長会議でその様子を述べることになっていた。それを参謀次長直属の大本営陸軍部第二〇班（戦争指導班）の班長が『大本営機密戦争日誌』用に記録し、あるいは作戦部長や作戦課長らが個人の『業務日誌』に筆記し、それらが現在まで残っているのである。なお、海軍統帥部の場合は、第二〇班に相当する部署がない――軍令部にも戦争指導班はあったが、兼務参謀が多く、陸軍ほど活発ではなかった――ため作戦部長等の『業務日誌』などが原資料となる。従って、総長の記憶違い、記録した第二〇班長や作戦部長・課長の聞き違いも時には予想される。問題が細部に及べば当然そのようなことも起こってくる。ここでも、若干の間違いが起きている。

ここでは、比較的短いやり取りの中で、天皇は杉山参謀総長にずいぶん具体的な問題について質問していることが分かる。まず天皇は、開戦直後の一九四一年一二月二四日に決定された「情勢の推移に伴ふ対重慶屈服工作に関する件」がどう具体化されているのかを聞いている。しかし、何ら進展を見せていないこの閻錫山工作について、総長は当たり障りのないことを言って切り抜けるしかなかったようである。

そして、次の「慶洲作戦」についても全く具体的なことが回答できなかつた。実は、これは「慶洲作戦」ではなく「恵州作戦」の書き間違いである。天皇がこの作戦についてわざわざ新聞に出ている、と言っているところをみると、大本営陸軍部による戦況上奏の際、恵州作戦については特別に言及がなかったのかもしれない。恵州作戦は、香港攻略戦を終えた第二三軍が、第五一師団を使って行なった小規模な作戦で、筆記した第二〇班長・有末次(やどる)大佐もよく認識していなかったのかもしれない。

それはともかく、詳しくは第Ⅲ章で述べることになるが、ちょうどこの頃、大本営陸軍部が憂慮していたのは、フィリピンのバターン要塞の攻略が非常に難航していることであった。天皇もその重大性はよく認識しており、従って、閻錫山工作や恵州作戦についてはこれ以上の質問をせず、内地で南方占領地守備のために新編成された第一〇独立守備隊をすぐにフィリピンに投入するのかどうか、聞いている。杉山は、本来、後方警備兵力として編成した第六五旅団を訓練不十分な状態で、バターン要塞攻撃に使い、大損害をこうむった経験を卒直に反省しているが、天皇が質問した第一〇独立守備隊を具体的にどうするかについては答えられなかった。杉山参謀総長にしてみれば、矢継ぎ早にこのように細かい問題を聞かれ、十分な対応ができなかったことを悔やんだのであろう。上奏後の「総長所感」として

陛下は直く先を見透うして細かい問題までも御下問になることかある故、派生的問題に就ても口頭を以て奉答申上ける様各種の問題に付き準備しおきたきものなり（同前、二二三頁）

との感想を漏らしている。具体的には、作戦部長以下の下僚にさらに充実した資料を用意するよう命じたのであろう。

〝ただならぬ言葉遣い〟

「御下問」はこの例のように上奏の際になされることもあるが、あとで侍従武官を通じて直接に担当の参謀になされることも多かった。たとえば、一九四三年一一月に設置された海上護衛総司令部の作戦参謀・大井篤大佐には次のような経験がある。

沖縄輸送では［一九四四年］六月二十九日、奄美大島のすぐ南の徳の島の近くで富山丸（七〇九八トン）が敵潜に撃沈された。この船には非常に有力な軍隊［独立混成第四四・四五旅団の兵員約四六〇〇人、うち四〇〇〇人近くが海没］と貴重な兵器を積んであったらしいが、九州方面の局地陸海軍間だけのなれあいで出港させたものら

しく、東京の護衛総司令部では知らずにいた。ところが六月三十日、参謀次長後宮［淳］大将がわざわざ護衛総司令部に乗り込んできて釈明を求める。宮中からは侍従武官がこられて「陛下の御下問があったんだが、一体どんな護衛をしておったんだ」という。護衛総司令部も海軍省と一緒になって政争の騒ぎ［米軍のサイパン上陸にともなう嶋田繁太郎海軍大臣兼軍令部総長の引き降ろし運動］に夢中になっているとでも思ったのか、ただならぬ言葉遣いでの詰問だった（大井篤『海上護衛戦』二四四頁）

ところで、山本親雄と佐藤賢了は、上奏と奉答を支える事務当局者して、天皇の下問がなかなか厳しいものであったことを指摘しているし、杉山元も天皇の下問に対応することの難しさを下僚にぶつけている。天皇が、満州事変の段階から軍事問題について、積極的かつ詳細な下問をしたという史料は今のところあまり見つかっていない。だが、元来、戦史研究に熱心だったこともあり、二・二六事件をへて大元帥としての自覚をさらに強めた天皇は、日中戦争後半期以降は、戦略・作戦にかんしてよく研究して、軍部首脳にたいしてしばしば厳しい質問をぶつけるようになる。

四　南進・膨張戦略と天皇

1　日中戦争の泥沼化

戦争の長期化と手詰まり

一九三八年一月の「国民政府を対手とせず」声明によって、みずから外交交渉の道をとざしてしまった日本は、軍事的に中国軍を圧倒することもできず、日中戦争は果てしない長期戦となった。二月一六日、大本営御前会議において「自昭和十三年　至同年夏季・支那事変帝国陸軍作戦指導要綱」が決定され、当面の戦面不拡大と新政権育成方針が確認された。

ところが、四月になって中央の不拡大方針を無視して侵攻作戦をはじめた北支那方面軍の部隊が、山東省台児荘において中国軍に大打撃をうけ、退却するという事件がおきた。中国側の「台児荘の勝利」宣伝にたいして逆上した現地軍はさらに大規模な作戦を始めた。大本営も現地軍の行動を追認、七個師団を投入して中国軍主力を徐州付近で包囲殲滅しようとする徐州作戦が展開された。日本軍は、五月一九日に徐州を占領したが、兵力過少のため中国軍主力を捕捉できず結局作戦目的を達することができなかった。そのため、大本営も二月の御前会議決定をわずか四ヶ月で覆し、六月一五日にまた大本営御前会議を開いて漢口攻略作戦実施を決定した。不拡大方針は破れ、中支那派遣軍九個師団半・三〇万の大兵力をつぎこんだ武漢作戦が実施された。日本軍は中国軍の抵抗と悪路・山岳・炎暑・豪雨・マラリアに悩まされてたいへん苦戦したが、一〇月二六日に漢口を占領した。また、同じ頃、華南の第二一軍は、諸外国からの国民政府への援助物資の八割を供給していた広東を占領し（一〇月二一日）、香港を封鎖した。

一九三八年の武漢・広東両作戦によって日本軍は中国の主要都市を占領したが、いぜんとして中国軍は戦力を保持し、首都を重慶に移して抗戦を続けた。すでに日本軍は、中国大陸に六八万もの大兵力をつぎこみ（一九三八年末）、軍事動員力の限界に達していた。大本営陸軍部は、武漢作戦終了後、一一月に再び、戦面不拡大・持久戦への方針転換をせざるをえなかった。武力戦による戦争の終結のめどはたたず、政治工作（蔣介石政権を分裂させる謀略活動）と重慶など「奥地」への戦略爆撃によって局面の打開をはかるしか手がなくなってしまったのである。

中国国民政府を軍事的に屈服させることに失敗した日本軍は、中国の抗戦力が維持されているのは、英・米などの大国が中国を支援しているからだとして、「援蔣ルート」の遮断を理由に南進し、中国・東南アジアに利権をもつ英・米・仏諸国との対決姿勢を強めた。一九三九年一月一三日の大本営御前会議は、華南沿岸の海上封鎖を徹底することを目的に海南島の攻略を決定、陸海軍部隊は二月に同島を占領した。また、この作戦の直後、日本政府は三月三〇日に南シナ海の新南群島（現在の南沙群島）の領有を宣言、六月には陸海軍部隊が広東省汕頭を占領した。このような日本の南進・膨張行動は、一九三八年一一月の第二次近衛声明（いわゆる「東亜新秩序声明」）とともに、英・米・仏など諸国の日本にたいする疑念を深め、対日批判を強める結果となった。

日中戦争の拡大期には、しばしば大本営御前会議も開かれ、大陸命も一九三七年一一月二二日の大陸命第一号から一九四一年九月三日までに五四〇件も発令されている。一九三七年以降は毎年秋に恒例であった陸・海軍の特別大演習と観兵式・観艦式はおこなわれなかったが、航空関係を中心に陸・海軍の各種演習は増え、天皇の軍務も多忙であった。陸軍始・天長節の観兵式は続けられたし、陸士・陸大・海大など軍学校への行幸も平時と同様であった。天皇は、一九三八年一二月の第七四帝国議会の開院式には、従来の正装ではなく軍装で臨んだ。戦時意識を高めることをねらったものであろう。

この時期、天皇の大本営での軍務が増えたが、個別の作戦にたいしてどのような下問をし、統帥部との間にどのようなやりとりがあったのかは、残念ながら今のところ史料が極端に少なく、十分に再現することができない。ただ、一九三八年の張鼓峰事件、一九四〇年の宜昌(ぎしょう)作戦についてはふれておこう。

張鼓峰事件発生

一九三八年七月九日、日本軍は、満州南東部のソ連との国境地帯・張鼓峰にソ連兵が進出し陣地を構築し始めたことを確認した。この地域は、満州国とソ連との国境であるが、地形の関係上、満州に駐屯する関東軍ではなく朝鮮軍が警備を担当していた。大本営は、七月一六日、大陸命第一五四号をもって朝鮮軍の張鼓峰方面への兵力集中を許可したが、とりあえず実力行使は別命によるものとした(井本熊男『作戦日誌で綴る支那事変』二五五頁)。朝鮮軍は、第一九師団にたいして歩兵四個大隊を基幹とする兵力を派遣することを命じ、第一九師団(師団長・尾高亀蔵中将)は、七月一九日朝までに兵力の展開を終えた。

参謀本部作戦課では、課長・稲田正純大佐をはじめ、張鼓峰のソ連兵を急襲してこれを駆逐してしまおうという積極的武力行使論が支配的であった。稲田課長は、七月一九日には閑院宮参謀総長の実力行使許可の決裁を得ただけでなく、陸軍省首脳の同意もとりつけていた。稲田ら参謀本部の積極論者には、武漢作戦中にソ連が出てくるかどうか事前に探っておこうという「威力偵察論」が強かった。作戦課では武力行使を命ずる大陸命案を起案し、翌二〇日、参謀総長と板垣征四郎陸相が大命の允裁を求める上奏をおこなおうとした。さらに作戦課は、大命の裁可は当然得られるものとみて、すでに一九日のうちに大陸命案をもたせて参謀を朝鮮軍にむけて出発させていた。

ところが、すでに武力行使に反対する宇垣一成外相・米内光政海相・湯浅倉平内大臣から、外交交渉前に武力行使などすべきでないとの上奏をうけていた昭和天皇は、宇垣らの進言を容れ、参謀総長らに侍従武官長を通じて武力行使は認めないので、「上奏するに及ばない」旨を伝えさせた（同前、二五七頁）。参謀総長は、上奏を取りやめて退出したが、どうしたわけか板垣陸相は、七月二〇日昼、参内して武力行使について上奏した。その際、天皇が板垣に「関係大臣との聯絡はどうか」と下問したのにたいし、板垣は「外務大臣も海軍大臣も賛成致しました」と答えた（『西園寺公と政局』第七巻、五一頁）。外相・海相から反対論を聞いていた天皇は、陸相の欺瞞的な発言に激怒し、

> 元来陸軍のやり方はけしからん。満州事変の柳条溝の場合といひ、今回の事件の最初の盧溝橋のやり方といひ、中央の命令には全く服しないで、たゞ出先の独断で、朕の軍隊としてはあるまじきやうな卑劣な方法を用ひるやうなこともしば〳〵ある。まことにけしからん話であると思ふ（同前）

と厳しくたしなめた。そしてさらに、

> 今後は朕の命令なくして一兵だも動かすことはならん（同前）

と語気鋭く言ったのである。あまりの言葉に板垣陸相は、驚き恐懼して退出した。陸相と参謀総長の驚きは尋常ではなく、一時は辞任も決意したほどである。参謀総長は、翌二

一日大陸指第二〇四号を発し、

一　満鮮国境に集中せる部隊の行動特に偵察及戦闘準備等は慎重を期し、厳に紛争の惹起を防止すへし

二　満「ソ」国境に近く配置せる従来の行動に就いても亦故らに「ソ」軍を刺戟することなきを要す（戦史叢書27『関東軍⑴』三五一頁）

と武力行使を強く戒めた。武力行使容認から慎重路線への一変は、天皇がそうさせたといってよい。天皇は、断固として武力行使を禁じたのである。

戦闘の拡大を容認

ところが、武力行使が容認されるとばかり思っていた第一九師団は、七月二九日に張鼓峰の隣にある沙草峰に数名のソ連兵が現われたのを理由（武力行使が止められた張鼓峰ではなく、別の侵犯事件が発生したとみなした）に、翌三〇日夜、独断でソ連側に攻撃をしかけ、沙草峰だけでなく張鼓峰までも占領してしまった。天皇があれほど強く反対した武力行使を、第一九師団は独断で実施してしまったのである。

翌七月三一日、葉山御用邸に多田駿参謀次長がおもむき、事件を報告した。その際、多田次長は、今回の事態は、ソ連側の新たな国境侵犯にたいする「自衛的戦闘」であり、ソ連軍を撃退した日本軍は「国境線に停止」して監視中であると説明した（同前、三六七頁）。

ちょうど一〇日前に板垣陸相を叱責した天皇は、この多田の説明にどう言ったのか。天皇は、多田に

出来たことは致し方がない、然しよく止った。第一線の将兵に定めし苦労であろうが、しつかり国境線を固めて絶対にそれ以上出ないようにせよ、と伝えよ（稲田正純「ソ連極東軍との対決」『別冊知性　秘められた昭和史』一九五六年一二月号）

と「御満足の御言葉」を与えたのである。稲田は戦後、「上奏を終わって大本営に帰還した時の次長の安心した嬉しそうな面持が今もありありと目の前に浮んでくる」と回想している（『関東軍⑴』三六八頁）。天皇は次長が拍子抜けするほどあっさりと事態を容認し、それればかりか、「国境線」にとどまったことを賞賛したのである。参謀次長の上奏の次第は、ただちに現地第一九師団に伝えられた。尾高師団長をはじめ、師団の参謀たちも涙を流して感激したという（同前）。

張鼓峰事件のこの後の経過は、よく知られているように、第一九師団はソ連軍の猛反撃にさらされて一個聯隊壊滅（戦死五二六名、負傷九一四名）の大損害を被り、モスクワでの外交交渉によって八月一〇日に停戦となった。

八月一五日、閑院宮参謀総長は事件終結を天皇に報告した。天皇は、

今回の張鼓峯事件において、わが将兵が困難なる状況の下に寡兵これに当たり、自重隠忍克くその任務を完うせるは満足に思う。尚死傷者に対し哀矜の情に勝えず。この

旨将兵に伝えよ（同前、四一〇頁）

との「御言葉」を与えた。天皇のこの言葉も、ただちに朝鮮軍に電報で伝えられ、独断攻撃をした第一九師団関係者にも伝達された。またしても、天皇の結果優先の論理により独断専行の戦争挑発者は、英雄になったのである。

宜昌攻略作戦

中国戦線では、戦線の拡大とともに、一九三九年（昭和一四）一〇月一日より全戦線の部隊を指揮する支那派遣軍総司令部が統帥を発動した。当時（一九三九年末）の中国戦線は、華北に北支那方面軍（第一軍・第一二軍・駐蒙軍など一一個師団・一一個独立混成旅団を基幹）、漢口地区に第一一軍（九個師団・一個独立混成旅団を基幹）、華南に第二一軍（四個師団・三個独立混成旅団を基幹）、上海地区に第一三軍（四個師団・一個混成旅団・一個独立歩兵隊を基幹）など、全体で師団二八・独立混成旅団一五、総兵力は七〇万に達していた。だが、日本軍の各部隊は分散配置され、広大な占領地を維持するのが精いっぱいの状態であった。この日本軍の手詰まり状態にたいして、中国軍は一九三九年一二月半ば頃から全戦線において冬季攻勢を展開した。この攻勢は漢口奪回をめざすもので、第一一軍（司令官・岡村寧次中将）は一九四〇年一月下旬まで優勢な中国軍の攻撃を執拗に受け、小部隊に分散していた日本軍は各地で苦戦した。

中国軍の冬季攻勢に手を焼いた第一一軍は、この際、新たな侵攻作戦を実施し、蔣介石軍の主力を叩き、あわせて重慶への物資補給を圧迫することをめざした。第一一軍司令部はこの目的を達成するために、日本軍の占領地最前線（岳州）から揚子江をさらに二〇〇キロもさかのぼったところにある湖北省宜昌を攻略する計画を立てた。支那派遣軍総司令部は、第一一軍の作戦に賛成したが、大本営は、中国戦線の兵力を五〇万まで削減することを計画していたので、新たな戦線拡大には難色を示し、結局、宜昌作戦は、中国軍の主力撃滅を主目的とし、宜昌は一度は占領してもその後は放棄して、部隊は元の戦線まで引き揚げることを条件に許可された。大本営は、宜昌は占領しても確保するのに二個師団程度の兵力増強が必要であり、これは在中国兵力の削減方針に反するので、このような条件をつけたのである。

四月一〇日、大本営は大陸命第四二六号をもって「一時既定の作戦地域を越えて作戦を実施することを得」と宜昌作戦を許可した。わざわざ「一時」としたのは、大本営が宜昌の確保を認めていないことを示している。この大陸命の允裁を受ける上奏をした際、天皇は「宜昌のごときはできるならば手をつけるな」と発言したという（戦史叢書90『支那事変陸軍作戦〈3〉』一八八頁）。当時、支那派遣軍総司令部参謀であった井本熊男は、天皇の「手をつけるな」という発言の真意がどのようなところにあるのか思い迷った。「天皇は一言でも、絶対に軽々しいことは言われないことをよく承知していたので、考えさせられた」という（『作戦日誌で綴る支那事変』四二八頁）。

第一一軍が四個師団を投入した宜昌作戦は、五月一日に始まった。作戦は途中、第三師団が中国軍に包囲されたり、第三九師団が聯隊長を失うなど苦戦が続き、一時は頓挫しかけたが、六月一二日に宜昌を占領した。第一一軍は、占領部隊に宜昌占拠は一週間以内とし、市街破壊後に撤退するよう指示した。これで、作戦は終了するかに見えたが、この後、天皇もふくめての方針転換劇がおこる。

強まる宜昌確保論

実は、四月一〇日に大本営が宜昌作戦を許可する前から、宜昌は占領後放棄しないで確保すべきだという意見があった。これは主に海軍からの要求で、宜昌を確保して飛行場を設定すれば、漢口からおこなう重慶への戦略爆撃の際に中継基地として利用できるので都合がよい、というものであった。大本営も支那派遣軍総司令部も戦面不拡大・兵力削減方針を大前提としていたので、海軍の要求に難色をしめした。

ところが、五月一日に作戦が開始され、六月に第一一軍が宜昌を占領するまでの間に情勢が大きく変わった。すでに、第二次世界大戦は、一九三九年九月に始まっていたが、一九四〇年五月一〇日、ドイツ軍は大規模な西方攻勢を開始、六月一四日にはパリを占領した。ドイツが急速にヨーロッパ地図を塗り変えようとしているのを目の当たりにして、日本では南進論、重慶に対する軍事的圧迫強化論がにわかに高まったのである。

もともと重慶への戦略爆撃に積極的であった海軍は、重慶攻撃を積極的に主導した。第一一軍が宜昌作戦を開始した翌日（五月二日）、大本営陸軍部は、「支那派遣軍総司令官は自今航空進攻作戦を実施することを得」との指示を出した。これは、重慶などへの航空攻撃の許可であった。陸海軍共同の航空作戦は、百一号作戦と呼称され、漢口を拠点とし重慶・成都などを目標として、空襲を実施することをめざした。百一号作戦は、五月一三日に陸海軍協定が結ばれ、漢口に陸軍三六機・海軍九〇機の爆撃機を集中したうえで、海軍は五月一八日より、陸軍は六月六日より開始された。ところが、海軍の九六式陸上攻撃機を中心とする日本軍空襲部隊には、遠距離攻撃のため戦闘機の護衛がつけられず、中国軍戦闘機の反撃によって損害が続出した反面、空襲の成果はあがらなかった（戦史叢書95『海軍航空概史』一一九頁）。重慶・成都などへの戦略爆撃を有効におこなうためには、護衛戦闘機を爆撃機に随伴させる必要があった。このため、第一一軍が宜昌を占領した頃、海軍の宜昌確保論は熱烈なものになっていた。

かくして海軍の強い要求と、ヨーロッパ情勢の急展開からくる刺激から、大本営の中にも宜昌確保の積極論が台頭しつつあった。ちょうどその頃、六月一五日、参謀総長と軍令部総長代理の上奏をうけた天皇は、席上、海軍側より重慶爆撃の中継基地として宜昌が大きな価値を持っていることを聞き、参謀総長に「陸軍は宜昌をなんとかならないのか」と下問したのである（『支那事変陸軍作戦〈3〉』二一二頁）。天皇は、四月とはうってかわって、宜昌の確保を要求したのである。

この天皇の一言で、大本営は宜昌確保に方針を一決、翌六月一六日、大本営は支那派遣軍に宜昌確保を命じた。支那派遣軍総司令部は、同日夜、第一一軍に宜昌再確保命令を下した。第一一軍はこの前日、一五日に第一三師団などの宜昌占領部隊の撤退を下令していたため、多くの部隊は、すでに宜昌を放棄して移動中であったが、再確保命令をうけ、部隊は反転して再度宜昌を占領した。中央の方針急転換によって、前線の将兵は右往左往することになった。昭和天皇は、このあと一〇月に侍従武官を宜昌に派遣して、前線将兵を激励した。

従来の日本軍占領地から突出している宜昌の確保には、その後も多くの犠牲が払われたが、実は宜昌の戦略的価値は、六月に言われたほどのものではなくなった。海軍が八月に航続距離の長い零式艦上戦闘機（ゼロ戦）を漢口に進出させたことにより、宜昌基地がなくても爆撃機への護衛が可能になったからである。

2　天皇の下問による「昭和十四年度帝国海軍作戦計画」の変更

日中戦争が長期化してからの天皇と作戦の関わりについてみてきたが、ちょうどこの時期に、天皇の下問が陸海軍の年度作戦計画に重要な影響を与えた事例があるので、ここで紹介しておこう。

陸・海軍は、その年度に戦争が起こった場合を想定して、それぞれ「年度作戦計画」を策定していた。「年度作戦計画」は、一九〇七年四月に明治天皇によって裁可された「帝国国軍の用兵綱領」においてその策定がさだめられたものであり、毎年二月頃、参謀総長と軍令部総長より天皇に上奏し、裁可を得ることになっていた。

軍令部作戦主任の回想

昭和天皇は、「昭和十四年度帝国海軍作戦計画」の決定に際して、その一部に強く修正を迫ったことがある。当時、軍令部作戦課作戦班長であった山本親雄は、次のように回想している。回想には何カ所か記憶違いと思われる部分があるが、それは後で訂正する。

マレー半島およびシンガポールの攻略計画は、昭和十三年度の対英作戦計画中にもりこまれ、はじめて御裁可を仰いだものであるが、このとき［実際には翌十四年度作戦計画の上奏の際」の一つのエピソードを紹介しておく。

作戦計画は陸海軍協議して作るものであるから、陛下に奏上するときは、両総長が御前に列立して行うのが例であった。しかしこのときの奏上は長時間を要したので、陸海軍別々に単独に行った。まず参謀総長・閑院宮殿下が奏上されたが、そのさい陛下から御下問があった。

「マレー攻略の上陸地点として、タイ国のシンゴラ海岸を選定したというが、これはタイ国の中立を侵すことになると思う。この点はどうか」

これにたいし参謀総長が返答を躊躇しておられたところ、陛下は声を励まされて、さらに発言された。

「故なく第三国の中立を侵害することは、正義に反する行為である。自分はこのような計画を認めることはできない。考え直せ」とのお叱りであった。

当時、私は作戦計画の主任［軍令部第一部第一課作戦班長］であったから、軍令部総長に扈従（こじゅう）して参内し、玉座の隣の控室で待っていた。参謀総長が奏上をおわって退室されると、老齢七十七歳の参謀総長を補佐するため、とくに許されて奏上に陪席していた参謀本部の［橋本群］作戦部長から私に「今かくかくの次第で陛下のお叱りがあった。このことをすぐ軍令部総長にお伝えしてくれ」という話があった。

だが軍令部総長・伏見宮殿下の奏上されたときには、御下問もお叱りもなかった。

翌朝、ふたたび両総長が参内され、タイ国領内への上陸は、事前外交交渉によってタイの了解をとりつける計画がある旨を奉答して、ようやく御裁可を得たのであった。この事実によってもわかるように、陛下は軍部の言うことを無条件にお認めになっていたのではないのである（『大本営海軍部』三七〜三八頁）

ここで言う「対英作戦計画」とは厳密に言えば海軍の作戦計画であるが、上陸作戦を伴うので、陸海軍間で調整のすえ、陸軍の年度作戦計画にも同様の計画が盛り込まれていたと考えられる。従って、参謀総長への天皇の下問となったのである。

年度作戦計画を修正

山本親雄の回想にはいくつかの記憶違いがある。海軍が対英作戦計画において「攻略すべき敵地を香港、英領『ボルネオ』、英領馬来、『シンガポール』とす」と初めて定めたのは、たしかに「昭和十三年度帝国海軍作戦計画」（一九三八年九月六日裁可）である。しかし、タイ領シンゴラ海岸上陸がもりこまれたのは、翌年の「昭和十四年度帝国海軍作戦計画」（一九三九年二月二四日上奏）においてである。日中戦争拡大の影響で昭和一三年度作戦計画の決定が半年以上も遅れ、一四年度作戦計画案の策定までわずかな期間しかなかったため両者が混同されてしまったのであろう。また、山本は、参謀総長とは異なり、軍令部総長には下問も叱責もなかったとしているが、実際には「暹羅（シャム）中立侵犯の件は研究を要す」との指摘があった。これは当の山本親雄の直筆メモとして記録が残っている（「昭和十四年度帝国海軍作戦計画ニ関スル奏上案」〔一九三九年二月二四日起案〕に付した山本親雄作戦班長のメモ。防衛庁防衛研究所戦史部編著、戦史叢書史料集『海軍年度作戦計画』四七四頁）。

それでは、天皇の発言によって作戦計画は修正されたのか。山本の回想によれば、翌朝の両総長の説明によって天皇が原案通りそのまま裁可したようにも感じられるが、この部分も正しくない。「昭和十四年度帝国海軍作戦計画」は実際に修正されたのである。たとえば、対英作戦について原案ではシンガポール攻略のために

陸軍主力の上陸地を暹羅領馬来「シンゴラ」附近及英領馬来「メルシング」附近に予定す。其大部の上陸地は情況に応じ之を定む〔第六十五項第四号〕

とあったのをシンゴラ（タイ）とメルシング（英領）の並列をやめ、

陸軍主力の上陸地を英領馬来「メルシング」附近に予定す。情況之を許さば陸軍主力の大部又は一部を暹羅領馬来「シンゴラ」附近に上陸せしむることあり（「昭和十四年度帝国海軍作戦計画案中一部修正ノ件仰裁」〔一九三九年二月二四日〕、同前、四八〇～四八四頁）

とされたのである（関連して他にも二箇所修正された）。この修正について閑院宮参謀総長と伏見宮軍令部総長は、天皇の叱責を受けた三日後、二月二七日に列立して上奏している。山本は「翌朝」上奏したとしているが、これは山本が二月二四日に天皇の叱責があっ

図3　マレー半島要図

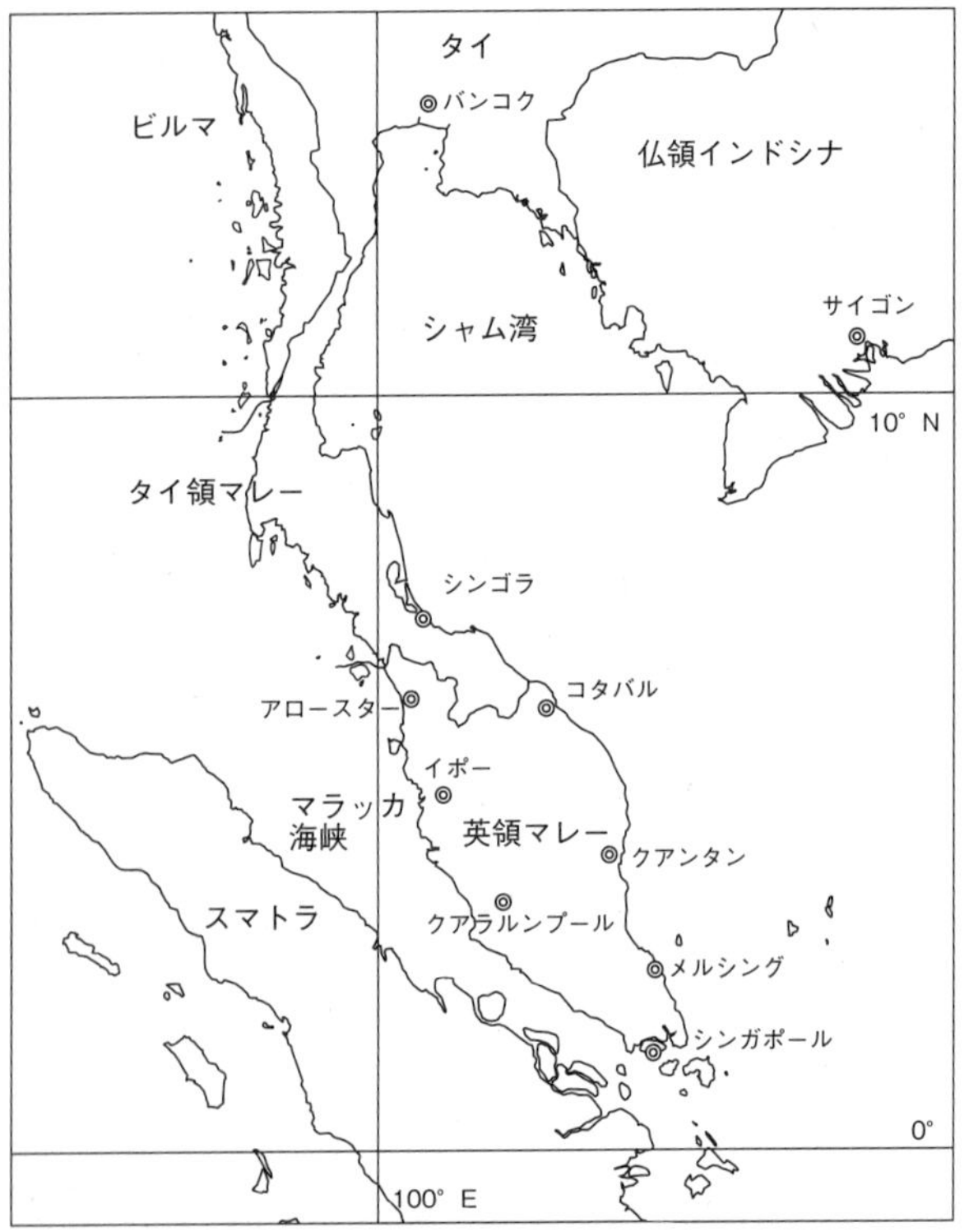
タイ
バンコク
ビルマ
仏領インドシナ
サイゴン
シャム湾
10° N
タイ領マレー
シンゴラ
コタバル
アロースター
イポー
マラッカ
海峡
英領マレー
クアンタン
スマトラ
クアラルンプール
メルシング
シンガポール
0°
100° E

た直後に修正の上奏案を起案し、そのために「翌朝」と勘違いしているのであろう（同前、四七四頁）。両総長は、作戦計画修正の要点について次のように上奏している。

其の要旨は暹羅領馬来に先遣隊又は第十五軍の大部若は一部を上陸せしめますことは情況之を許す場合と致します。

即ち同国が我国に加盟し或は同国が明瞭に英国側に加担せる場合等、我軍の此の行動が中立侵犯と認められない場合に於て之を実行するものであります。従って情況之を許しませぬ場合には馬来半島の上陸点は、之を英領馬来に求むることと致しまして更に今後調査研究を進むることと致します（同前、四七六〜四七七頁）

タイ中立侵犯問題

陸・海軍がタイ領上陸を完全に断念したわけではないが、基本的には中立侵犯をしないように英領マレー半島への上陸が第一とされたわけである。なぜ、統帥部とりわけ陸軍はタイ領マレー（シンゴラ海岸）への上陸に固執したのか。**図3**からも分かるように、シンゴラ海岸は、マレー半島の中部東岸に位置する。東海岸沿いに南下すれば、シンガポールまで一〇〇〇キロ以上もある。それならば、シンゴラ海岸から約三〇〇キロ南下したところにある英領マレー（メルシング・コタバル海岸）に上陸しても同じように見える。しかし、陸軍がシンゴラ海岸にこだわったのは、ここがマレー半島中央の狭隘部で、上陸後すぐに半島を横断して西海岸に進出できるからであった。西海岸は東海岸に比べて平坦で、鉄道もあり、兵力の迅速な進撃には有利であった。従って、陸軍にしてみれば、シンゴラ海岸上陸は捨てがたい選択であった。しかし、タイの中立侵犯問題は、作戦構想のレベルをこえた国家戦略上の大問題であり、作戦計画立案の段階で、天皇がこの問題を見落とさずに指摘した以上、軍部としても譲歩せざるをえなかった。

軍にとって「年度作戦計画」はその年度内に戦争が起きた場合の作戦の基本方針を定めたものである。それを修正させたのであるから、天皇は自らの統帥大権を直接行使したといえよう。山本が言うように、天皇は統帥部の決定をそのまま承認していたわけではないのである。この事例からも、天皇の下問は、単なる質問ではなく、場合によっては軍部の意思を変更させうる統帥権行使の側面を実際に持っていたと考えてよいであろう。

3　仏印進駐・日タイ軍事協定問題

マキアベリズムではなく八紘一宇で

ドイツは、一九三九年九月、ヨーロッパで勢力圏再分割を求めて戦争を開始し、さらに一九四〇年五月以降の西部戦線における電撃戦で、イギリス軍をダンケルクに追い落として六月にはフランスを降伏させた。このような世界情勢の変転を目の当たりにして、日本の統帥部、とりわけ陸軍は、一方でドイツとの同盟を再びめざし、他方、援蔣ルートの遮断を名目に宗主国が敗戦の憂き目を見た仏印への進出を図るようになる。つまり、ドイツによる世界秩序の転換に便乗して、自らの勢力圏拡大をもくろんだのである。こうした極端な便乗主義的な膨張にたいして昭和天皇が一定の懸念を持っていたことは確かである。一九四〇年六月二〇日、天皇の言葉を内大臣・木戸幸一は次のように記録している。

本日拝謁の際、御話、仏印の問題に触れたるが、我国は歴史にあるフリードリッヒ大王やナポレオンの様な行動、極端に云へばマキアベリズムの様なことはしたくないね、神代からの御方針である八紘一宇の真精神を忘れない様にしたいものだねとの御言葉あり、恐懼す（『木戸幸一日記』下、七九四頁）

「マキアベリズム」ではなく、「神代からの御方針である八紘一宇」でいこう、というのだが、この言葉からも分かるように、少なくとも領土拡張・勢力圏拡大という点については天皇自身、何ら否定するものではないことは確かである。これは、昭和天皇が、機会さえあれば、領土を拡張することが君主としての一つの任務であると自覚していたことを示している。それだからこそ、昭和天皇は、明治天皇をふかく尊敬し、サンフランシスコ講和条約の調印直後に吉田茂首相に

明治大帝の孫の治世に日本がすべての海外領土を失ってしまうことになったのは、自

分にとって手ひどい打撃である（佐々木隆爾『現代天皇制の起源と機能』八〇頁）と、領土の喪失をいたく残念がったのである。領土拡張・勢力圏拡大を是とする考え方は、明治天皇をモデルとした世界強国＝帝国主義国家の君主としては、むしろ自然な発想であったといえよう。

天皇の言う「マキアベリズム」とは、「フリードリッヒ大王やナポレオンの様な行動」を引きあいに出してはいるが、厳密にはどういったものかは不明である。感覚的には、軍事力による無慈悲な征服、といった意味で使っているのであろう。しかし、そういった方法を嫌悪していたにせよ、昭和天皇の書斎には、リンカーンとダーウィンと並んで、皇太子時代、ヨーロッパ訪問のさいにみずからデパートで買ったナポレオンの胸像があったという（一九八〇年九月二日、那須御用邸における記者団にたいする天皇の発言、『陛下、お尋ね申し上げます』二九五〜二九六頁）。

手段はともかく、一代で大帝国を作り上げたナポレオンそのものは尊敬の対象であったのであろう。「マキアベリズム」はいやだが、「神代からの御方針である八紘一宇」ならばよい、という考え方は、しばしば、統帥部のような強引なやり方は困るが、結果として領土・勢力圏が拡張することは容認する、という昭和天皇の戦略判断として具体化した。満州事変の勃発の際も、熱河作戦の時も、日中戦争が拡大したときも、天皇は当初は反対したが、現実的な戦果があがり、勢力圏拡張が達成されると、事態を事後承認し、独断専行者たちを賞賛するというやりかたを繰り返した。

南方作戦計画の立案を促進

また、これは昭和天皇の几帳面な性格からくるものかもしれないが、天皇は行き当たりばったりのずさんな計画や行動を非常に嫌い、つねに用意周到な計画、緻密な計算を要求した。それが結果的に、軍部の作戦計画樹立を促進することもあった。

たとえば、重慶の蔣介石政権との和平交渉が駐兵問題で暗礁に乗り上げ、見切り発車的に汪兆銘政権を承認し、日華基本条約を締結した一九四〇年一一月三〇日、天皇は参謀総長・杉山元大将にたいして、次のような下問をしている。

総長編制事項に関し上奏したる際御下問
一、対支長期武力戦に関し
イ、重慶迄行けぬか
ロ、行けぬとせはどうするか
ハ、占拠地域は先日の御前会議の通りて動かぬか
二、南方問題に関し
イ、南方問題は慎重に考へよ
ロ、南方作戦計画は出来たか（参謀本部編『杉山メモ』上、一五六頁）

「重慶迄行けぬか」とは、もちろん「重慶まで進撃は出来ぬか」とその可能性を問うているのである（種村佐孝『大本営機密日誌』六一頁）。この下問について、当時、大本営陸軍部第二〇班（戦争指導班）にいた種村佐孝少佐は

> この御下問は、参謀本部にとっては、全く痛いところである。参謀総長は恐縮し、研究の上改めて奉答することにおねがいして退下したのであった（同前）

と回想している。なぜ、この下問が「痛いところ」なのか。それは、統帥部にしてみても、天皇に「重慶迄行けぬか」と言われても、そこまで進撃する余力はないことは自覚している。はたまた「行けぬとせはどうするか」と聞かれても、答えるべき具体策はない。したがって、陸軍としては、天皇の下問の前半部分・対重慶戦略については「恐縮」したものの、それ以降もなんら対応できなかった。しかし、後半部分・対南方戦略はそうではない。天皇は、「南方問題は慎重に考へよ」と言いつつも、他方でずいぶん性急に「南方作戦計画は出来たか」とまで聞いたのである。ここには、「マキアベリズム」はいやだが、「八紘一宇」ならばよい、という天皇の発想がよくあらわれている。南方進出は列強を刺激するので慎重にやりたい、しかし進出を支える作戦計画は早く作れ、というのである。天皇による対重慶戦略に関する下問にたいしては頭を抱えざるを得ない参謀本部であったが、逆に、対南方戦略に関する下問は彼らを活気づけた。

南進膨張意欲かきたてる

「南方作戦計画は出来たか」という天皇の下問を受けて、参謀本部第一部（作戦部）は一二月九日、参謀本部と陸軍省の関係者にたいして、さっそく次の諸点に関する研究をおこなうよう要請した。

（一）南部仏印及び泰に軍事基地を設定すること。
（一）南方作戦に応ずる如く軍隊の改編。
（一）南方作戦に応ずる教育訓練、戦法の教育。
（一）情報の収集。
（一）占領地統治法の研究。
（一）資源開発方法の研究（同前）

天皇の下問は、陸軍にたいする南方作戦・占領地統治の研究開始命令に等しい効果をもたらし、陸軍中央部の南進膨張意欲をさらにかきたてたのである。天皇の下問がもたらした影響は、実に大きなものがあった。

それでは、なぜこの時期に、天皇は「南方作戦計画は出来たか」などという質問をしたのか。これには、今のところ確たる答えが出せないが、決して不用意な発言ではなかったと思われる。海軍の動きが天皇に性急な質問をさせた背景にはある。海軍は、艦艇の整備、燃料・弾薬の集積などの関係上、陸軍にくらべて開戦準備に時間がかかるので、すでに一九四〇年の八月下旬から、出師準備第一着作業に極秘裡にはいっていた（戦史叢書91『大本営海軍部・聯合艦隊〈1〉』四八〇頁）。

出師準備とは、戦闘部隊を含む海軍諸機関（官衙・学校）を平時状態から戦時状態に移すことをいい、その第一着作業とは、戦闘部隊や諸機関が開戦初期において直ちに必要なことを準備することである。具体的には、艦艇・兵器の修理、燃料・弾薬・被服・糧食の備蓄、作戦に必要な海図・航空図の用意などの作業である。八月におけるこの実施は、まだ部分的なもので海軍の内々のことであったが、次第に大規模な作業が必要になり、海軍大臣・及川古志郎大将は、一一月一五日、正式に出師準備第一着作業にとりかかるよう下令した。この日、及川海相は出師準備に関する上奏をおこなっている。

陛下　此の程度のことは現下の情況に於て已むを得ず　これで安心なり
　　情況が緩和すれば復旧するか

大臣　左様であります　何程でも緩和しますれば兵力は逐次減らします［本来ならば］出師準備御下令の時機に就きましては情況が更に悪化した場合に御願ひ致すのでありますが、一挙に致しますれば物も窮屈になり予算も大きくなりまするが故に此の時機を選び御允裁を仰ぎました次第であります（同前、四八七頁）

この出師準備とは当然のことながら、対英米戦のための準備である。いよいよ海軍は対英米戦争にむけて具体的に動きだしたのである。天皇はそれを「これで安心なり」と言っている。海軍大臣による出師準備の許可を求める上奏があってから、一五日後に天皇は、南方作戦の準備について参謀総長に下問をしている。海軍は万一に備えて準備を始めたが、陸軍の備えはどうか、こうした思いが「南方作戦計画は出来たか」という下問を天皇にさせたのではないか。

北部仏印への兵力増派を憂慮

一九四〇年一二月に入って、南進の準備は、天皇の下問をきっかけとして急速に進み始めた。南部仏印にも進駐せよという外務大臣・松岡洋右の主張を利用して、陸軍統帥部は、北部仏印の兵力を増強すると共に、南部仏印への進出準備を開始した。一方、海軍統帥部は南進の航空基地確保を図って日タイ軍事同盟論を持ち出した。対南方施策の第一段階は、南部仏印とタイに確固たる足場を保持することにある、という点で陸海統帥部の意見はほぼ一致を見た。しかし、天皇は、基本的には南部仏印進駐にも日タイ軍事同盟（協定）にも慎重だった。それぞれの問題について天皇の言葉を見てみよう。まず、陸軍が北部仏印への兵力増派を求めたのにたいし、天皇は杉山参謀総長と次のようなやりとりをした。

総長　［北部仏印への］重複駐屯には歩兵第百七十聯隊を充当致し度

　該部隊の兵は強い兵隊です

上　強い兵を派遣し乱暴することなきや武力衝突を惹起することなき様留意せよ

（『杉山メモ』上、一五七〜一五八頁）

「重複駐屯」とは、本来ならば、現在駐屯している旧部隊と新部隊（歩兵第一七〇聯隊）を交代させるべきところを、旧部隊も帰還させずにそのまま駐屯させ、新・旧両部隊を二重に駐屯させることをいう。要するに、「重複駐屯」とは、駐留兵力を増強するということである。これにたいして、天皇は、北部仏印への兵力増強が新たな紛争を引き起こさないかとずいぶん神経質になっている。ましてや南部仏印への進駐ということには、強い拒否反応を示した。一九四一年一月二五日、南部仏印にたいする作戦準備について杉山参謀総長が上奏すると、天皇の機嫌は非常に悪かった。

上　お前の云ふ対仏印作戦は最悪の場合行はるゝと思ふが若し協定か順調に進んだらやらずにすむと思ふ如何

総長　御もつともです　協定順調に進めば兵力不充分の帝国は作戦をする必要ありません

上　作戦をやれば戦面拡大し国力に影響す

支那事変処理に就ては嘗て総長か述べた対支作戦計画あるも何か別にうまい方法ないか

総長　本件に関しては種々研究の末先般申し上げましたる如く定められたのでありま
す　戦線整理は敵に戦勝感を与へ我か自主的に実施するとしましても敗戦感を生

し影響する所大なりと考へます
一方本年春より夏にかけ情勢の転換機ありと考へまするに依り之に即応し蔣を不利に導く為には現戦線を縮少するは不利なりと考へます
蔣の長期抗戦は英米「ソ」の援助に依つて居ります故作戦上彼を圧迫すると共に他方大島大使とも話し独の協力に依り「ソ」又は米をして援蔣より手を引かせる様施策し度いと思つて居ります
唯今の思召もありますので充分研究致します（総長は此際　上に戦線整理の思召あるものと拝察せり）

上　近歩二聯隊は交渉が進めば返すだらう

総長　順調に行けば交代させます　而し昨年の八月より十一月に亘る交渉経過に鑑みます時仏印は遷延策を取るかも知れません従つて彼か確実に実行する迄重複駐屯する必要があると思ひます

上　本作戦は対支作戦に影響ないか

総長　使用制限中の直轄部隊ですから影響はないものと思ひます（同前、一六三～一六四頁）

天皇の主張は、「作戦をやれば戦面拡大し国力に影響す」「本作戦は対支作戦に影響ないか」という部分によく示されている。天皇が、日中戦争が片づかないのに、さらに戦線を拡大させるようなことは国力の面からも危険だ、というのにたいして杉山に代表される陸軍統帥部は、日中戦争解決のためにも南部仏印を確保したい、と強調している。「本年春より夏にかけ情勢の転換機あり」と杉山が言っているのは、おそらくこの頃になるとイギリスがドイツに屈服し、ヨーロッパ戦線が一段落するのではないか、ということであろう。陸軍の言い方では、援蔣勢力である英米ソのうち、英はドイツが打倒してくれる、米は日独伊三国同盟の圧力で手を引くかもしれぬ、ソ連にもドイツから話をしてもらおう、援蔣勢力が引っ込めば蔣介石も参るだろう、ということになり、はなはだドイツを過信した情勢判断というほかない。しかも、フランスの敗戦につけこんでの更なる侵攻である。天皇はこれこそ「マキアベリズム」だと感じたのであろう。杉山参謀総長に対する態度も、

本上奏の為総長御前に入るや天機特に麗しからす総長の敬礼に対しても天顔を向けられず最初より異状の空気を呈しありしを総長直感す（同前、一六四頁）

という状態であった。杉山はこの原因を作戦課長・土居明夫大佐が、侍従武官長・蓮沼蕃大将に「仏印を一挙に席捲占領するか如き説明」をし、武官長がそれをそのまま天皇に伝えたためだろうと推測している。杉山も陸軍統帥部の幕僚も天皇の強硬姿勢に相当困惑し、やり方を考え直さざるをえなかった。大本営陸軍部第二〇班長・有末次大佐は、前掲のやりとりを記録した後に、「第二十班註」として

今回の御下問及上奏時の　上の御動静より拝察するに　上は陸軍が総べてを強行し

ありと深く思召めされあるもの、如く又総長は本回の御下問に依り大なる心境の衝撃を受けたること確実にして統帥部として将来に於ける国策推進の態度要領に就て慎重なる考慮を要すものあるを痛感す

又上奏に方りては総長補佐の目的を以て下僚として事前準備に遺憾なきを要す（同前）

と記している。なぜ「陸軍が総べてを強行しありと深く思召めされあるもの、如く」とされるほど統帥部は天皇の不興をかったのか。直接的には、杉山の推測している点もあるが、それよりもこの前々日からの日タイ軍事協定問題での統帥部のやり方が天皇を非常に怒らせたのではないか。

日タイ軍事協定問題

一月二三日、杉山参謀総長・伏見宮博恭軍令部総長は列立して、陸海軍間で成案を得た「日泰軍事協定案」について上奏した。

上　秘密が保てるか

海総長　秘密は保ち難いと思ひますが矢張り実際問題としては秘の扱するを可と考へます

上　外務大臣は日泰軍事協定は反対だと云ふが話はついて居るか

陸総長　此の前の連絡会議で話はついて居るので松岡か左様な事を云ふ筈は御座いません

其時に松岡か軍事協定の内容を聞きましたが事は純軍事に属する事ですが話しました所松岡は英勢力八割もある泰に対し此程度の事では「ビブン」はついて来んと思ふ旨述へたので今度の軍事協定は南の方の大きな協定を指すものではなく（「シンガポール」共同攻略等の事を指す）近い事を考へて居る　大きな事は先の模様を見てからの事ではないかと申したのです　松岡はそんな事では協定は成立せんと云ふことは云ひましたが軍事協定其のものには不同意とは申しませんでした

上　一応考へるからおいて置け

陸総長　外務大臣と更に話をします（同前、一六二～一六三頁）

まず、天皇は軍事協定がイギリスに漏洩する危険性を指摘し、さらに統帥部と外務大臣の調整不足をついた。翌一月二四日、天皇はこの問題について両総長を呼んで、次のように言っている。

上　考へて見た　泰国には親英派多い故此協定を出すことは慎重を要する

又仏印とは米の問題等重要事項あるを以て政府と充分連絡してぬかりない様にせよ

陸総長　充分政府と連繫してやります（同前、一六三頁）

天皇は、一晩考えた結果、やはりこの統帥部の勇み足である「日泰軍事協定」の即時実施を認めなかった。形式的には、天皇は、上奏された協定案を両総長に下げ渡し、天皇が木戸に語ったように

「協定の」実行の時期につきては、政府と充分協議し意見の一致を見たる上のことにせよ。右の条件をもって本件は承認（『木戸幸一日記』下、八五一頁）

したのである。「承認」とはいうものの、この日タイ軍事協定問題は、統帥部に大きな衝撃を与えた。有末第二〇班長は、

一月二十三、四日両日に亘る御下問ありたる事情を恐懼拝察するに松岡か事前に協定に反対なるか如き気持を申上げたるに原因ありと認めらる　而も政府の一般協定上奏と本軍事協定上奏との連繫不十分なりしこと竝上奏当日侍従武官府に対する上奏案件の連絡不充分なりしこと等落度あり（『杉山メモ』上、一六三頁）

と認めざるをえなかった。統帥部にしてみれば、軍事問題に関する協定であるからと、参謀本部第一部（作戦部）が独断専行して案をまとめたのである。しかし、そういうやり方は再検討が迫られた。杉山参謀総長は、「爾今第一部でこのようなことをやることまかりならぬ」と下僚を激しく叱ったという（『大本営機密日誌』六七頁）。以後、軍事協定問題は、作戦を担当する第一部ではなく、次長直属の大本営第二〇班（戦争指導班）で取り扱

うことになった。

変化した統帥部の対応

日タイ軍事協定と南部仏印進駐問題に関する天皇の統帥部批判により、この後、統帥部のやり方はたしかに変化した。天皇に統帥部と政府が分裂しているような印象を与えないように、近衛首相を巻き込んでの、首相・両総長の三者列立上奏という新たな方法が取り入れられたのである。

二月一日、首相・両総長三者うちそろって「已むを得されは仏印に対し武力を行使」し「帝国の仏印、泰両地域に於ける指導的地位を確立する如く施策」することをめざす「対仏印、泰施策要綱」案を上奏した。

上　与論指導に於て英米を刺戟せずと云ふが如何なる方法ありや

総理　現在迄も充分注意しあり今の所一般に荒々しい気分はありません今後一層注意指導します

上　海軍は威圧行動の為幾何の兵力を使用するか

海総長　現在の艦隊の配置を説明す

高雄に在る兵力要すれは聯合艦隊の一部若は主力を派遣す成るへく武力行使せずに目的達成を期して居ります

上　　　陸軍は如何
陸総長　海軍と同様の意見です
上　　　航空基地港湾施設の具体的案如何
海総長　港湾施設は「カムラン」湾を指します
　　　　航空基地に関しては未た確定してありません
上　　　陸軍の航空基地は如何
陸総長「サイゴン」「プノムペン」附近を予定して居ります　之等は将来の作戦を考慮せは当然準備すへき航空基地です
　　　　尚「ツーラン」「ナツラン」にも必要です　之等は馬来に対する上陸作戦の為必要です
上　　　「シャム」に対し飛行場を要求しありや
海総長　南部泰には「サイゴン」附近と同様必要です
陸総長「サイゴン」附近には特に必要てすが南部泰にはあまり考へて居りません
　　　　全般を通し可及的外交に依り兵力使用は成るへく避け度き方針です
（註）右の陸総長の南部泰に飛行場不要の件は事実相違しあり研究処理を要す（『杉山メモ』上、一七二～一七三頁）

天皇は、兵力の展開、航空基地の位置など軍事的な問題にかなり踏み込んだ質問をしている。また、参謀総長も、南部仏印のサイゴン周辺のツーラン・ナツランなどの飛行場は「馬来に対する上陸作戦の為必要」と、将来の対英米戦を見込んでの回答までしている。両総長は、おそらく従来ならば、文官である首相がいる前で、このようなことは絶対に発言しなかったはずである。この三者列立上奏を誰が提唱したのかは不明だが、結果として統帥部は政府との不調和という手続き論からくる天皇の批判をうまくかわしたように見える。天皇はこの「施策要綱」には不満であったようだが、例の「マキアベリズム」―「八紘一宇」的発想で承認した。二月三日に天皇は木戸内大臣にこう言っている。

両総長、首相より対仏印・泰施策に関し上奏を聴いたが、自分としては主義として相手方の弱りたるに乗じ要求を為すが如き所謂火事場泥棒式のことは好まないのであるが、今日の世界の大変局に対処する場合、所謂宋襄の仁を為すが如き結果となっても面白くないので、あの案は認めて置いたが、実行については慎重を期する必要があると思ふ（『木戸幸一日記』下、八五四頁）

「火事場泥棒式」はいやだが、「宋襄の仁」（情けのかけすぎ）でもまずい。問題は、「マキアベリズム」「火事場泥棒式」と言われないような大義名分が立てられるか否かであり、また、いかに天皇の君主としての徳を傷つけないような手段で領土・勢力圏が拡張できるか、ということにあった。

4　南部仏印進駐・関特演

「情勢の推移に伴ふ帝国国策要綱」

一九四一年六月二二日、ドイツは突如としてソ連への侵攻作戦を開始し、第二次世界大戦は新たな段階をむかえた。統帥部は、この機に前年より機会をうかがっていた南部仏印進駐を実施し、あわせて対ソ戦を強行しようとした。七月二日の御前会議では「情勢の推移に伴ふ帝国国策要綱」が決定された。これは、その後の日本の膨張・戦争政策を動かしがたいものにしたきわめて重要な決定であった。

情勢の推移に伴ふ帝国国策要綱

第一　方針

一、帝国は世界情勢変転の如何に拘らす大東亜共栄圏を建設し、以て世界平和の確立に寄与せんとする方針を堅持す。

二、帝国は依然支那事変処理に邁進し、且自存自衛の基礎を確立する為、南方進出の歩を進め、又情勢の推移に応し北方問題を解決す。

三、帝国は右目的達成の為、如何なる障害をも之を排除す。

第二　要領

一、政権屈服促進の為、更に南方諸域より圧力を強化す。情勢の推移に応し、適時重慶政権に対する交戦権を行使し、且支那に於ける敵性租界を接収す。

二、帝国は其の自存自衛上南方要域に対する必要なる外交交渉を続行し、其の他各般の施策を促進す。

之か為め、対英米戦準備を整へ、先つ「対仏印泰施策要綱」及「南方施策促進に関する件」に拠り、仏印及泰に対する諸方策を完遂し、以て南方進出の態勢を強化す。

帝国は本号目的達成の為、対英米戦を辞せす。

三、独「ソ」戦に対しては、三国枢軸の精神を基調とするも、暫く之に対し介入することなく密かに対「ソ」武力的準備を整へ、自主的に対処す。此の間固より周密なる用意を以て外交交渉を行ふ。

独「ソ」戦争の推移、帝国の為有利に進展せは、武力を行使して北方問題を解決し、北辺の安定を確保す。

（外務省編『日本外交年表竝主要文書』下、五三一～五三二頁。）

ここでは、(1)日中戦争の継続、(2)南方進出＝南部仏印進駐実施、(3)好機到来すれば対ソ戦争実施、が決定され、とりわけ南方進出の達成のためには「対英米戦を辞せず」とまでされたのである。独ソ開戦による統帥部の興奮がそのまま政策決定に反映した形である。

武力南進路線の容認

「情勢の推移に伴ふ帝国国策要綱」の御前会議決定に先だって、六月二五日、「要綱」の中にも名称が見える「南方施策促進に関する件」が大本営政府連絡会議で決定された。この「南方施策促進に関する件」は、「仏国政府又は仏印当局者にして我か要求に応せさる場合には武力を以て我か目的を貫徹す」としたもので、武力南進路線を明らかにしたものであった。近衛文麿首相・永野修身軍令部総長・杉山元参謀総長は、三者列立してこの件について上奏した。少し長いが、傍線部に注意しながら、天皇・首相・参謀総長の三者のやりとりを見てみよう

御上　経費は何て支払ふか、又幾何か。

総理　金て支払ひます。幾何かは存しません。陸軍大臣と話合つて居ります。

御上　最近の交渉に於て仏国側は、我に対し好意を寄せて居ると思ふか、此の様な事をおしつけてどうか

総理右に対し簡単に御説明し、参謀総長更に左のごとく附加す。

総長　帝国の方針として大東亜共栄圏は飽迄建設しなければなりません。今迄に既にやらなければならなかつた事てありまして、最近に於て英米蘭支等か南方に於て

相提携し、日を追うて我を圧迫して参て居りますので一日でも早くやる必要があります。

万已むを得さる場合、例へは対日全面禁輸或は米英か戦略態勢を強化して参りましたる場合、之をおさへる為に早くやる必要があります。

御上　仏だけで宜しいか。

総長　泰に対しては、後に続いてやるのが宜しいと存します。泰は馬来と接続して居りまする関係上、大きいのを引きおこすかも知れませぬから先つ最初は仏印にやるのが宜しいと存します。

御上　独ソ戦と之との関係如何。

総理　簡単に奉答す。

総長　独ソ開戦のみならす日米国交調整の進み方如何に拘らす、何れに致しても必要なる旨奉答す。

御上　軍隊はどの位か。

総長　一師団基幹てあります。

御上　どの師団か。

総長　近衛師団です。

御上　近衛？

総長　現在広東に居りまする近衛［近衛第二師団］であります。
其他軍直部隊は内地から持って行きます。

御上　あ、あの近衛か（内地の近衛師団と御考へになつたものと拝察す）。

御上　軍隊を如何に配置するか。

総長　軍隊進駐の目的は、航空及海軍基地を造り、且之を維持する為と泰及仏印をして日本に依存せしむると共に南方と支那に威圧を加ふるに在るのでありまして「サイゴン」附近を中心として配置致します。

御上　飛行場はどの辺か。

総長　大体海岸の近くてあります。

御上　国際信義上どうかと思ふがまあ宜い（特に語尾は強く調子を高められたり）。

御上　北仏［北部仏印］にゴタゴタ起きた時はどうするか。

総長　海南島附近に軍隊か居りますので之を派遣すれは直に間に合ふと思ひます。北仏は現在兵力で大丈夫です。

御心配は入りません。

上奏退出後に於ける参謀総長所感

先般軍令部総長と共に奏上せし時とは異なり、御上の御機嫌は御宜しかりしものと拝察す。尤も御下問の数は多かりしが、御知りになり度しと思召めさるることを御下問

になりたるに過ぎず（参謀本部編『杉山メモ』上、二二九〜二三二頁）

最後の「参謀総長所感」で言う「先般軍令部総長と共に奏上せし時」とは、前節で引用した二月一日の「対仏印泰施策要綱」上奏のことをさしている。たしかに天皇は最初「此の様な事をおしつけてどうか」と武力を背景にフランス当局に圧力を加える方法について、憂慮を示したものの、その後は「仏だけで宜しいか」（仏印にたいする措置だけでよいか）と逆にタイへの施策を督促するかのごとき言い方をしている。「泰は馬来と接続して居りまする関係上、大きいのを引きおこすかも知れませぬから先つ最初は仏印にやるのが宜しい」という参謀総長の答えも、今後の南方進出が英米との衝突を必至のものにすることを認めたものであったが、天皇はそれ以上は追及しなかった。

また、後半の連続した下問も杉山が感じたように「数は多かりしが、御知りになり度しと思召めさるること」を一応おさえておいた程度のものである。質問の内容もそれほど突っ込んだものではない。だが、「国際信義上どうかと思ふがまあ宜い」という天皇の言葉の解釈はすこし難しい。前半を重視すれば、天皇は仏印進駐を依然として二月に木戸幸一に語ったように「火事場泥棒的」と考えていたのであろう。この信義論はかねてから外務大臣・松岡洋右ですらも強調していたところである。六月一六日の大本営政府連絡会議において松岡は「仏印への兵力進駐は信義上より見て陛下に申上兼ぬる故、更に考へ直されたし」と強調し、このことを天皇も承知していた（『木戸幸一日記』下、八八二頁）。しかし、そういった一定の後ろめたさがあるものの、大本営陸軍部第二〇班の註がわざわざ丁寧に記録したように「まあ宜い」と「強く調子を高め」て天皇は本件を諒承したのである。

再び高まる天皇の不安

ところがこのあと、七月二日に「情勢の推移に伴ふ帝国国策要綱」が決定され、七月七日、陸軍が「関特演」の第一次動員を開始、南部仏印進駐期限の七月二四日がせまると再び天皇の不安は高まった。七月二三日における杉山参謀総長とのやりとりを傍線部に注目しつつ見てみよう。

防衛諸部隊を防衛総司令官の指揮下に入ることに関し、以て仏印交渉の状況を奏上す。

御上　支那事変解決に何か好い考は何か無いか。

総長　此の前にも申上けし通り重慶側は戦力戦意共に衰へ軍は低下し財政経済的にも困憊して居り、恰も瀕死の状態と考へられ、命たけを保つて長期抗戦をして居るのであります。

此の長期抗戦が出来るのは、英米等敵性国家の注射又は栄養を与へる為てあります。即ち英米が重慶の起死回生をやって居るのてありまして、英米を抑へなければ支那事変の解決は困難と考へます。

第二次欧洲戦の発生前は支那事変のみを考へてよかつたが、之れが始まり又独

「ソ」戦が始まりしより以来は、世界戦争の動きに依り反枢軸諸国を傷めることか重慶を長続きさせぬものと思ひます。従つて活力を与へるものをおしつける必要があるものと思ひます。

御上　武力を以てせず何か他に好き方法はないか。

総長　武力以外は困難てあります。

御上　而し国力特に物に於て充分ならす。之れて武力を行使して目的を達成し得るか。

総長　国力の相当不充分な事はおほせの通りてあります。而し今日此の儘推移せば帝国として支那事変を解決し得さるのみならす、年の経過と共に困難な立場となると思ひます。やはり機を捉へて撃たなければならぬと思ひます。

御上　そう云ふ事を云うても物かないではないか。

総長　海軍は知らぬか、陸軍は一年位大丈夫と思ひます。

御上　そんな事を云ふか、一年て勝つと思ふか。

総長　まあ一年で必すとは申し上げられませんが、何とか機会を捉へて伸びて行く方策を取らねはならぬと思ひます。例へは独「ソ」戦の推移に依り好機を捉へ北辺の安定を図るのも之れてあります。一年と申上けましたのも之れなれは大丈夫勝てるとの確信を以て準備等をやらなければならぬので、之か為北か南かを検討する必要があります。海軍にしても陸軍にしても時か経ては六か敷くなることを知らなければならぬと思ひます。

御上　そうかね、武力を使はずに出来ぬかね。仏印はあの様に行けは結構だか英国が泰に兵を入れて居ると云ふがどうか。

総長　新聞等に散見致しますが、恐らくは入れることはないと思ひます。英国兵は「ビルマ」に三万馬来に四、五万居りますが、本国人は四分の一で、其他の土人の大部分は英国の圧政下に不満を持つて居る者であります。其実力から見て英国として積極的に堂々とやることはないと思ひます。特に日本の此の方面に対する決心を知りなからやることはないと思ひます。然し乍ら、財政経済的に英国「英国がタイを、か?」を圧迫することは判断せらる所でありまして、現地武官も此の様に申し来つて居ります。之れに就て泰が英国につくか、少くも之れに依存するかは判明致しませぬか、若し英国兵か泰に入ることがあれは用兵上更に如何にすへきかを判断し、奏上して御決めを戴きます。

御上　仏印に武力行使をして行くことはないだらうね。

総長　軍司令官にも澄田機関長にも平和進駐を立前とすることは充分通してあります。「ヴシー」政府は内地の大決意と動員とを知つて反対したらひどい目に遇ふと云ふことを考へて楽々と承知したものと思ひます。此の日本の圧力は仏印に相当作用をして居る様で、現地仏印軍は日本の南進にかなり興奮して居る様であります。

出先の者は此の点注意をする必要あると思ひます。

御上　まー、武力は使はぬが宜しい。

（総長所見）本日の御下問に依れば、徹頭徹尾武力を使用せぬ事に満ち〳〵て居られるものと拝察せらる。依つて今後機会を捉へて此の御心持を解く様に申し上げ度き考なり。南［南進・対英米戦］か北［対ソ戦］か、それは如何にやるか逐次決意を要する点等を段々と御導き申上ける必要ありと考ふ。本件は一切他言せさる様（『杉山メモ』上、二七六～二七八頁）

傍線部からもわかるように、天皇は、従来にもまして強く武力使用を忌避した。天皇の不安の核心は、「そう云ふ事を云うても物かないではないか」という発言からもわかるように、武力行使の裏づけとなる物動計画の未確立にあった。また、統帥部が強気に英米戦不可避を主張するわりには、具体的な作戦の見通しについていっこうに語らないことも不安材料であった。「何とか機会を捉へて伸びて行く方策を取らねはならぬと思ひます」といった参謀総長の答えでは、とても天皇としては安心していられなかった。

関東軍特種演習についての下問

さらに、南部仏印進駐を見越してアメリカは態度をいっそう硬化させつつあったし、七月一六日に始まった関東軍特種演習＝「関特演」の第二次動員は五四四個もの部隊に動員が発令された大規模なもので、南北両面で緊張が高まった（「関特演」についてのデータは、浅田喬二・小林英夫編『日本帝国主義の満州支配』所収の拙稿「第四章　軍事支配　日中戦争・太平洋戦争期」二二八〜二四〇頁より）。対米戦準備についての天皇の意見は後で検討することとし、ここではとりあえず「関特演」に関連した天皇の発言についてふれておこう。

関東軍の対ソ戦企図の最高潮としての「関特演」は、独ソ戦の勃発に乗じて、内地から六二九個部隊・兵員約五〇万、一〇万頭近い馬を満州に増派したものである。その結果、関東軍は八〇万余（一三個師団）・航空機六〇〇機の大兵力に膨張する。これは当時の日本陸軍の総兵力のうち兵員数にして約三分の一、師団数にして約四分の一にあたる（総師団数五一個）。「関特演」は独ソ戦の展開にともない極東ソ連軍がヨーロッパ戦線に逐次移動し、歩兵戦力が半数程度の一五個狙撃師団前後に、戦車・航空機が三分の一程度に減少してそれぞれ九〇〇両・一〇〇〇機内外になったならば、東正面と北正面から一挙にソ連領に侵攻、シベリア鉄道を遮断するとともにウラジオ方面を占領する計画であった。ところが、極東ソ連軍の兵力西送は、必ずしも日本陸軍の期待したようには進まず、侵攻の機はなかなか熟さなかった。このソ連軍西送問題について天皇は、七月三一日に杉山参謀総長に

極東「ソ」軍は兵力を西送せさるが之は日本軍か動員したからでは無いか。動員を中止してはどうか（『杉山メモ』上、二八四頁。第二〇班の記録では、この下問は七月三〇日

になされたことになっているが、正しくは七月三一日であると思われる）と下問している。大本営陸軍部第二〇班は「参謀総長は動員続行の必要性に関し詳細奉答申上げたり」としか記録していないが、作戦部長・田中新一少将の手記によれば、天皇の下問は、

関東軍充実のための動員、召集は各国に悪影響を与えつつあるではないか。そんなことを続けていては、日本の立場はだんだん悪くなるばかりである。一方極東ソ軍の西送もしなくなるではないか。それでは困る。関東軍の動員は将来やめてはどうか（戦史叢書20『大本營陸軍部〈2〉』三七二頁。原資料は田中新一作戦部長『業務日誌に基づく手記』）

というものであったという。また、参謀総長の回答も

それは大変なことでございます。今日まで関東軍は戦備不十分でありました。ソ連が機先を制して攻撃に出る懸念もあります。独ソが西で戦うから極東は安全だとは一概に申されず、不測の変はこんなときに起こるものでございます。不測の変に備えるための戦備充実がこの度の関東軍充実であり、これは当然のことでございます。今は大事な時で少しも隙を与えてはなりません。隙を与えたならば彼は乗ずるものと思わねばなりません。

この戦備増強を背景にして、この増強と並行してソ連に対して外交交渉をやる必要

があります。それがためにも、隙のない態勢を持続しなければなりません。それにより外交は十分な力を発揮することになるのであります。

関東軍の戦備増強ができたからとて、陸軍はすぐ戦争を考えてはおりません。まず外交交渉に支援を与えるのでございます。しかる後、情勢によっては御前会議で御決定の趣旨に基づいて軍の作用を発揮することにもなるでありましょう。なお関東軍の動員をやめたら極東ソ軍が西送を大々的にやるとばかりも云えず、西送については今しばらく情勢をみる必要があると存ぜられます（同前）

と詳しく記録されている。天皇は「関特演」のおよぼす国際的影響を心配している。「関特演」は仏印進駐と同じで相手の苦境に乗じての武力使用である。軍事的には好機であっても、大局的に見れば日本の国際的立場をよくするはずもない。天皇は、翌八月一日にも参謀総長が第百二号動員（「関特演」第二次動員）部隊の満州派遣に関する大命の允裁を仰いだ際に「むやみにやらないだろうね」（田中手記、同前、三七三〜三七四頁）、「之か派遣到着してもやらぬだらうね」（第二〇班、『杉山メモ』上、二八五頁）と下問した。ところが参謀総長の回答は、

ソ連の航空攻撃を受けた場合は、これに対して反撃致します。その結果ソ連領内に突込み損害を与えることも生じましょうが、この際は実際上わが航空の主力をもってたたくを可とする意見でございます。

右に伴って地上攻撃を行なうには、改めて大命を仰ぐべきものと考えております。

右の事情において、戦争開始となることもあろうかと存じます。これはきわめて重大な事態となる可能性がありますので、折角研究し、目下起案中でございます(『大本営陸軍部〈2〉』三七四頁)

と、むしろソ連の先制攻撃が今にもあるといわんばかりのものであった。陸軍は何か口実があれば一挙にソ連領内になだれ込む勢いである。八月六日、陸軍統帥部は、ソ連の空襲を受けた場合には、侵攻作戦を開始する旨の関東軍司令官宛命令案を上奏した。このとき天皇は、明らかにソ連の先制空襲を関東軍が演出することを恐れて、

わかつた。已むを得さること、して認める。兎角陸軍は手を出したがる癖があるから謀略などやらぬ様に特に注意せよ(『杉山メモ』上、二九一頁)

と一応釘をさして陸軍の要求を認めた。

この時期、天皇は統帥部がくりだす「マキアベリズム」的、「火事場泥棒的」な強引な膨張政策を憂慮していたことはたしかである。しかし、天皇は統帥部のこういった行動をはっきりと掣肘する論理を持たなかった。それは前にもふれたように「マキアベリズム」は困るが「八紘一宇」ならばよい、「火事場泥棒」は困るが「宋襄の仁」になってもいけない、という天皇の姿勢が、方法論においては衝突する部分があるものの、膨張主義という方向性においては統帥部と異なるものではなかったからである。

したがって、この時期における下問を通じての天皇のしばしばの抵抗は、必ずしも有効なものにはならなかった。逆に、統帥部は、天皇の抵抗に遭遇するにつれ、次第に天皇を説得するテクニックを高めていった。まだ、南部仏印、「関特演」の際にはそれほどでもないが、七月二三日の参謀総長所見にあるような「今後機会を捉へて此の御心持を解く様に申し上げ……逐次決意を要する点等を段々と御導き申上げる」(同前、二七八頁)やり方をとりだすようになるのである。ただ、実際に統帥部が、天皇説得の勘所を体得するのは、もう少し後のことになる。

第Ⅲ章　アジア太平洋戦争における天皇の戦争指導

一　開戦決定と天皇とのかかわり

1　開戦に躊躇する昭和天皇

統帥部の早期開戦論

今日では、アメリカ・イギリスなどにたいする戦争が、一九四一年後半の四回の御前会議をへて決定されていったことはよく知られている。すなわち、天皇を頂点とする指導層は、独ソ開戦（六月二二日）直後の七月二日御前会議において「南方進出の態勢を強化」（南部仏印へ進駐）するためには「対英米戦を辞せず」との重大決意をなし、続く九月六日御前会議で一〇月上旬までに日米交渉がまとまるめどが立たない時にはただちに戦争を決意すると決定する。そして、日米交渉を進めつつ、一一月五日御前会議で一二月初旬の武力発動を決め、一二月一日御前会議において開戦を最終的に確認するのである。

昭和天皇は、九月六日の御前会議までは、明らかに対英米戦争に慎重な姿勢をとっていた。しかし、近衛内閣の総辞職と東條内閣の成立（一〇月一八日）をへて、一一月五日御前会議のころになると統帥部の開戦論に理解を示し、戦争を容認するようになっていた。この二カ月間に昭和天皇に戦争を決断させたものは何か。逆に、天皇が戦争を躊躇していた理由はどこにあったのか。まず、この点から見ていこう。

昭和天皇は、七月二日御前会議から九月六日御前会議にいたる段階では、戦争の勝算について非常に懐疑的であった。戦争に勝てるか否か、天皇は作戦をつかさどる統帥部の幕僚長（参謀総長と軍令部総長）にたびたび質問したが、いっこうに納得のいく回答がえられなかったからである。たとえば、七月三〇日、軍令部総長・永野修身大将は、天皇にたいして日米の国交調整はもう不可能であると前置きしたうえで、「従って油の供給源を失ふこととなれば、此儘にては二年の貯蔵量を有するのみ、戦争となれば一年半にて消費し尽くすこととなるをもって、寧ろ此際打って出るの外なし」（『木戸幸一日記』下、八九五頁）と強硬に早期開戦論を述べた。このようにじりじりと石油備蓄が少なくなり、ついには武力を発動しようにもどうにも動けなくなってしまうことを恐れる見方を「ジリ貧論」という。「ジリ貧」を恐れるがゆえの早期開戦論は、永野だけではなく当時の統帥部中堅幕僚層にも支配的な考え方であった。実は、海軍は前年の一九四〇年五月二一日におこなった対米図上演習研究会において、アメリカによる石油禁輸から四〜六ヶ月以内には開戦すべし、との結論をすでに出していた（戦史叢書65『大本營陸軍部　大東亞戦争開戦経緯〈1〉』三六八頁）。「ジリ貧論」は海軍の既定の戦略であった。

永野軍令部総長の不確信

この時、天皇は永野に「然らば両国戦争となりたる場合、其結果は如何」、統帥部が「提出したる書面には勝つと説明しありたる故、自分［天皇］も勝つとは信ずるが而し日本海々戦の如き大勝は困難なるべし」（『木戸幸一日記』下、八九五頁）と重ねて質問した。天皇は対英米戦の苦戦を予想しつつも、一応は海軍統帥部の作戦構想を尊重し、勝利は信じるけれども日露戦争の日本海海戦のような大勝利というわけにはいくまい、と永野総長に決意のほどをただしたのである。ここにある「提出したる書面」の正確な内容は現在のところ定かではない。だが、いまだ軍令部が聯合艦隊の真珠湾奇襲作戦計画案を承認する前のことであるから、大正以来、日本海軍が計画を練りに練ってきた「漸減邀撃（ぜんげんようげき）作戦」（来航するアメリカ艦隊を潜水艦と巡洋艦の波状攻撃によってあらかじめ「漸減」しておき、日本海海戦のように日本近海で主力決戦をおこなう作戦）のことを指すものと思われる。この既成作戦計画による図上兵棋演習はそれまでにもくり返し天皇の前で実施されており、つねに日本艦隊が勝つことになっていた（実松譲『米内光政秘書官の回想』四五頁）。

したがって、天皇は、演習の筋書き通り、あるいは日本海海戦のようにとはいわないまでも、勝てる要因のいくつかを永野総長に答えさせたかったのであろう。ところが、天皇の期待に反して、永野総長は「日本海々戦の如き大勝は勿論、勝ち得るや否も覚束なし」

(『木戸幸一日記』下、八九五頁)と全く頼りない回答しかできなかったのである。天皇はすっかり落胆して木戸幸一内大臣に「斯くてはつまり捨ばちの戦をするとのことにて、誠に危険なり」「永野の意見は余りに単純なり」(同前、八九六頁)との感想をもらしている。早期開戦を主張する統帥部幕僚長にも勝利の確信がないようでは、天皇が不安にかられたのも当然であろう。翌七月三一日に上奏した参謀総長・杉山元大将も

永野軍令部総長から数日前[前日]、早く南方で米国をたたく必要があると申し上げたらしく、お上[天皇]は非常な御心配の御様子であった。海軍大臣[及川古志郎]から、それは永野個人の意見であって、従来どおり海軍の考えは変わっていない旨[可能なかぎり対米避戦を]申し上げ、御安心を願ったとのことである(戦史叢書20『大本營陸軍部〈2〉』三七二頁。原資料は防衛研究所戦史部所蔵の田中新一作戦部長『業務日誌に基づく手記』)

と参謀本部の部長会議で発言している。天皇は杉山総長にも永野の早期開戦論にたいする憂慮の念を吐露したのであろう。

七月二日御前会議の後、南部仏印進駐がアメリカの対日経済封鎖(石油輸出禁止と日本資産凍結)を引き起こし、さらに八月に入り陸軍が「関特演」(関東軍特種演習)の第二次動員を開始して南北でますます緊張が高まると、天皇の不安の念はいっそう深まった。

2　九月六日の御前会議

内奏案への憂慮

九月五日、翌日に御前会議をひかえて、総理大臣・近衛文麿は議案の「帝国国策遂行要領」を天皇に内奏した。だが、ここでも天皇は重ねて憂慮の念を表明した。「要領」の冒頭部分を確認しておこう。

一　帝国は自存自衛を全うする為対米（英蘭）戦争を辞せさる決意の下に概ね十月下旬を目途とし戦争準備を完整す

二　帝国は右に並行して米、英に対し外交の手段を尽して帝国の要求貫徹に努む〔中略〕

三　前号外交交渉に依り十月上旬頃に至るも尚我要求を貫徹し得る目途なき場合に於ては直ちに対米（英、蘭）開戦を決意す（外務省編『日本外交年表竝主要文書』下、五四四頁）

つまり、「要領」によれば、一ヶ月後の一〇月上旬にいたっても日米交渉がまとまりそうになければ、その時点で対米英蘭戦争を決意し、一〇月下旬には戦争に突入できるようにする、というのである。この「要領」をそのまま実施にうつせば、戦争か否かの決意は一ヶ月以内にしなければならない。日米交渉の争点は、三国同盟問題、アメリカの援蔣と日本軍の中国からの撤兵問題、仏印からの撤兵問題と多岐に及んでいる。わずか一ヶ月の間に、妥結の見通しを得ることは非常に難しいことであり、御前会議において「要領」を決定することは、事実上の開戦の決定に等しいものであった。

内奏された「要領」にたいして天皇は、「之を見ると、一に戦争準備を記し、二に外交交渉を掲げてある。何だか戦争が主で外交が従であるかの如き感じを受ける」(近衛文麿手記『平和への努力』八五〜八六頁)と、戦争への傾斜の度合いが大きいと率直に懸念を示し、心配な点について明日の御前会議で質問したいと言いだした。近衛は、御前会議には文官も出席するので、純軍事的な問題では統帥部幕僚長も十分な答えができないだろうから、今すぐに永野・杉山両総長をよんで聞いたらどうかと天皇に進言した。天皇は、ただちに永野・杉山両総長を呼ぶように命じ、そのただならぬ雰囲気に参謀本部も一時緊張した。

作戦成功に懐疑的

大本営陸軍部第二〇班(戦争指導班)長・有末次大佐は、この時の天皇と杉山参謀総長とのやりとりの一部を次のように記録している。

御上　成るへく平和的に外交てやれ

外交と戦争準備は並行せしめすに外交を先行せしめよ

右に対し［参謀総長は］種々奉答す

御上　南方作戦は予定通り出来ると思ふか

参謀総長右に対し馬来比島等の予定作戦を詳細奉答す

御上　予定通り進まぬ事かあるたらう

五ヶ月と云ふかそうはいかぬこともあるたらう

総長　従来陸海軍て数回研究して居りますので大体予定の通り行くと思ひます

御上　上陸作戦はそんなに楽々出来ると思ふか

総長　楽とは思ひませぬか陸海軍共常時訓練して居りますので先つ出来ると思ひます

御上　九州の上陸演習［四月上旬の演習］には船か非常に沈んたかあーなればどうか

総長　あれは敵の飛行機か撃滅せられる前に船団の航行を始めたからてあつて、あーはならぬと思ひます

御上　天候の障碍はどうするか

総長　障害を排除してやらねはなりませぬ

御上　予定通り出来ると思ふか
お前〔杉山〕の大臣の時に蔣介石は直く参ると云ふたか未たやれぬてはないか
（参謀本部編『杉山メモ』上、三一〇頁）

天皇はまず外交優先を指示したうえで、作戦が予定通りいくかどうかをくり返し質問している。明らかに天皇は作戦の成功に懐疑的である。杉山参謀総長は、だいたい予定通りいくだろうとの見通しを語っているが、天皇は杉山が陸軍大臣の時に始まった日中戦争は「蔣介石は直く参る」という当時の杉山の言とは異なり、いっこうに予定通り進まなかったではないかとまで反問している。

"太平洋はなお広い"

最後の部分について参謀本部作戦部長・田中新一少将の『業務日誌』によれば、天皇は杉山にたいして「支那事変の初め、陸軍大臣として閑院宮〔参謀総長―当時〕と一緒に報告し、速戦即決を主張したるか果して如何、今に至るも事変は長くつついてゐるてはないか、考へ違ひか」（戦史叢書70『大本營陸軍部　大東亞戦争開戦経緯〈4〉』五四一頁）と詰問したという。大本営陸軍部第二〇班の記録『杉山メモ』では杉山の回答は記されていないが、田中作戦部長は杉山が「一挙に事変を解決するやう申上げ、まことに恐縮の外なし」と答えたとしている。臨席していた近衛によれば、天皇は有末や田中の記録のニュアンスよりもさらに厳しく杉山に迫ったように記録されている。近衛の手記によれば、次のようにある。

……陛下は杉山参謀総長に対し、「日米事起らば、陸軍としては幾許の期間に片付ける確信ありや」と仰せられ、総長は「南洋方面だけは三ヶ月［五ヶ月？］位にて片付けるつもりであります」と奉答した。陛下は更に総長に向はせられ、「汝は支那事変勃発当時の陸相なり。其時陸相として、『事変は一ヶ月位にて片付く』と申せしことを記憶す。然るに四ヶ年の長きにわたり未だ片付かんではないか」と仰せられ、総長は恐懼して、支那は奥地が開けて居り予定通り作戦し得ざりし事情をくどくどと弁明申上げた処、陛下は励声一番、総長に対せられ「支那の奥地が広いといふなら、太平洋はなほ広いではないか。如何なる確信あつて三月と申すか」と仰せられ、総長は唯頭を垂れて答ふるを得ず……（『平和への努力』八六〜八七頁）

「支那の奥地が広いといふなら、太平洋はなほ広いではないか」というのは非常に厳しい指摘である。ここまで天皇に言われれば、たしかに参謀総長も返す言葉がなかったであろう。もっとも、有末が記録した『杉山メモ』にはこのあと、「参謀総長更めて此の機会に私の考へて居りますことを申上げますと前提し　日本の国力の漸減することを述べ、弾撥力［物的・人的資源の余裕］のあるうちに国運を興隆せしむる必要のあること又困難を排除しつつ国運を打開する必要のあることを奏上す」（『杉山メモ』上、三二〇頁）と杉山参謀総長が、開戦の必要性をなお主張したように記録されているが、田中作戦部長の『業務日誌』によればこれは杉山ではなく永野軍令部総長の言であるという。具体的には「時機を逸して数年の後に自滅するか、それとも今の内に国運を引き戻すか、手術を例に説明申上く。又七―八分の見込かあるうちに最后の決心をしなければならぬ、相当の心配はあるも、この大病を直すには大決心をもつて国難排除に決意する外はない」(『大本營陸軍部　大東亞戦争開戦経緯〈4〉』五四二頁)といったものであったと記録している。近衛の手記でも天皇の追及に絶句した杉山に永野が日米関係を病人にたとえて「助け船を出し」たとあるし(『平和への努力』八七頁)、軍令部作戦部長・福留繁少将も永野から同様の談話を聞いているので(福留繁『海軍の反省』一一七〜一一八頁)、この回答は杉山ではなく永野が述べたものと見た方が自然である。

"絶対に勝てるか"

さらにこのあとの天皇と永野総長のやり取りは興味深い。

御上　絶対に勝てるか(大声にて)

総長　絶対とは申し兼ねます　而し勝てる算のあることたけは申し上けられます
必す勝つとは申上け兼ねます
尚日本としては半年や一年の平和を得ても続いて国難か来るのてはいけない

のであります　二十年五十年の平和を求むへきてあると考へます

御上　あ、分った（大声にて）

総長　決して私共は好んで戦争をする気てはありません　平和的に力を尽し愈々の時は戦争をやる考てあります

永野軍令部総長は大阪冬の陣のこと其他のことを申上けたる所　御上は興味深く御聴取遊はされたるか如し最後に総理左記を奉答す

総理　両総長か申しましたる通り最後迄平和的外交手段を尽し已むに已まれぬ時に戦争となることは両総長と私共とは気持は全く一てあります（『杉山メモ』上、三一〇～三一一頁）

『杉山メモ』ではこの「総長」が杉山のようにされており、従来多くの書物で杉山の言として紹介されているが、田中作戦部長『業務日誌』によれば、「絶対とは申し兼ねます……」は永野総長の言、「決して私共は……」は両総長の言であるとされている（『大本營陸軍部　大東亞戦争開戦経緯〈4〉』五四二頁および五六九頁、『大本營陸軍部〈2〉』四三一頁）。従来、『杉山メモ』が広く史料として利用されてきたために前者の発言も一般に杉山の発言とされてきたが、田中・福留両作戦部長の記録などから見ても、前後のつながりや内容からしても、これもやはり永野の発言であろう。

また、ここで天皇は大声で「あ、分った」と言っているが、統帥部の言うことはよく納得できたという意味で「分った」と言ったとは思われない。これは、これまでのやりとりで相当立腹していた上に、永野の「二十年五十年の平和を求むへきてあると考へます」といった型にはまった精神論にうんざりして「もういい」という意味で声を荒げたと見た方が自然である。また、田中の『業務日誌』によれば、天皇は近衛首相の最後の回答にたいし「わかった承認しやう」(『大本營陸軍部　大東亞戦争開戦経緯〈4〉』五六九頁)と言ったとされている。しかし、これは天皇がこの段階で対米開戦を「承認」したことを意味するのではなく、外交交渉と戦争準備の併進を承認したにとどまったのである。

拝謁を終わったあと杉山総長は「南方戦争に対し相当御心配ある様拝察す」(『杉山メモ』上、三二一頁)との所感を述べている。少なくともこの時点では、統帥部幕僚長ですらも勝利のめどを語れない戦争に天皇は大いに不安の念をもっていた。それは、翌九月六日の御前会議において天皇が明治天皇の和歌「四方の海みな同胞と思ふ世になど波風の立ちさわぐらむ」を朗読して、統帥部の姿勢を暗に批判し外交優先を示唆したことからも明らかである。

しかしながら、よく注意してみると永野軍令部総長とのやりとりの中にすでに、昭和天皇が統帥部の論理を承認していく素地が現われている。それは永野が大坂冬の陣など日本古戦史をひいて説明した時に天皇が興味を示したという点である。こうした言い方は、戦史好みの永野総長の得意とするものであったが、昭和天皇も戦史からよく学んでおり、とりわけ日本古戦史をひきあいにして個別具体的に説明されるとよく理解を示した。天皇は、「やればできる」の冒険主義的な精神論ではなく、筋道のたった具体的な説明を欲していたのである。九月六日御前会議のあと、統帥部も次第にこの点を理解するようになる。

統帥部の戦争シナリオの弱点

昭和天皇が対英米戦突入に疑念をもったのは、統帥部が早期開戦を唱えつつも精神論ばかりで、戦争勝利のための確たる手だてを具体的に示さないからであった。統帥部の早期開戦論について、永野軍令部総長は、七月二一日に大本営政府連絡会議において次のように説明している。

> 米に対しては今は戦勝の算あるも、時を追うて此の公算は少なくなる、明年［一九四二年］後半期は最早歯か立ちかねる、其後は益々悪くなる。米は恐らく軍備の整ふ迄は問題を引づり、之を整頓するならん。従つて時を経れば帝国は不利となる。戦はすして済めは之にこした事はなし。然し到底衝突は避くへからすとせは時を経ると共に不利となると云ふ事を承知せられ度。尚比島を占領すれは海軍は戦争かやりやすくなる
>
> 南洋の防備は大丈夫相当やれると思ふ（『杉山メモ』上、二七四～二七五頁）

時がたてばたつほど戦勝の算が少なくなるというのは、時の経過とともに日本の備蓄燃

料が少なくなるのにたいして、米側の軍備が整うからである。「明年後半期は最早歯か立ちかねる、其後は益々悪くなる」ので、直ちに開戦すれば勝算があると永野をはじめ統帥部は言うのだが、ただちに開戦すればいかなる根拠で勝てるというのか、とりわけ長期戦になった場合には、どのようにして戦争を勝利に導くのか、戦争の終結方法はどうするのか、といった点についてはなかなか納得のいく説明がされていなかった。天皇の心配は、アメリカ・イギリスを相手にして軍事作戦面では勝算があるのか、また、当面の作戦が順調に進展しても最終的に戦争を勝利で終結に導くための国家戦略（軍事・外交）面での妙案があるのか、この二つの大きな問題に確たる方策が示されていないことに発していたと見てよいであろう。九月六日御前会議のために大本営陸軍部第二〇班が作成した応答資料によれば、対英米戦争の見通しと終結方法はつぎのようなものであった。

対英米戦争は長期大持久戦に移行すへく戦争の終末を予想することは甚た困難にして特に米国の屈伏を求むるは先つ不可能と判断せらるるも我南方作戦の成果大なるか英国の屈伏等に起因する米国輿論の大転換に依り戦争終末の到来必すしも絶無にあらさるへし何れにするも南方要域を占領して戦略上優位の態勢を確立すると共に南方の豊富なる資源を開発し東亜大陸に於ける経済力の利用と相俟つて長期自給自足の経済態勢を整備し且独伊と提携し米英の結合を破摧して亜欧を連絡する等により不敗の態勢を確立し得へく此の間情勢を利導し戦争を終熄に導き得るの光明を認め得へし（参

謀本部「帝国国策遂行要領に関する御前会議に於ける質疑応答資料」、前掲『杉山メモ』上、三二二頁）

ここではまず、戦争が「長期大持久戦」になること、アメリカを軍事的に打倒する決め手がないことが明確に指摘されている。戦勝の唯一の望みは、イギリスの敗北に起因するアメリカ世論の転換、厭戦気分の高まりに求められている。しかし、日本が独力でイギリスを打倒できるわけではないので、ドイツによるイギリス征服がこのシナリオの大前提である。南方作戦緒戦の成果が大きいこと、ドイツがイギリスを打倒してヨーロッパを制覇すること、南方・大陸を一体とした自給自足圏が整備されて「不敗の態勢」ができること、これだけの条件がそろい、なおかつアメリカが戦争をやめてくれなければ、勝利は望めないという受動的・状況まちの見通しであった。敵を独力で打倒できない、すなわち相手の首都までも占領することができない戦争という点では、日露戦争と同じだが、戦争終結を斡旋してくれる大国が存在しないことが、日露戦争とは大きく異なる点であった。このようなドイツの勝利とアメリカの内部崩壊を頼みとする戦争の見通しでは、統帥部はなかなか天皇を納得させることができなかったのである。イギリスを脱落させる決め手を日本が握っていないというのがこのシナリオの最大の弱点であり、この点を解決する手だてあるいはレトリックを編みだせるか否かが、統帥部にとっての課題であった。

3 統帥部の説得と天皇の開戦論への傾斜

参謀本部、陸軍省に開戦せまる

昭和天皇の憂慮の念は軍部にもよく伝わっており、陸軍省の軍政関係者はそれを比較的率直に受け取っていた。九月六日御前会議が終了すると、陸軍省軍務局長・武藤章少将は部下をあつめて開口一番「戦争なんて飛んでもないことだ」と切り出した。そして、

これは何が何でも外交を妥結せよという御意だ。オレは結局戦争になるものと達観しておるが、天子様に押しつけてはいけない。外交に万全の努力を傾け、天子様がお諦めになって御みずから戦争をご決意なさるまで精出さねばならぬ。オレはこのことを大臣〔東條英機陸相〕にも言っておく（上法快男編『軍務局長 武藤章回想録』二六二頁）

と述べたという。武藤軍務局長は主戦論者の一人ではあるが、外交交渉がどうにもならなくなり、天皇が「諦め」て戦争を決意するところまでいくしかないと、それなりに天皇の意思を尊重しようとしたのである。

だが、さらに強硬な主戦論者である参謀本部の作戦関係者は、積極的にはたらきかけて

昭和天皇の考えを変えさせようとした。統帥部にとって天皇を説得すること、すなわち天皇が納得するレトリックを編みだすことが今や最大の課題となっていた。

九月六日御前会議の直後、武藤の部下である軍務課高級課員・石井秋穂中佐は、参謀本部作戦課長・服部卓四郎大佐を訪ね（石井と服部は陸軍士官学校の同期生）、御前会議における天皇の姿勢からしても戦争はあり得ないから、むしろ重慶攻略作戦の準備をしたほうがよいのではないかと忠告すると、服部作戦課長は

今のうちに戦争をやっておかぬと動けなくなる。いくらでもその理由を具体的に説明してやろうか。陸軍大臣として目下努むべきことは、毎日毎夜でも参内して天皇陛下に開戦の必要を上奏することだ（戦史叢書76『大本營陸軍部　大東亞戦争開戦経緯〈5〉』四九頁。原資料は防衛研究所戦史部所蔵「石井秋穂大佐回想録」）

と激しく石井に言い返したという。また、同じく石井によれば、一〇月一〇日頃のこととして次のように回想している。

この頃参謀本部はあせり且急いだ。種村［佐孝・戦争指導班長］中佐の如きは私等軍務局の下僚の許に来て「目下陸相として為すべき唯一最大の途は、毎日毎夜でも参内し即刻開戦の必要を上奏するに在る。此の旨大臣へ具申せよ」とかつて服部大佐の言った通りに詰め寄った。私は久しぶりに怒った（同前、一一七頁）。

また、海軍でも一〇月初め（一〇月九日と推定）には海軍省軍務第二課長・石川信吾大

佐ら佐官級の強硬派が深夜、及川古志郎海相宅を訪れ、就寝中の海相を起こしてまで早期開戦をせまるという事態となっていたが、及川が「お上の御意向もあってそうも行かない」（同前、一一六～一一七頁）と答えたことから、統帥部の主戦論者は天皇説得の重要性を改めて認識する結果となったのである。

天皇説得方法を研究する高山少佐

主戦論の中心である参謀本部作戦課では、一〇月になるとただ陸軍省に詰め寄るのではラチがあかないと判断し、服部作戦課長を中心に、作戦面で対英米戦に勝算があることを天皇に上奏するために課内で綿密な研究を始めた（当時の大本営陸軍参謀部の編制と作戦課のスタッフ・役割分担は次頁**図4・5**の通り）。上奏文の起案を服部作戦課長から命じられたのは、作戦課員・高山信武少佐である。高山は、作戦課内での討論・検討をへて（高山信武『参謀本部作戦課』一二五～一三二頁）、一度「対英米蘭戦争に於ける作戦的見透し」「南方作戦の見透しに関する件」という草案を上奏文形式で起案するが、「御下問奉答資料」として作り直すよう命じられ一〇月二〇日に「対英米蘭戦争に於ける初期及数年に亘る作戦的見透しに就て」を完成させた。この「御下問奉答資料」は長文にわたるので、主要な部分だけを紹介してみよう。

まずこの「御下問奉答資料」は「作戦成功の見透し」と「作戦の勝味」として

図4　大本営陸軍部の組織（1941年3月1日現在）

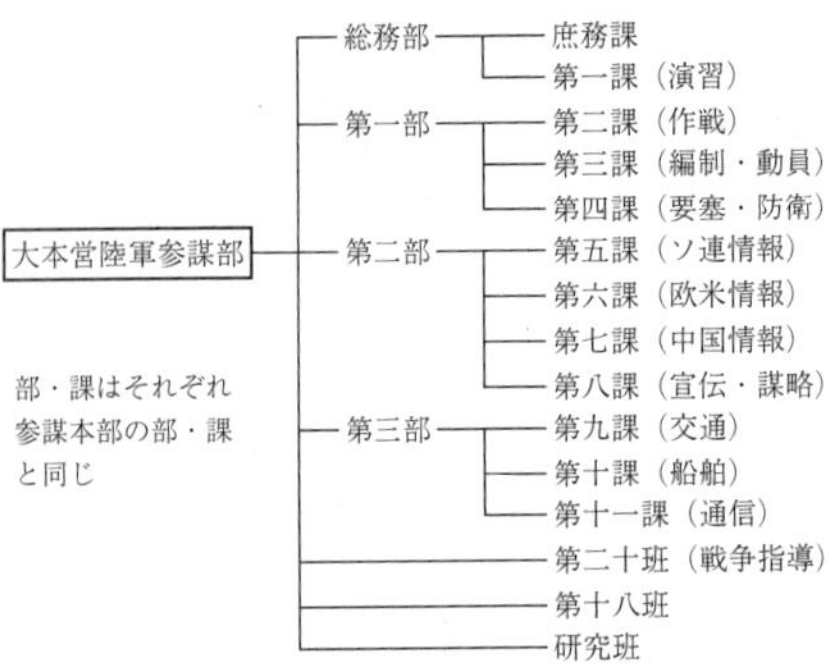

「大本営陸軍将校、各部将校、高等文官職員表」（1941年3月1日調）『現代史資料37巻〈大本営〉（みすず書房、1967年）所収および秦郁彦編『日本陸海軍総合事典』（東京大学出版会、1991年）より作成。

図5　参謀本部作戦課の役割分担（1941年9月18日現在）

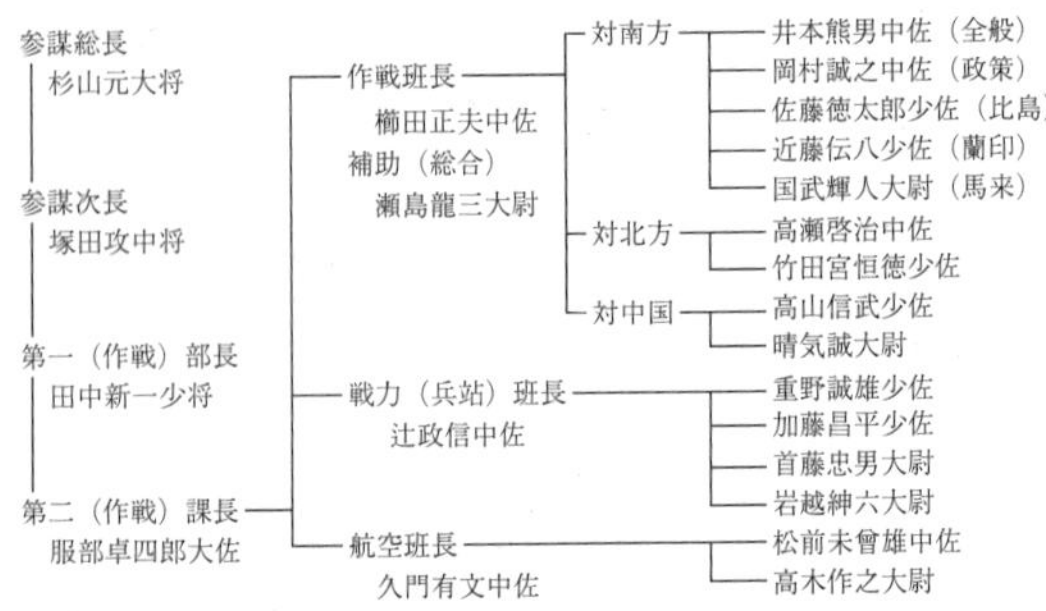

高山信武『参謀本部作戦課』（芙蓉書房、1978年）120頁より作成。

(1)「英、米、蘭、露等の実質的提携に先だち同時各別に急襲撃破し得ること」
(2)「英米本国よりの増援に先だち各個に撃破し得ること」
(3)「先制急襲の徹底」
(3)「海軍竝航空作戦の確算」
(4)「上陸後に於ける陸上作戦に就ては彼我の編制、装備、素質、兵力等より考察し国軍に絶対的確算あり」

の五点を根拠として「要するに速に決意し断乎として決行するに於ては対米英蘭作戦は作戦的には十分なる確信を有す」(参謀本部第二課『昭和十六年 上奏関係書類綴』巻一所収)と結論づけた。つまり、初期の戦争遂行については、先制奇襲による各個撃破、海軍・航空・上陸作戦のいずれも「十分なる確信を有す」というのである。

長期持久戦での勝算

だが、問題は、長期持久戦に移行した場合の勝算である。従来、統帥部の見通しにおいて曖昧だったのはこの点である。長期戦に移行しても物的に大丈夫だと具体的に説明がされたことはなかった。この「御下問奉答資料」では「数年に亘る作戦的見透し」における「物的戦力の見透し」としてずいぶん踏み込んだ分析結果を示している。

帝国の所期する満州、支那竝南方資源地域を確保したる以上軍官民一致協力して各種資源の開発運用に全幅の努力を捧ぐることにより自給自足可能の状態となり茲に経済的不敗の態勢を概成するを得べく又東亜に於ける凡有軍事根拠を占拠することに依り英米本土と濠州其他の極東方面竝印度洋、西南太平洋方面の航通連絡を遮断し敵の実勢力を漸減せしむるを得て帝国は戦略的にも不敗の態勢を確立するを得べく大持久戦遂行に対する基礎態形は概整したりと観るを得べし

此間米、英等の企図すべき通商破壊戦、航空戦等に対しては当初は物的に相当の困難を伴ふことを覚悟せざるべからずと雖逐次此事態を恢復して終局に於ては何等の不安なく戦ひつつ自己の力を培養すること可能なりと信ず　之に反し資源上特に錫、ゴム、タングステン等に於ては米英両国に与ふる打撃は甚大なるものあり資源上より観たる彼我の比較に於ても大持久戦遂行は成算ありと確信す

以下、「御下問奉答資料」は戦争遂行に不可欠の兵器・弾薬・燃料等が確実に補給出来るかどうか、生産量と消耗量の予想を掲げて説明している。そこには「南方作戦遂行の為竝に引続き北方作戦生起したる場合に就き観察」するとされており、対英米戦が一段落した後に対ソ戦を遂行することが前提となっている。

イ、飛行機

南方攻勢に引続く北方攻勢の補給に支障なきのみならず各年度の保有量は逓増す

整備　　消費　　残額

十六年度　三四〇〇　八九〇　五〇一〇
十七年度　四〇〇〇　一八七〇　五六九〇
十八年度　四五〇〇　一二四〇　六九五〇
註　現在保有量　四四〇〇（十六年八月一日）［消費には自然消耗を含んでいない］

ロ、戦車

南方攻勢に引続く北方攻勢の補給に支障なきのみならず各年度の保有量は逓増す
［表　省略］

ハ、爆弾

南方攻勢に引続く北方攻勢を行ふに支障なきのみならず最も減少する十七年度末に於ても其保有量は現状の六〇％なり［表　省略］

ニ、地上弾薬

南方攻勢に引続く北方攻勢に概ね支障なきのみならず最も減少する十七年度末に於ても其保有量は現状の八〇％なり［表　省略］

ホ、液体燃料

a　航空揮発油

其の一　南方攻勢を行ふ場合

判決　南方攻勢に支障なし［表　省略］

其の二　南方攻勢直後北方攻勢を行ふ場合

判決　十七年度上半期中に作戦を完了し得ば之が実現には支障なく引続き十七年度下半期は予想する消耗に対し一〇％、同十八年度には三〇％の不足を生ずるも十九年度に入り逐次好転す［表　省略］

b　自動車揮発油

其の一　南方攻勢を行ふ場合

判決　南方攻勢に支障なし［表　省略］

其の二　南方攻勢直後北方攻勢を行ふ場合

判決　十七年度上半期中に作戦を完了し得ば之が実施には支障なく引続き十七年度下半期は予想する消耗に対し五〇％の不足を生ずるも十八年度に入り逐次好転す

へ、船腹

［表　省略］

右の如く重要物資の生産、生活必需品の供給等に及ぼす影響は尠からさるも作戦期間の延長せざる限り軍需生産及国民生活最低限の維持は概ね可能なるべし　南方攻勢に引続き北方攻勢を行ふ場合に於て発動後半年間は月平均船腹約二十万噸乃至三十万噸更に逼迫す［表　省略、以下略］

この「御下問奉答資料」の結論が「当初は物的に相当の困難を伴ふことを覚悟せざるべ

からずと雖逐次此事態を恢復して終局に於ては何等の不安なく戦ひつつ自己の力を培養することと可能なりと信ず」という部分にあることは明らかである。また、「南方作戦」＝対英米戦が一段落したあとで「北方攻勢」＝対ソ戦を開始することが分析の前提となっており、対ソ戦まで手を広げた場合には当初かなり苦しいが、対英米戦だけならば全く戦力・物資面での心配はない、という論理になっている。むしろ、長期戦になれば戦力が培養されるし、日本軍の東南アジア占領によってゴムやタングステンなど重要資源が英米に流出しないので、かえって有利になるというのである。これは、飛行機の保有量見通しからも分かるように生産は年々増加するのにたいして損失は一九四二年度をピークにして以後は減少することが見込まれているからである。今日、戦争の結果を知っている者の目から見れば、持久戦段階における戦力消耗の見通しが甘すぎることは確かであるが、ここでは参謀本部の対英米戦見通しの誤りについて検討することが目的ではない。ともかく、一〇月二〇日前後の段階で、単に「やればできる」の精神論だけではなく、具体的な数字を挙げて「終局に於ては何等の不安なく戦ひつつ自己の力を培養すること可能なり」との結論を陸軍統帥部が出したことが重要なのである。曲りなりにも長期持久戦可能との結論が出たことにより、統帥部は天皇を説得できる有力な根拠を得たことになる。

海軍統帥部、ハワイ奇襲攻撃概要説明

陸軍統帥部が戦力的にも長期戦は不安はないとの天皇向けの結論を出したのとちょうど同じ頃（一〇月一九日）、海軍統帥部も聯合艦隊司令部が強く要請していた真珠湾奇襲攻撃案を正式に承認した。陸海統帥部が真珠湾攻撃を含んだ全作戦計画を天皇に「御前兵棋演習」の形で提示したのは一一月一五日のことである。それに先だって一一月八日、図上演習の趣旨を説明する上奏が行なわれた。この説明「兵棋に依る作戦計画御説明に関する件」は参謀本部作戦課員・竹田宮恒徳少佐と軍令部作戦課員・華頂博信少佐が起案したもので、まずハワイ奇襲攻撃の概要説明を行ない、

本奇襲作戦は桶狭間の戦にも比すべき極めて大胆なる作戦で御座いまして其の成否は固より戦運に依り左右せらるること大で御座いますが、奇襲当日敵艦隊が在泊して居ります限り戦艦及航空母艦各二、三隻を撃沈致しますことは可能と存じます（『昭和十六年 上奏関係書類綴』巻一所収）

と総括している。この「桶狭間の戦にも比すべき極めて大胆なる作戦」という表現は、聯合艦隊司令長官・山本五十六大将が海軍大臣・嶋田繁太郎大将に語った「桶狭間とひよどり越と川中島とを合せ行ふ」（「山本司令長官から嶋田海軍大臣あての書簡」〔一九四一年一〇月二四日付〕、戦史叢書10『ハワイ作戦』五三四頁）にも似ているが、日本古戦史に通じた永野軍令部総長好みの表現であり、かつ昭和天皇の好みでもあった。「御前兵棋演習」の

趣旨説明はこのあと、南方作戦における各艦隊の任務分担について説明し、アメリカ艦隊との主力決戦が起きた場合の勝算について述べている。

米国主力艦隊との決戦に関しましては先般奏上致しました如く我方が企図して邀撃配備を執りました場合には現在の兵力比竝に地の利等に鑑みまして充分なる勝算が御座います　即ち米国海軍が仮りに大西洋に在る艦艇を全部引揚げ決戦場に集中致しました場合に於きましても我は彼の約七割五分の勢力を有し、航空母艦に於きましては彼の七隻に対し我は小型を併せ十隻を有して居ります

米海軍は現在艦艇の約四割を大西洋に配備して居りまして、日米開戦の場合にも独逸海軍に対する防禦の為若干の兵力を残す必要が御座いますので決戦場に於ける彼我兵力比は更に有利となるものと判断せられます

又決戦海面を南洋群島に展開する我基地航空機の行動半径内に選定致しますれば決戦場に於ける航空兵力は絶対優勢となる見込で御座います（同前）

対米七割五分の艦艇比率、空母が一〇対七で優勢、独海軍による牽制、基地航空兵力の展開等により、対米決戦が起こった場合にも「充分なる勝算」があると海軍統帥部は上奏した。真珠湾奇襲が成功すれば、情勢はさらに有利になるはずである。「日本海々戦の如き大勝は勿論、勝ち得るや否も覚束なし」という七月の永野総長の発言と比べ、海軍統帥部は対米戦に満々たる自信を持ちえたように見える。

だが、長期持久戦になった場合はどうなのか。この点については次のように説明がなされている。

持久戦となりました場合の作戦の見透は極めて困難で御座いますが年月の経過と共に通商保護の為必要なる小型艦艇竝に沿岸哨戒用飛行機等も整備されて参りますし又仮令敵が多数潜水艦を建造致しましても、其の日本沿岸竝に南支那海方面に於て使用し得ますものは根拠地が著しく遠距離に在ります関係上其の四分の一にも達し得ぬ見込で御座いますので帝国自存上必要なる海上交通線の保護は可能の見込で御座います又独逸と緊密に提携することに依りまして有効なる通商破壊戦を実施致しまして少くも濠洲は英米より之を孤立せしめますことは可能と存じます（同前）

たとえ持久戦になっても対潜艦艇と航空機が整備されていくので危険はないし、そもそも初期の作戦が成功すれば米潜水艦根拠地は遠隔地にしか設定できないので、なかなか日本沿岸には近寄れないだろう、というのである。この予想が甘かったことは確かだが、ともかく海軍統帥部は、天皇にたいして乾坤一擲の「桶狭間の戦にも比すべき」奇襲作戦、艦隊の主力決戦になった場合の「充分なる勝算」、そして持久戦となった場合も「海上交通線の保護は可能」であることを上奏するにいたった。

対英米戦「御前兵棋演習」は一一月一五日午後一時より四時まで宮中東溜りにおいて実施された。その際天皇は、対英米戦の勝算についてはもはや質問せず、軍令部総長に対して、

(1) 輸送船団の航行に対し、水上艦艇と航空機といずれが妨害損傷を与えるか

(2) 英主力艦が来航の際はいかに処理するか

といったことを聞いている。総長は第一の下問に対しては「水上艦艇は大したことなく、航空機が問題であります。これに対しては十分力を尽し安全に護衛することに関し努力いたします」(『大本營陸軍部⑵』六三四〜六三五頁、原資料は参謀本部作戦課員・井本熊男中佐の業務日誌)と答えている。

第二の下問については回答内容についての資料が見つからないが、英主力艦の来航は開戦後、現実に起こったことであり、英戦艦二隻〈プリンス・オブ・ウェールズ〉と〈レパルス〉のシンガポール進出がまだ確認されていない時期における発言であるので、天皇の指摘はきわめて重要である。先に引用した「兵棋に依る作戦計画御説明に関する件」においても「第一段作戦中若し米国主力艦隊が来航致しますれば、第三艦隊及南遣艦隊を残し聯合艦隊の大部を挙げて之を邀撃撃滅致します」とはあるが、英主力艦については全くふれていない。

これは一一月五日に発令された大海指第一号別冊「対米英蘭戦争帝国海軍作戦方針」に

おける「第一段作戦」構想のなかに英主力艦来航という想定がなされていないからである。当然、大海指第一号に基づく聯合艦隊命令作第一号（一一月五日付）にも英主力艦についての言及はない。大海指第一号別冊では「第二段作戦」において「英国の有力部隊来航せば第三艦隊、第四艦隊、南遣艦隊、航空部隊、潜水部隊等を機宜移動集中して偵察触接並に敵勢の減殺に努むると共に聯合艦隊の主力は米国艦隊の動静に応じ機宜英国艦隊を索めて之を撃滅す」（『ハワイ作戦』付録第五、五三八頁）とあるが、「第一段作戦」期間中に来航する可能性のある艦隊といえば「米国主力艦隊」としか考えられていない。

聯合艦隊司令部が英戦艦二隻のインド洋進出を確認したのは、天皇の下問があった九日後一一月二四日のことである（戦史叢書80『大本營海軍部・聯合艦隊〈2〉』四四頁）。一二月一日に発令された大海令第九号では、従来の「米国主力艦隊来航せば」という表現を改め「敵艦隊東洋方面に来航せば」とされた。

開戦論に傾斜する天皇

統帥部による戦争指導の見通しと具体的な作戦計画が出そろうにしたがって、天皇も次第に開戦論に傾斜していった。一〇月に入り近衛内閣の末期には明らかにその傾向が現われていた。のちに（大戦中）近衛は、富田健治（近衛内閣当時の内閣書記官長）に次のように述懐している。

……自分〔近衛文麿〕が総理大臣として陛下に、今日、開戦の不利なることを申し上げると、それに賛成されていたのに、明日御前に出ると「昨日あんなにおまえは言っていたが、それ程心配することもないよ」と仰せられて、少し戦争の方へ寄って行かれる。又次回にはもっと戦争論の方に寄っておられる。つまり陸海の統帥部の人達の意見がはいって、軍のことは総理大臣には解らない。自分の方が詳しいという御心持のように思われた。従って統帥について何ら権限のない総理大臣として、唯一の頼みの綱の陛下がこれではとても頑張りようがない（富田健治『敗戦日本の内側—近衛公の思い出』一九六頁）

この証言には、戦争を回避できなかったという近衛自身の弁解としての性格が多分にあるが、いまだ敗戦による戦争責任の懸念がない時期のフランクな発言であり、昭和天皇が次第に戦争の方へ傾斜していったことはたしかであろう。天皇は、一〇月上旬頃から周囲の者にも結局は戦争になるだろう、との見通しを語るようになっている。

一〇月九日、海軍の長老・伏見宮博恭元帥は永野軍令部総長と同様に、天皇に即時開戦の要ありと進言する。その時、天皇は必ずしも伏見宮の即時開戦論に同調しなかったが（『木戸幸一日記』下、九一三頁）「それにしても今少し待ちたい。結局やらなければならぬことになるだろう。私もその覚悟は致している」（一九四四年三月七日における伏見宮博恭王の岡田啓介への発言。高木惣吉『高木海軍少将覚え書』二一一頁）と答えたという。天皇は開戦の「覚悟」について発言したのである。もっとも、この発言は早期開戦論者・伏見宮の記憶によるものであるので、我田引水の傾向があるのではないかとの解釈もあろう。

しかし、同じ時期に天皇の「覚悟」を示す別の発言資料もある。たとえば天皇は、一〇月一三日には木戸内大臣を相手に

昨今の情況にては日米交渉の成立は漸次望み薄くなりたる様に思はるゝ処、万一開戦となるが如き場合には、今度は宣戦の詔勅を発することとなるべし。［中略］就ては今度宣戦の詔書を出す場合には、是非近衛と木戸も参加して貰って、篤と自分の気持を述べて、之を取り入れて貰ひたいと思ふ（『木戸幸一日記』下、九一四頁）

と宣戦布告の詔書の内容について相談している。詔書の起案には通常何ヶ月もかかるものではないので、この時点で宣戦の勅書をどうするかといったことを天皇が考え始めていたことは、ただ単に昭和天皇が用意周到であったということだけでなく、戦争という選択肢が天皇のなかで次第に有力なものになってきたことを示すものである。この時、さらに天皇は、木戸にたいして次のようにも言っている。

対米英戦を決意する場合には、尚一層欧洲の情勢殊に英独、独ソの和平説等を中心とする見透し及び独の単独和平を封じ日米戦に協力せしむることにつき外交々渉の必要あり。又、戦争終結の場合の手段を初めより充分考究し置くの要あるべく、それにはローマ法皇庁との使臣の交換等親善関係につき方策を樹つるの要あるべし（同前）

天皇はここではさらに踏み込んで、戦争になった場合、ドイツの単独講和を封じてドイツを日米戦争に協力させることやローマ法王庁を通じて外交交渉のチャンネルを確保することなど、戦争終結にいたる戦争指導の基本を確立すべきことを論じている。すでに天皇は、最終的には日本はドイツと一体となって対英米戦争に邁進するしかないとの覚悟を固めつつ、独自に戦争終結の方途について思案をめぐらしていたのである。この「戦争終結の場合の手段を初めより充分考究し置くの要」ありという天皇の指摘は、戦争指導の基本方針を確立せよという統帥部への強い要求である。この点をあいまいにしたままでは、天皇も最終的に戦争に踏み切れなかったのである。

4　天皇の意思を尊重しようとした東條英機

東條内閣の国策再検討

統帥部の開戦論が次第に具体的になるにしたがい天皇もそれに理解を示すようになり、独自に戦争指導の方針について検討するようになったが、やはり天皇が戦争を完全に決断するのは東條英機が首相に就任してからである。東條内閣の成立をもって開戦が決定的になったと論じられやすい。しかし、東條は独走して天皇に開戦を強要するようなことをせず、あくまでも天皇の意思に従おうとした。首相就任の直前のことであるが、武藤軍務局長や石井軍務課高級課員らがどんなことがあっても仏印撤兵問題は譲るべきではないと文書で東條陸相に進言すると「君達のこの名文は拝見しました。だが、私は天子様がこうだとおっしゃったら、はいと言って引き退ります」（『軍務局長　武藤章回想録』二六九頁）と言ってその案文をつき返したという。一〇月一八日、首相に就任すると東條はただちに陸軍省軍務局の下僚に国策再検討の研究を命じ、二三日以降三〇日まで大本営政府連絡会議は連日、開戦か臥薪嘗胆か国策の再検討をおこなった。

統帥部とりわけ参謀本部の作戦関係者は、徹底した主戦論者と見られていた東條が執拗に国策再検討を主張することに「節操ありや」「変節なり」と強く反発した。一〇月二一日、参謀本部部長会議はこのままでは作戦的好機を逸するとして「十月末日に至るもわが要求を貫徹し得ざる場合には、対米交渉を断念し、開戦を決意す」ることを改めて申しあわせた（大本営陸軍部第二〇班『大本営機密戦争日誌』）。東條は天皇の意思を盾にして和戦両様、すわち戦争準備を整えつつも外交交渉を継続することを強調し、対する統帥部は即時交渉うちきりと開戦決意をせまった。

国策決定のための大本営政府連絡会議を前にして一一月一日早朝、東條首相兼陸相は杉山参謀総長と会談したが、ここでも東條は天皇の意向をもちだして統帥部の即時開戦論をたしなめた。

昨夜各大臣と個別に会談して見たが、海相［嶋田繁太郎］、蔵相［賀屋興宣］、企画院総裁［鈴木貞一］は、何れも和戦両様論である。外相［東郷茂徳］の考えはよくわからない。何よりもお上の御心をよく拝察しなければならない。日露戦争とは比較にならね［ぬ］程の存亡の一戦である。今開戦を決意することは、到底お聞きとどけにならないと思う。統帥部の主張は止めはしないが、お上の御納得を戴くのは容易なことではない。開戦論［即時開戦論］は、お上はおきき届けにならぬとおもう（田中新一著、松下芳男編『田中作戦部長の証言』三〇〇頁）

これを記録した田中作戦部長も東條にとって「お上の御意志こそが、何物にも勝る絶対的のもの」であったとしている。あくまでも天皇の意思を尊重しようとする東條の姿勢は天皇にもよく通じており、戦後、昭和天皇も東條について「彼程、朕の意見を直ちに実行に移したものはない」（木下道雄『側近日誌』一四六頁、一九四六年二月十二日の項）と木下道雄侍従次長に語っている。このように東條は天皇の意思を盾にして（さらに正確に言えば、彼が天皇の意思だと信じた線にそって）統帥部とわたりあったが、実際の天皇の意向は、統帥部の説得によりこの時期にはかなり開戦論に傾いていた。

一一月一日の大本営政府連絡会議では、一六時間におよぶ討議の末、交渉不成立の場合には一二月初旬に武力発動をおこなうとする「帝国国策遂行要領」と対米交渉の甲案・乙案（南部仏印撤兵まで譲歩する）が決定された。この「要領」は一一月五日御前会議で国策として正式に承認された。天皇の動向に神経をとがらせていた大本営陸軍部第二〇班の『大本営機密戦争日誌』によれば、この前後の天皇の様子として次のように記録されている。

［一一月二日］御上のご機嫌うるはし、総長すでに御上は決意遊ばされあるものと拝察し安堵す。

［一一月四日］御上はきはめてご満足なりし由、これにて国家の決意ますます鞏し。結果は良好となれり。

［一一月五日］御上もご満足にて、ご決意ますます鞏固を加へられたるがごとく拝察せられたり。

天皇が機嫌よく満足そうにみえたのは、東郷外相らが主張したように南部仏印からの撤兵を許容した対米交渉乙案が事態を打開できるのではないかと判断してからであろう。しかしながら、同時に統帥部関係者が目ざとく見てとったように、天皇は乙案でだめなら開戦やむなしとの覚悟を固めたのである。

戦争終結のための国家戦略立案

すでに天皇は東條首相兼陸相が考えていたよりも明確に戦争への覚悟を決めていたが、東條は天皇がまだ不安にかられているのではないかとみて、御前会議終了後、ただちに武藤軍務局長と石井高級課員に対米英蘭戦争終結の腹案研究を命じた（松谷誠『大東亜戦争収拾の真相』一四頁）。どのように戦争を終結に導くか、戦争指導の基本方針を明確にして改めて天皇の安堵を得ようとしたのである。東條は重ねて天皇の意思にそうよう努めた。東條から腹案研究を命じられた石井は、海軍省軍務局第二課首席局員・藤井茂中佐と相談して腹案の原案をつくり、関係部署の承認を得たうえで、「対米英蘭蔣戦争終末促進に関する腹案」として東條に提出した。

一一月一五日、大本営政府連絡会議は、石井・藤井起案の「対米英蘭蔣戦争終末促進に関する腹案」を国策として決定した。この「腹案」は、太平洋戦争初期における日本の戦争指導の基本方針、すなわちどのようにして戦争を終わらせようとしたのかを端的に示すものである。まず、「腹案」では「方針」としての次の二点が掲げられている。

一　速に極東に於ける米英蘭の根拠を覆滅して自存自衛を確立すると共に更に積極的措置に依り蔣政権の屈伏を促進し独伊と提携して先つ英の屈伏を図り米の継戦意志を喪失せしむるに勉む

二　極力戦争相手の拡大を防止し第三国の利導に勉む（『杉山メモ』上、五二三〜五二五頁）

戦争をいかにして勝利に終わらせるか、その基本的な道筋が構想されているが、よく検討してみると、「方針」の一には、五つの課題が盛り込まれていることがわかる。すなわち、⑴英米蘭根拠地の占領、⑵占領地の開発（自給自足経済圏の建設）、⑶蔣介石政権の打倒、⑷独伊と協力してイギリスの打倒、⑸アメリカの戦意を喪失させること、である。これらのうち、究極の課題はやはりアメリカの戦意を喪失させることであり、その他はそのための条件である。課題を達成する手順としては、⑴占領から始まり、⑵開発に進むのと、⑷英打倒から進んで、⑸米屈服に終わるのはわかるが、⑶蔣政権打倒の位置は明確ではない。また、必ずしも⑵開発から⑷英打倒へ進むというわけではなく、⑵開発、⑶蔣政権打倒、⑷英打倒が全体として達成されれば、⑸米屈服に行きつけるだろうという見通しになっている。

戦争勝利のためのシナリオ

「腹案」ではこの「方針」につづき、「要領」として戦争勝利のための具体的な手だてが述べられている。それを要約すると次のようになる。

（１）米英蘭根拠地を占領して資源地帯・交通線を確保、長期自給自足の態勢をつくる。

（２）米海軍主力を誘い出して撃滅する。

（３）日独伊の三国が協力して英の屈服をはかる。

⑴　そのために日本はオーストラリア・インドと英本国との連絡を遮断する。また、ビルマ・インドの独立を促進する。

(2) 独伊を近東・北アフリカ・スエズ方面に進出させる。英本土封鎖を強化させ、状況有利ならば英本土への上陸作戦をやらせる。

(3) 三国がインド洋で連絡をとるとともに、海上作戦を強化し、英への物資の流れを遮断する。

(4) 日独伊の三国が協力して米の戦意を喪失させるようにつとめる。

(1) そのために日本はフィリピンを確保するとともに、米—濠をはじめアメリカの海上交通路を遮断し、米国世論の厭戦気分を盛り上げるような宣伝をおこなう。

(2) 独伊に対米海上作戦を強化させるとともに、中南米での工作をやらせる。

(5) 政戦略のあらゆる手段を強化して重慶政権の屈服をはかる。

(6) 独ソを講和させ、ソ連を枢軸側に引き入れる。

すなわち、この「腹案」のポイントは、日独伊の三国同盟が総力をあげてイギリスを屈服させ、またあわせて日本がアメリカ艦隊主力を撃滅することによりアメリカの戦意を喪失させる、という点にある。連合国側の弱点はイギリスにありという従来からの統帥部とりわけ陸軍の基本認識が色濃く反映されている。だが、日本が対イギリス軍事戦略としてできることは、シンガポール等の拠点占領、オーストラリアの封鎖、インドやビルマの独立促進という間接的なものに限られ、日本が直接にイギリス本国を降伏に追い込む決め手はない。よって、やはりイギリス打倒はドイツに頼らざるをえない。ここまでならば、天皇が納得しなかった九月六日御前会議の段階での統帥部の戦略見通しとまったく同じである。だが、天皇の安堵を得るために作成された「腹案」では、このあとに一工夫がされている。つまり、日本がドイツの戦力をイギリスに集中させる決め手を握っている、との新戦略が挿入されたのである。独ソ戦が継続する限り、ドイツがイギリス上陸作戦に踏み切る可能性は低い。そこで、独ソ両国にパイプをもっている日本が独ソ講和を斡旋し、ドイツの戦力をイギリスに集中させれば、早期にイギリスを屈服させることができる、というのである。

したがって、この「腹案」シナリオを前提にすれば、戦争の勝敗は、外交戦略的には独ソ講和斡旋＝ソ連のとりこみの成否という点にかかってくるのである。そして、ソ連をとりこみ、ドイツがイギリスを打倒し、さらに日本が重慶政権を屈服させ、さらにアメリカ海軍主力に打撃をあたえて強固な迎撃態勢を確立すれば、アメリカも打つ手がなく孤立しついには継戦意欲を喪失するであろうという見通しである。

開戦の聖断

この見通しの適否はともかく、統帥部は、「腹案」において独ソ講和斡旋という新戦略を挿入することによって、昭和天皇が一〇月中旬にかなり開戦を覚悟しつつ指摘した「戦争終結の場合の手段」について一応の見通しを提示した。また「腹案」には、戦争終結をはかるために「速に南米諸国、瑞典、葡国、法王庁に対する外交竝に宣伝の施策を強化す」と、天皇が提案したローマ法王庁を介しての外交交渉についても言及されている。統帥部は、天皇の意向も盛り込みながら、天皇の説得に成功したのである。

一二月一日御前会議において、開戦が最終的に決定され、ここにいわゆる「開戦の聖断」がくだされた。大本営は翌二日に、開戦日を八日と決め、出先部隊に連絡した。御前会議後、天皇は両総長にたいして「此の様になることは已むを得ぬことだ、どうか陸海軍はよく協調してやれ」（同前、五四四頁）と激励の言葉を与えたが、その際「竜顔［天皇の表情］いと麗しく拝し奉れり」と記録されている。九月六日御前会議の時点では外交優先を指示した昭和天皇ではあったが、その後、統帥部の具体的な作戦計画が出そろうにしたがって、一〇月には戦争を覚悟するにいたり、戦争終結の方策についても一応の見通しが示された一一月には、東條英機と統帥部を信頼して対米英蘭戦争を決断したのである。

二　天皇による積極作戦の要求

1　緒戦の戦況と戦争指導方針の転換

作戦計画のくり上げ要求

一九四一年一二月八日、太平洋戦争開戦の日、大元帥・昭和天皇は泰然自若としていたという。内大臣・木戸幸一は「国運を賭しての戦争に入るに当りても、恐れながら、聖上の御態度は誠に自若として些の御動揺を拝せざりしは真に有難き極みなりき」（『木戸幸一日記』下、九三三頁）と日記に記している。

日本軍の進攻作戦が、各方面ともおおむね順調に進展しているのを確認すると、天皇は、作戦計画の繰り上げの必要性を参謀総長に語っている。一九四二年一月六日における天皇と参謀総長・杉山元大将とのやりとりを再現してみよう。

天皇　南方作戦は既定計画より相当進度が早いようだが、計画を修正する必要はないか。

杉山　［実行が計画よりも進んでいる状況を説明し、「既定計画にも弾力性がある次第なれば、それで調整し、現実の戦局に吻合させせつつある」旨を回答］
天皇　第一期作戦後はどうなるか。
杉山　第一期作戦終了せば、爾後機を失せず、海軍作戦を主として、米豪遮断作戦ならびに印度洋作戦など、かねて申し上げましたる戦争終末促進の腹案に準拠する作戦に移ることにつき、目下検討中であります。
北方ソ連に対しては独伊の作戦により安固を図り、機会があれば外交的に独ソ和平に導き、作戦、外交、謀略面から総合的に具体的な検討を加え、その基本方略を確立致したいと考えております。
天皇　よろしい、それはすみやかにやれ。
（戦史叢書35『大本營陸軍部〈3〉』二九〇頁、原資料は田中新一作戦部長『業務日誌』および『業務日誌に基づく手記』）

杉山参謀総長は天皇の意見を参謀本部の部長会議において紹介し、南方攻略作戦終了後にとるべき作戦・謀略・外交の具体的方策を確立するように指示した。また、このやりとりからも分かるように、大元帥としての天皇は緒戦の戦果に浮かれてばかりいたわけではなく、次に打つ外交戦略についての検討を早々と指示している。

開戦直後の戦争指導方針

開戦前の一一月一五日決定の前掲「対米英蘭蔣戦争終末促進に関する腹案」によれば、(1)英米蘭根拠地の占領(アメリカ海軍主力の撃滅を含む)、(2)占領地の開発(自給自足経済圏の建設)、(3)蔣介石政権の打倒、(4)独伊と協力してイギリスの打倒(独ソ講和がその前提)、が達成されれば、アメリカの継戦意思を挫折させることが可能であろうという見通しであった。開戦早々、アメリカ艦隊主力に大打撃を与え、当面(1)については航空母艦を討ちもらしたものの概ね達成できたとみなされた。戦争指導上の問題は(2)以降をどのように実現するかであった。この「腹案」の見通しを前提とすれば、とりわけ独ソ講和については、イギリス屈服ひいてはアメリカ封じ込めの条件でもあるので、戦争指導の大局からすれば直ちに工作にとりかかって然るべきものであった。

戦争に突入すると日独伊三国は直ちに「共同行動協定」を締結し(一二月一一日)、各国の単独不講和を誓いあったが、日本は自らが望んでいた独ソ戦の終結については切り出すことができなかった。モスクワ前面でのドイツ軍攻勢頓挫の正確な情報が入手できず、まだ、統帥部の一部にはドイツがソ連を完全に打倒できるのではないかとの観測があったからである。それでも一二月一八日、杉山参謀総長は参謀本部の部長会議において「独ソ和平に関する仲介の件を検討するを要する」(松谷誠『大東亜戦争収拾の真相』二二頁)と発言している。「腹案」をそのまま実施にうつしていこうという観点からの発言である。前にも引用したように、翌一九四二年一月六日にも、杉山は「機会があれば外交的に独ソ和平に導き」たいとの上奏をおこない、天皇も「よろしい、それはすみやかにやれ」と答えている。一月一〇日の大本営連絡会議でも、前記「腹案」に基づく施策強化が決定されている。開戦直後の時点では、天皇も統帥部首脳も本気で独ソ講和斡旋を考えていたのである。天皇は、二月一〇日、東條首相に戦争の終結について「遺漏のない対策を講ずる様にせよ」(『木戸幸一日記』下、九四五頁)と指示、一二日にも木戸内大臣にも同様な指示をして、軍事面だけでなく外交的施策をさらに強化することを要求した。

ところが、一九四二年二月中旬以降、南方作戦成功の見通しが明らかになると、天皇や統帥部首脳の判断とは異なり、統帥部の中堅幕僚層や出先軍司令部のなかには、緒戦の予想以上の戦果に乗じてさらなる軍事的収穫をおさめようとする衝動が強まった。すなわち、海軍は米濠遮断からオーストラリア進攻へ、陸軍はビルマ占領からインド・インパール方面への進攻へとそれぞれ計画を膨張させ始めたのである。また、緒戦の戦果により発言権をつよめた聯合艦隊司令部は、航空母艦と基地航空部隊の機動性を背景に、既定作戦計画の枠を大きく逸脱したオーストラリアやインド洋への進攻作戦を次々に提案し、東京の統帥部を引きずり始めた。天皇も統帥部もあえて聯合艦隊の独走を抑えようとはせず、その行動を追認した。

かくして統帥部では、独ソ講和斡旋問題は、ドイツの一九四二年夏季攻勢の結果を見てからということになり、当面は積極攻勢を継続することで固まっていった。進攻作戦の順調な進展のために、強気になった統帥部・出先司令部に引きずられる形で、日本の戦争指導方針は開戦後三ヶ月ほどで早くも変更されつつあった。

戦争指導方針の転換

一九四二年三月九日、大本営政府連絡会議は今後の戦争指導の基本方針を確立すべく「世界情勢判断」とそれにもとづく「今後採るべき戦争指導の大綱」を決定した。ここでは、当分、独ソ講和斡旋も重慶政権打倒工作もやらないことが決められ、「腹案」で決定された戦争指導方針がかなり変更されたことが分かる。「大綱」の全文は左の通りである。

今後採るへき戦争指導の大綱

一　英を屈伏し米の戦意を喪失せしむる為引続き既得の戦果を拡充して長期不敗の政戦態勢を整へつ機を見て積極的の方策を講す

二　占領地域及主要交通線を確保して国防重要資源の開発利用を促進し自給自足の態勢の確立及国家戦力の増強に努む

三　一層積極的なる戦争指導の具体的方途は我か国力、作戦の推移、独「ソ」戦況、米「ソ」関係、重慶の動向等諸情勢を勘案して之を定む

四　対「ソ」方策は昭和十六年十一月十五日決定「対米英蘭蔣戦争終末促進に関する

腹案」及昭和十七年一月十日決定「情勢の進展に伴ふ当面の施策に関する件」に
拠る
但し現情勢に於ては独「ソ」間の和平斡旋は之を行はす
五　対重慶方策は昭和十六年十二月二十四日決定「情勢の推移に伴ふ対重慶工作に関
する件」に拠る
六　独伊との協力は昭和十六年十一月十五日決定「対米英蘭蔣戦争終末促進に関する
腹案」の要領に拠る（前掲『大本營陸軍部〈3〉』五一七頁）

この「大綱」一～三と六に関しては従来方針とだいたい同じである。しかし、四の対ソ方策については「腹案」等に拠るとしつつも、「現情勢に於ては独『ソ』間の和平斡旋は之を行はす」と従来とはまったく異なる方針が挿入された。この点に関しては三月十三日、首相・両総長は天皇にたいして次のように上奏している。

尚独「ソ」間の和平に関しましては現情勢に於きましては到底其妥結は不可能と認められまするのみならず此際之か斡旋を試みまするることは却て日独の関係を悪化し日「ソ」の関係に紛糾を起す危険もありますので差当り我より進んで之を行ふことなきを明かにしたのであります（同前、五二二頁）

独ソの講和は「到底其妥結は不可能」で「却て日獨の関係を悪化し日『ソ』の関係に紛糾を起す危険」があると強調されているが、これが外務当局の判断ではなく統帥部主導の転換であることはたしかである。なぜなら、「大綱」を審議した三月七日の連絡会議でわざわざ東郷外相が独ソ講和促進を提議しているからである（『大東亜戦争収拾の真相』二二頁）。

また、重慶政権への戦略・工作については「大綱」五ではその変化がいっこうに分からないが、一三日の上奏においては次のように説明されており、この点についても方針転換は明らかである。

> 対重慶施策は既に［一二月二四日］大本営政府連絡会議に於て決定を見ましたる方針即ち「帝国の獲得せる戦果と彼の致命部に対する強圧とに依る重慶側の動揺に乗し適時諜報工作より屈伏工作に転移す　其時機方法等は大本営政府連絡会議に於て決定す」に準拠すへきを明かにしました
> 尚現在予期以上迅速に「ビルマ」作戦か進展し「ラングーン」も既に陥落し重慶側に相当の影響を与ふへきを予想せられまするか過早に我より進んで右屈伏工作を開始しまするは却て逆効果を生するの虞れか大てありまするので別に定めらるる時機迄は之を行はさるやう致したいと存します（前掲『大本營陸軍部〈3〉』五二二頁）

「大綱」本文ではあいまいになっているが、この上奏の後半部分にあるようにビルマ作戦が順調に進展し、結果的に援蔣ルート遮断が徹底しつつあるので、あえて重慶工作はおこなう必要なしというのである。むしろ、統帥部内では政治工作よりも純粋な軍事作戦によって決着をつけようとする動きが強まりつつあった。

三つの要因

このように、統帥部によって独ソ和平工作も重慶工作も当面は手をつけないという新方針が打ち出された背景には、(1)統帥部が緒戦の戦果で強気になり、外交工作よりも武力戦によるさらなる成果拡大を企図しだしたこと、(2)「関特演」以来、陸軍統帥部内に好機をみて対ソ進攻作戦を実施しようとする意図が継続しており独ソ戦の終結を望まなかったこと、(3)当面、ドイツに対ソ戦終結の意図がなかったこと、などが考えられる。それぞれについて少し説明しておこう。

まず、方針転換の第一の要因は、すでに述べたように、緒戦において予想以上のスピードで戦果があがったので、さらに積極作戦を連続して展開することにより、イギリス・アメリカと蔣介石政権にさらなる圧力を加えられるとの判断が統帥部において支配的になったことである。その背景には、統帥部が、戦争を始めてみて従来以上にイギリス・アメリカの戦争遂行能力を過小評価したことがあげられる。「大綱」決定の前提となった「世界情勢判断」のなかにある「米英戦争遂行能力の綜合的観察」においては、

米英合作の綜合戦争遂行能力は強大にして我に対し優勢なる戦力を急成し且長期に亘り戦争を遂行し得る能力を有す　其の戦意も亦一般に旺盛なるものあり（同前、五〇

六頁）
としつつも、「幾多の脆弱点を包蔵しあり」として、アメリカ・イギリスの戦争潜在力の強大さを打ち消すように多くの弱点を指摘した。これらは開戦直後における統帥部の対英米観の特徴をよく示している。その「脆弱点」とは次のようなものである。

1　人的戦力は物的戦力に伴はさるへし
2　物的戦力膨大なるも米英特に米の政治経済機構は今尚国家総力戦に必要なる臨戦態勢を整備し居らす　之か確立には今後幾多の摩擦紛糾を生すへし
3　優勢なる軍備を有するも之か進攻拠点の喪失は其の価値を大いに減殺す
4　英の戦争遂行能力は海上輸送力に依存するところ大なり
5　米の海上輸送能力は国力に比し貧弱にして援英に徹底し得す
6　米英の遮断分離か其の戦争遂行能力に及ほす影響は日独間遮断分離の比にあらす
7　英国は自治領植民地等との遮断分離により遂に崩壊を来す虞あり
8　米英国民は生活程度高く之か低下は其の頗る苦痛とするところにして戦捷の希望なき戦争継続は社会不安を醸成し一般に士気の衰頽を招来すへし　殊に英の敗戦か米に及ほす影響は極めて大なり
9　米英の結合は自然なるも米英「ソ」の提携は不自然にして其間幾多の矛盾を有す
10　「ルーズベルト」、「チャーチル」の政策は動々もすれは投機冒険に堕し国民必す

しも其の指導に悦服し居らす(同前、五〇六頁)

すなわち、アメリカ・イギリスは資源が豊富で工業力も強大であるが、人口がそれに比例して多いわけではないし、個人主義と民主主義政治体制は、急速な戦時体制の強化にはなじまない。また、緒戦におけるドイツ・日本の攻勢作戦によって、イギリス・アメリカは反撃のための拠点を喪失したので、軍事力を配置する場所に困っている。さらに、イギリスの最大のネックは海上輸送であるが、頼みの綱のアメリカの海上輸送力は国力に比して貧弱である(一九四一年においてアメリカのGNPは日本の一二倍であるが、商船建造量は五倍にとどまっていた)。したがって、ドイツのUボート戦によってイギリスとアメリカの海上交通路が絶たれ、さらに日本・ドイツ・イタリアが共同してイギリス本国と植民地との連絡を遮断すれば、イギリスの崩壊は必至である。また、アメリカ・イギリス国民はぜいたくな生活になれているので、戦争が長引けば苦痛に耐えかねて精神的に崩壊するだろう。とくにアメリカにはその可能性が大きい。また、アメリカ・イギリスはソ連を取り込んでいるように見えるが、ソ連とはそもそも相容れないので、いずれ分裂するだろう。ルーズベルトやチャーチルの人気もたいしたことはない。統帥部が判断したアメリカ・イギリスの「脆弱点」とはこのようなものであった。

日本の統帥部とりわけ陸軍は開戦前よりアメリカ・イギリス国民の精神力を過小評価していたが、その見方は戦争に突入して改められるどころか、むしろ強められることとなった。「脆弱点」8の「戦捷の希望なき戦争継続は社会不安を醸成し一般に士気の衰頽を招来すへし」という見方は、それを端的に示している。米英の戦争遂行能力にたいする過小評価は、開戦直後に頂点に達していた。それが、更なる進攻作戦を企図させる重要な要因となったのである。

戦争指導方針の変更、とりわけ独ソ講和斡旋とりやめの第二の要因は、陸軍統帥部が独ソは当分戦わせておいた方がよいと判断し始めたことである。これには、さまざまな思惑が交錯している。田中新一作戦部長は、北方（ソ満国境）の安全をはかるため独ソは当分戦わせておいた方がよい、との考えを部下に示したとされているが（種村佐孝『大本営機密日誌』一五七頁）、むしろ本音は、南方作戦終了後に、「関特演」以来準備を秘密裏に進めてきた対ソ進攻作戦を発動するためにはソ連を可能な限り疲弊させておいた方がよい、という点にあったのであろう。国家戦略としてのコンセンサスは得られていなかったが、南方作戦が一段落したら好機を見て「北方攻勢」にでるというのが、陸軍統帥部の腹案であった。前にみたように、一九四一年一〇月二〇日に参謀本部作戦課が作成した御下問奉答資料「対英米蘭戦争に於ける初期及び数年に亘る作戦的見透しに就いて」にも次のようにある。

対米英蘭作戦一段落後に於ては引続き米、英、蘭に対する持久戦を予期せざるべからず尚此間支那に対しては事変処理の完遂を期すると共に蘇国に対しては極力其参戦を

防止し状況最悪の場合に於ては所要の兵力を以て対蘇開戦し北方の不安を除去すること
とあるを予期せざるべからず（参謀本部第二課『昭和十六年　上奏関係書類綴』巻一所収）

表向きには「北方静謐の確保」と言いながらも、陸軍統帥部は関東軍に膨大な精鋭部隊をはりつけておいた。「関特演」にともない八〇万まで膨張した関東軍・朝鮮軍の兵力も南方作戦の実施にともない航空部隊など一部が抽出されたが、作戦の一段落にともない再び増強され、四二年春〜夏には地上部隊については「関特演」時とほぼ同等の規模にまで回復した。陸軍統帥部の中には好機さえあれば対ソ進攻作戦を実施しようという動きが絶えていなかった。よって、ソ連が余力を残したままで独ソが講和するという選択は内部から相当の抵抗があった。これが講和斡旋とりやめへの強力な圧力となったことは確実である。

方針転換の第三の要因は、当面ドイツが講和斡旋に乗りそうになかったことである。開戦直後から、政府は大島駐独大使を通じて独ソ講和の可能性について打診させていたが、四月八日、大島大使は独ソ単独講和は実現性なしと返電してきた。それどころか、ドイツは日本統帥部に一九四二年夏季攻勢（コーカサス方面）において必ずソ連に大打撃を与えるので日本も対ソ参戦してほしいと要請してきたのである（五月二九日）。ドイツは七月にもリッベントロップ外相が大島大使に対ソ参戦を要望してきた。東郷外相は、佐藤尚武駐ソ大使を通じて、講和斡旋工作をおこなおうとしていたが（東郷茂徳『時代の一面　大戦外交の手記』四三二頁）、講和どころかドイツが対ソ参戦を要求してくるにおよび当面打つ手を失ってしまった。

かくして日本の戦争指導の基本方針は、緒戦の戦果に幻惑され強気になった統帥部の主導で、さらなる武力戦による戦果拡大によって戦争終結をはたそうとする方向へと転換された。天皇も統帥部首脳もこの重大な転換を、緒戦勝利の雰囲気のなかで承認していってしまうのである。

2　フィリピン戦にたいする天皇の作戦督促

初期フィリピン戦のつまずき

天皇は、開戦前に立案した「腹案」の線にそった外交戦略の展開を督促しつつ、進展中の作戦についても、それがはかばかしくないと見るや、直ちに積極作戦をうながした。

緒戦期において、日本軍の攻勢作戦が順調に進展している中で、唯一難渋していたのが要塞化されたフィリピン・バターン半島とコレヒドール島の攻略であった（図6参照）。もともとこれらの要塞にたいする研究が不足していた大本営陸軍部と南方軍（司令官・寺

図6　東南アジア戦域図

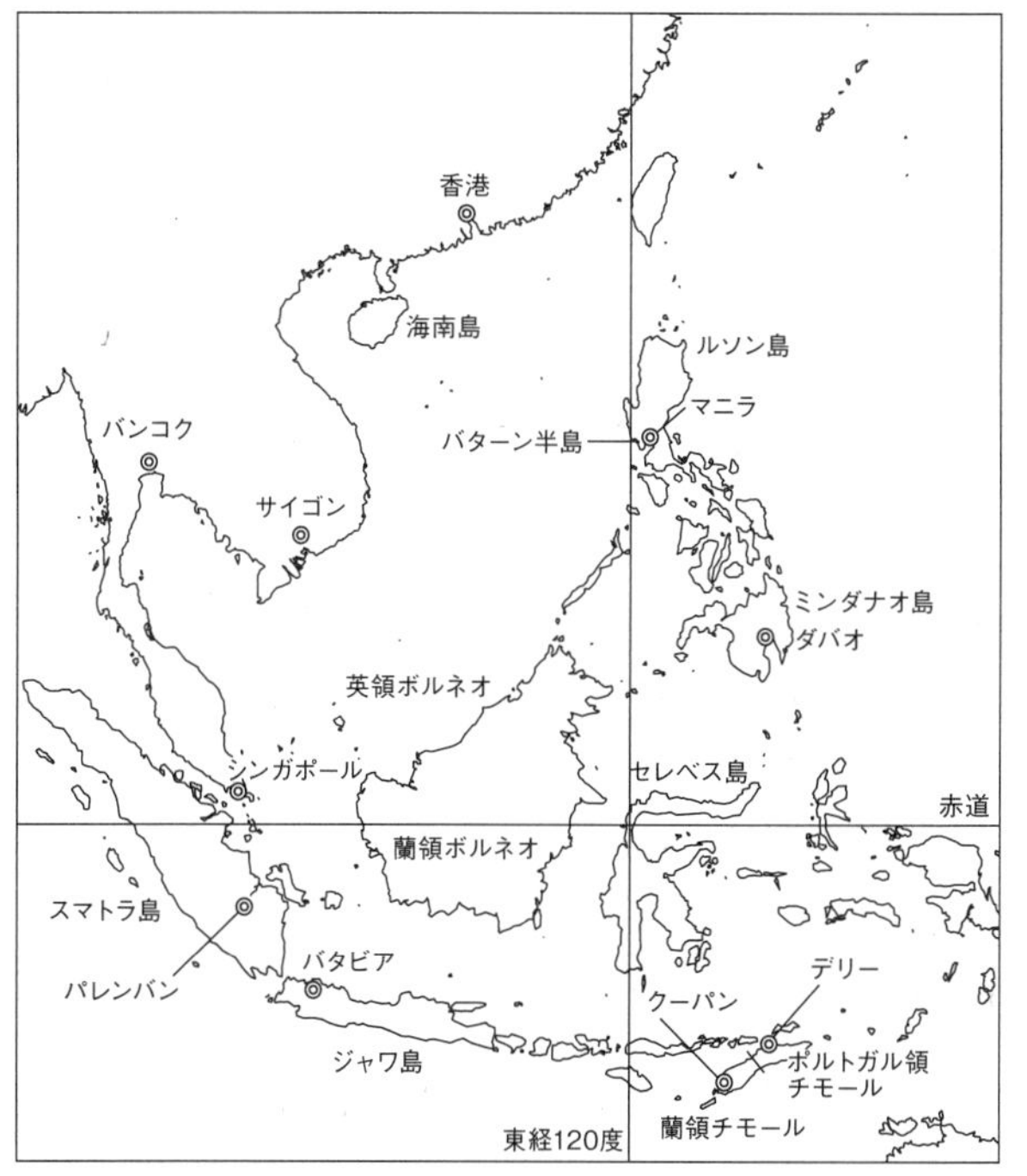

香港
海南島
ルソン島
マニラ
バターン半島
バンコク
サイゴン
ミンダナオ島
ダバオ
英領ボルネオ
シンガポール
セレベス島
赤道
蘭領ボルネオ
スマトラ島
パレンバン
バタビア
デリー
クーパン
ポルトガル領
チモール
ジャワ島
東経120度
蘭領チモール

内寿一大将）は、一月二日のマニラ占領をもってフィリピン戦線は残敵掃討の最終段階に入ったと判断し、攻略にあたっていた第一四軍（司令官・本間雅晴中将）から第四八師団と戦車一個聯隊、第五飛行集団などを抽出し、早々とそれらを蘭領東インドとビルマ戦線に転用することを決めてしまった。

第一四軍は、陸戦力としては第一六師団（京都）・第四八師団（台湾）・第六五旅団と戦車二個聯隊を基幹とし、およそ四万九〇〇〇名の兵力を有していたが、その歩兵戦力のおよそ四割と戦車の半分、航空兵力の大部分を抽出され、きわめて不十分な態勢で米比軍約八万がたてこもるバターン要塞を攻撃しなければならなかった。

第一四軍はとりあえず、一月九日より第六五旅団（旅団長・奈良晃中将、兵力六六五一名）をもってバターン要塞を攻撃させたが、第六五旅団は警備兵力として開戦直前の一〇月八日に臨時編成された部隊で、訓練も十分でなく、米軍の圧倒的な砲兵火力の前に、たちまち苦戦に陥った。一月一三日、天皇は杉山参謀総長にたいして「バタアン攻撃の兵力は過小ではないか」（前掲『大本營陸軍部〈3〉』三〇四頁。原資料は田中『業務日誌』）と下問した。陸軍統帥部としては、自らが兵力を転用させた直後であるので、これは手痛い質問だった。ここで、新たな兵力を増派することは、統帥部の判断の誤りを認める結果となるので、大本営も南方軍も兵力過少の第一四軍をひたすら叱咤激励してバターン要塞を力攻させた。だが、有力な攻城兵器をもたない第六五旅団の損害は大きく、攻撃は一月一九日、ついに頓挫した。

一月二一日、第六五旅団苦戦の状況を憂慮した天皇は「バタアン半島の攻略のため現兵力で十分なのか、兵力増加を必要としないか」と再度下問した。これに対し、参謀総長は次のように回答している。

バタアン半島の地形があたかも小田原、箱根のごとき地形である関係上、作戦の進捗が遅れております。兵力を増加するも地形の関係上これを用いる余地がありません。兵力については砲兵兵力を控置しておりますし、第十六師団は現に一コ聯隊をマニラその他に残置し、残敵の掃討に当らせております。従ってこれ以上兵力増加もさほど必要ではありません。

もっともバタアン、コレヒドールが残るとしても、南方作戦全体の障害とはならず、むしろ志気上の関係が重視せられます。いずれにしても無益の犠牲を払わぬようにすることが必要と存じます(同前、三〇七頁、原資料は田中『業務日誌に基づく手記』)

天皇の再度の下問にたいしても陸軍統帥部は、兵力増派の必要性をなかなか認めようとしなかった。参謀本部は、フィリピンでの米比軍の抵抗力を明らかに過小評価していた。そして、兵力派遣の代わりに陸軍統帥部がおこなったのは、天皇が事態をいたく憂慮している旨を南方軍と第一四軍に緊急打電することであった(戦史叢書2『比島攻略作戦』二八五頁。原資料は田中『業務日誌に基づく手記』)。「天皇の御軫念(心配)」という電報の効果は絶大で、第一四軍は第六五旅団に、急遽、第一六師団の主力を加えて、翌二二日よりバターン攻撃を再開させた。統帥部は、現地軍に兵力や弾薬・食糧を送れない時、あるいは送りたくない時、しばしば天皇の「御嘉賞の御言葉」や「御軫念」を打電して、将兵に物的戦力以上のものを発揮するよう要求した。

このバターン第一次攻略戦の場合も、米軍の防御火力の前に遮二無二突進した日本軍の損害は予想以上に大きく、第六五旅団は、一月二四日までに総兵力の二八パーセントにあたる一八五二人の死傷者をだし（同前、二八一頁所収の損害表から算出）、すっかり攻撃能力を失ってしまった。この結果、一月二九日、第一四軍はバターン攻略の失敗を大本営に報告せざるをえなかった（さらに二月八日までに第一六師団もあわせて七〇〇四名の死傷者をだした）。もはや、現地軍には打つ手がなくなってしまったのである。これは、明らかに陸軍統帥部の判断ミスからくる大きな失敗であった。

兵力増強を要求

陸軍統帥部は、天皇に兵力派遣の必要なしと回答してきたものの、実は内部では、一月二一日の二回目の下問を契機として、やはり兵力の増派が必要ではないかと検討を始めていた。そして、第一四軍の攻略失敗後、二月八日に、上海に大本営直轄部隊として待機させてあった第四師団（大阪、師団長・北野憲造中将）のフィリピン派遣を内定する。大本営と南方軍は、今度は慎重に攻略する方針をたて、四月上旬を目標に兵力を集中させることとした。しかし、天皇は、日本軍が苦戦していることを米軍が海外放送でさかんに宣伝することを憂慮したようで、その後もしばしば早期攻略をうながした。

二月九日には、杉山参謀総長と

お上　今度の第十独立守備隊は何処へやるのか　あれは直く比島にやるのか

総長　之から編制し訓練をして更に隊長の掌握下にしつかり入つた後でなければあちらにやることは出来ません　第六十五旅団を直く持つて行つた結界［果］はあの通りて苦い経験を再ひ掌［嘗］めない様にしたいと思ひます（『杉山メモ』下、二三頁）

とのやりとりをしている。この第一〇独立守備隊（隊長・生田寅雄少将、兵力定員三七三三名）は、占領地警備のために、二月一六日に名古屋と京都で編成が予定されている部隊であった。この問答からも明らかなように、参謀総長は、第六五旅団の失敗を率直に認めざるを得なかったが、天皇が質問した第一〇独立守備隊を具体的にどうするかは答えられなかった。

問題の第一〇独立守備隊は、天皇の督促どおり四月上旬にフィリピンに派遣された。緒戦順調な中で、バターン半島の苦戦は、天皇にとって非常に気になる問題であった。大本営陸軍部と南方軍は、思いもかけないバターンの苦戦に困惑したが、蘭領東インドやビルマ作戦の準備と作戦指導に忙殺されており、なかなか天皇にバターン攻略の見通しを示すことができなかった。

そのためこの後も、フィリピンに対する早期攻略を促す天皇の発言は続いている。二月二〇日には杉山参謀総長に「バタアンは将来いかにするか」(『大本營陸軍部〈3〉』四〇九頁。原資料は田中『業務日誌』、井本熊男作戦課員『業務日誌』)と聞き、この時、総長が「目下研究中で計画策定次第申し上げます」と答えると、さっそく二月二六日には「バタアン攻撃計画はまだできないのか」(同前、四一二頁。原資料は田中『業務日誌』)と攻略促進をかさねて督促している。

二月一六日、シンガポール陥落が伝えられると天皇は「天機殊の外麗しく」「全く最初に慎重に充分研究したからだとつく〴〵思ふ」(『木戸幸一日記』下、九四六頁)と言い、バンドンのオランダ軍降伏、ビルマ方面でもラングーン陥落の報に接した三月九日には「竜顔殊の外麗しくにこ〳〵と遊され『余り戦果が早く挙り過ぎるよ』」と「真に御満悦の御様子」(同前、下、九四九頁)であった。しかし、天皇もこういった情況をただ喜んでばかりいたのではない。戦線の拡大にともない天皇の下問もますます多岐に及ぶようになった。

3　占領地行政・外交・作戦、多岐に及ぶ天皇の発言

戦争継続＝南方占領地開発に意欲

日本軍の攻勢作戦が順調に進展している間は、バターン攻略戦に関して以外は天皇の作戦にたいする発言は比較的少なく、むしろ占領地行政と外交関係の発言が目立っている。一九四二年二月一二日、天皇は、総理大臣・東條英機にたいし次のように語っている。

戦争の終結につきては機会を失せざる様充分考慮し居ることとは思ふが、人類平和の為にも徒に戦争の長びきて惨害の拡大し行くは好ましからず。又長引けば自然軍の素質も悪くなることでもあり、勿論此問題は相手のあることでもあり、今後の米英の出方にもよるべく、又独ソの間の今後の推移を見極めるの要もあるべく、且又、南方の資源獲得処理についても中途にして能く其の成果を挙げ得ない様でも困るが、それ等を充分考慮して遺漏のない対策を講ずる様にせよ（『木戸幸一日記』下、九四五頁）

ここで天皇は、戦争の早期終結を東條首相に指示したわけだが、「長引けば自然軍の素質も悪くなる」と言いつつも「南方の資源獲得処理についても中途にして能く其の成果を挙げ得ない様でも困る」と戦争継続＝占領地開発にかなりの意欲を示している。翌二月一

三日にも、杉山参謀総長が英領ボルネオの石油産出量について説明すると、

お上　それは非常に結構だが、すぐ使へるか。

総長「セリヤ」の油に就ては、今迄余りよく知られて居りませぬので、今すぐ使へるか使へぬか委しいことは解りませぬが、自動車には使へると言ふことで御座います。

「タラカン」の油は、すぐ使へると言ふことであります。

と、石油確保に大いに関心を示している（『杉山メモ』下、二六頁）。

ところで、バターン半島攻略に関して、天皇がくり返し督促していた頃、陸軍統帥部はフィリピンから兵力をひきぬいてビルマへの進攻作戦を予定をくり上げて実施しようとしていた。天皇は、ビルマ戦線についても注目し、二月二六日には参謀総長にたいして、「二月九日の第十五軍に対する南方軍の命令は、マンダレーまで行くことになっているが、果して行けるか」（『大本營陸軍部〈3〉』四三五頁。原資料は田中新一作戦部長『業務日誌』および『業務日誌に基づく手記』）と質問している。天皇も同時に多方面に目を配って統帥部に注意を与えていることが分かる。また、天皇が、天皇の名において発令される大本営命令だけではなく、南方軍が隷下の第一五軍部隊に発した命令にも目を通し、ポイントをおさえていたことを示している。天皇には毎日、大本営陸軍部と同海軍部より別個に戦況が報告されており、各地で戦況活発な場合には当然、天皇の下問も多岐におよんだのである

（天皇への戦況上奏の量と質については、第Ⅳ章第2節であらためて検討する）。

重慶攻略作戦の提案

また、統帥部も天皇から質問されたり、指示された以上、何もしないわけにはいかなかったし、天皇の言葉を利用して一挙に作戦を推進しようともした。五月二九日、南方作戦も一応終了したので（南方軍総司令官・寺内寿一大将は五月一八日をもって作戦任務完了を報告していた）、天皇はこの機会に

何とかして支那事変を片付けることを考えないか、占拠地域の治安維持の問題も大事であろうが。第十六師団は満洲にやらぬでもよくはないか（戦史叢書59『大本営陸軍部〈4〉』一九九頁。原資料は田中新一作戦部長『業務日誌』および『業務日誌に基づく手記』）

と杉山参謀総長に下問した。天皇は、陸軍統帥部がフィリピンにいる第一六師団を満州に駐屯させようとしていることにたいし、中国戦線に兵力を集中して一挙に膠着状態を打開せよと指示しているのである。参謀総長は、場合によっては第一六師団を中国に転用することを考慮中であるとした上で「支那方面が軽視とならぬことには十分注意しております」と答えている。当時、陸軍統帥部内では西安作戦を検討中であったが、この天皇の言葉に励まされ、参謀本部首脳（杉山総長や田辺次長ら）は、この際、重慶攻略作戦（五号作戦と呼称）をおこなうべきだと言い始めた。そして、その効果を疑問視して渋る下僚を叱

咤して六月一日より検討を始めることにしたのである。天皇の言葉が重慶作戦を現実のものにしつつあったといえる。

アメリカ人捕虜問題

また、アメリカ人捕虜問題についても、天皇は指示を出している。四月一八日、アメリカ軍はドゥーリットル部隊B25爆撃機一六機による日本本土空襲をおこなったが、その後、中国占領地に不時着した一部の米機の搭乗員八名が日本軍の捕虜となった。威信を傷つけられた統帥部のなかには、この捕虜を厳罰に処すべきだとの意見があった。この動きが天皇の耳に入ったようで、五月六日、「俘虜は丁寧に取扱いせよ」との言葉を侍従武官長・蓮沼蕃大将を通じて参謀次長・田辺盛武中将に伝えさせた（種村佐孝『大本営機密日誌』一五八〜一五九頁）。これは、戦勝感からくる余裕であると同時に、捕虜を日露戦争の時のように丁重にあつかうことにより、明治天皇のごとくありたい、という昭和天皇の願望をあらわしているように思われる。しかし、明治天皇が発した日露戦争の開戦の詔勅には、国際法を遵守しつつ総力をあげて戦えという旨の一節があるにもかかわらず、昭和天皇が発したアジア太平洋戦争開戦の詔書には、それに該当する部分がなく、捕虜の保護をふくめての国際人道法を遵守すべきであるとの観念が日本軍全体に欠如していたことも確かである。

また、天皇は、五月九日には、朝鮮への徴兵令施行にかんして、東條首相兼陸相に「参政権の問題は惹起せざるや」(『木戸幸一日記』下、九六一頁)との質問をしている。大元帥であり、かつ統治権の総攬者である天皇の一定のバランス感覚をしめすものであろう。

南方軍政全般にたいする下問と奉答

天皇は、五月二六日にも、参謀総長にたいして

ポルトガル領チモールに軍政をやっているというが、どうか。

比島の戡定(かんてい)作戦はどうなっているのか。

ジャバのオランダ人役人一〇〇人が抑留されているというが、どうするのか。

空襲米人俘虜の取扱はどうするのか(『大本営機密日誌』一六三頁)

との下問をしている。総長にはどれもすぐには回答しがたい難問だったので、南方の一般情勢について改めて上奏することにして引き下がった。参謀本部第二課(作戦課)では急遽「南方占領地域の現状と兵力運用に就いて」(参謀本部第二課『昭和十七年 上奏関係書類綴』巻一其二所収)を作成し、五月二九日に上奏した。

この上奏では「第一　治安及び軍政の現況に就て」において、マレー・スマトラ地区では「僅かに残存せる敗残兵共産系華僑等の粛正竝皇軍の威武を普遍せしむる等の為目下広く分散配置をとつて居ります」、天皇の下問があったフィリピン地区についても「未だ呂

宋島の中南部以外の治安の確立を見て居りませんが当分相当の兵力を保有し得而も着々戡定作戦の遂行中であります」といった状態で、部分的にはかなり治安粛正に苦労していることが語られている。また、この上奏文には、占領地住民にたいする統帥部の評価が随所におりこまれていて興味深い。地区別にまとめてみよう。

マレー「原住民たる馬来人は頗る従順で御座いますが全くの無気力で万事消極的で御座います又印度人は華僑に追随して居る様な次第で御座います」

ボルネオ「住民中には今なお相当英、蘭依存の風潮が強くありますので今後是正に努力を要する」

ジャワ「原住民でありまする『インドネシヤ』人は多年和蘭の無力化的政策の為直ぐには役に立ちませんが漸次教化して行き度いと考えて居ります」

ビルマ「緬甸人一般の対日感情は極めて親日的でありまして今度の緬甸作戦に於て屢々見受けられました様に或は情報の収集に当り或は敗残兵狩りを為し、又皇軍の進む所簞食壺漿して之を迎ふると云った状況でありまするので治安は急速に平静化するものと期待致して居ります」

フィリピン「比律賓将来の統治上最も考慮を要しまする点は比律賓人特に青年層に軽薄な亜米利加文化が相当浸潤して居りまする一事で御座います」

この統帥部による住民評価によれば、ビルマはともかく、占領地行政の前途ははなはだ容易でないことが感じられる。

ところで、天皇が下問している「ジャバのオランダ人役人一〇〇人」の件については、

爪哇島の治安は迅速に恢復致しまして四月下旬蘭人上層官吏等約二千名以上を検束抑留致しました後は住民の皇国に対しまする観念もはっきり致しまして諸施策総て順調に進んで居ります

とあり、検束勾留しているオランダ人官吏の数が実際には一〇〇人どころではなく、「約二千名以上」にも達していることを明らかにしている。

チモール問題に注目

また、同じく、天皇が質問したチモール問題について「南方占領地域の現状と兵力運用に就いて」は、

「チモール」島の軍政は海軍に於て担任することになって居りまするが其の防御は兵力の関係上又濠洲に最も近く同方面よりする敵の恢復攻撃をも考慮し目下の所主として陸軍に於て担任することとし、之か攻略に当りました第三十八師団の一部を残置致しております

本島は未だ資源的に見るべきものがありませぬのみならす農業にも適せざる荒寥たる土地でありまして土民亦全く無学文盲でありますので軍の現地自活は目下の所殆ど期

待し得ないものと存ぜられます

としている。天皇がチモール島にこだわったのにはそれなりの理由がある。チモール問題は、この時期、大本営と政府の間で紛糾した事件であった。当時、チモール島は、西半分は交戦国オランダの領土であるが、東半分は中立国ポルトガルの領土であった（前掲図6参照）。問題は、このポルトガル領チモールに海軍が航空基地を推進しようとしたことから始まった。海軍とりわけ軍令部は、既定の蘭領チモール占領につづいて、オーストラリア空襲のための基地としてポルトガル領チモールへの進駐（占領）を強く主張した。政府とりわけ東條首相と東郷外相は、ポルトガル領チモール進駐（占領）は、新たにポルトガルを敵にまわしてしまう恐れがあるとこの作戦に反対した。

すでに一月二七日、チモールをめぐる軍令部と政府との角逐について天皇は木戸に話をしている（『木戸幸一日記』下、九四二頁）。案の定、翌一月二八日の大本営政府連絡会議においても、東條首相と永野軍令部総長は衝突した。結局、二月二日の連絡会議において、外交交渉によってポルトガルの了解のもとに陸軍部隊が進駐、航空基地は海軍が設定し、作戦終了後は撤退するということでようやく海軍統帥部と政府の話し合いは決着した。この決定に基づき、二月二〇日、陸軍の東方支援と海軍陸戦隊が、チモール島のクーパン（オランダ領）とデリー（ポルトガル領）に上陸、海軍のパラシュート部隊もクーパン飛行場を強襲した。ところが、ポルトガルとの外交交渉は事前にはまとまっておらず、ポルトガル領チモールも結果的には完全な武力占領という形になってしまった。

天皇と側近の戦略構想

天皇は、二月二三日、大本営政府連絡会議において、永野軍令部総長と東郷外相に「如何にするや」と下問し、さらに

本事件に関聯し戦局を拡大することは好ましからず之により葡国が気を腐らして敵側に廻るとか「アゾレス」其の他の島々を敵側に占領せらるるとか言ふことも考へらるるにより事態を拡大せざる様特に注意せよ（『杉山メモ』下、三一頁）

と、政府の注意を喚起している。ただし、天皇のこの発言の前半「葡国が気を腐らして敵側に廻る」云々はよく分かるが、後半の「『アゾレス』其の他の島々を敵側に占領せらるる」というのは、天皇は何を心配しているのか。ポルトガル領チモールに日本軍が進駐したことで、英米側がポルトガルを敵（日本側）とみなし大西洋のアゾレス諸島（ポルトガル領）を占領するのではないか、と憂慮しているのであろうか。そうだとすると、天皇はずいぶん穿った戦略的な見方をしていたといえよう。ポルトガル本土の西方に浮かぶアゾレス諸島は、今日でもそうだが、イギリス・地中海・アメリカを結ぶ海上交通路の要点にあたり、大西洋北半を制する軍事的要衝である。ここを連合軍が占領し、対潜哨戒機を飛ばせば、米英間のシーレーン遮断をねらうドイツ海軍のUボート戦は大きな痛手をこう

むるに違いない。もし、ここまで見通して天皇がチモール問題を考えていたとすると、並々ならぬグローバルな戦略眼の持ち主ということになろう。チモール問題については、今のところこれ以上の天皇の発言が見あたらないので、決定的なことはいえないが、天皇と天皇側近が、ヨーロッパ戦線の動向とアジア太平洋の戦況を密接に関連させながら、戦略構想を練っていたことは確かである。

この時期、天皇はさまざまな問題について下問し、自分の意見を述べているが、統帥部にたいし作戦内容に立ち入って具体的に指示するようなことはほとんどしていない。性急に作戦を督促した唯一の例外は前述したようにバターン攻略戦についてである。概ね作戦は順調に進展したので、個々に憂慮を表明するようなことはあっても、基本的には天皇は統帥部を篤く信頼し、泰然自若としていることができた。

4 ミッドウェー海戦の敗北

東郷元帥を想起

ミッドウェー海戦(一九四二年六月五日)での〈赤城〉〈加賀〉〈蒼龍〉〈飛龍〉の四隻の空母喪失という敗北の報は、天皇には直ちに、かつ正確に伝えられた(木戸日記研究会編

『木戸幸一関係文書』一二八頁)。しかし、この衝撃的なニュースに接しても、依然として天皇には余裕があるように見えた。海戦の直後、六月八日、天皇は恐懼する永野軍令部総長に「之により士気の沮喪を来さゞる様に注意せよ、尚、今後の作戦消極退嬰とならざる様に注意せよ」(『木戸幸一日記』下、九六七頁)と命じた。木戸は「天顔を拝するに神色自若として御挙措平日と少しも異らせ給はず」「英邁なる御資質を今日の当り景仰し奉り、真に皇国日本の有難さを痛感せり」(同前)と記している。

開戦以来の大敗北を喫し、統帥部の士気が一挙に沈滞してしまった時に、大元帥たる天皇が動揺したところを見せたのでは、戦争指導・作戦指導に深刻な影響を与えることは必至である。天皇は、総司令官たるもの、苦境に立たされた時こそ泰然としていなければならないと、かつての師・東郷平八郎元帥を想起していたのかもしれない。日露戦争中の一九〇四年五月一五日、ロシア旅順艦隊を封鎖中の聯合艦隊の戦艦、〈初瀬〉〈八島〉がロシア軍のしかけた機雷に触れ、あいついで沈没した。日本海軍は、六隻の主力艦のうち二隻を一瞬のうちに喪失してしまったのである。海軍将兵は意気消沈したが、各艦を視察にきた聯合艦隊司令長官・東郷平八郎は、まったく動揺する気配も見せず、笑みを浮かべさえして悠然とふるまった、と伝えられている。この結果、日本海軍の士気はおおいに高まった、とされている。

ガダルカナル攻防戦の際に後述するが、昭和天皇は、この日露戦争の際の〈初瀬〉と

〈八島〉の事件についてはよく知っていた。当然、その時東郷がどうふるまい、それがどのような結果をもたらしたかも知っていたはずである。

艦隊の士気を鼓舞

六月一六日、軍令部次長・伊藤整一中将ら海軍統帥部首脳は、瀬戸内海柱島泊地の聯合艦隊司令部を訪れた。その際、伊藤次長は、永野軍令部総長の言として

お上は本回の事余り御軫念にあらせられず。戦の事なれば之位の事は当然なり。士気を衰へしめず益々努力する様に（宇垣纏『戦藻録』一五〇頁）

と伝え激励した。伊藤次長らが聯合艦隊の視察を終え東京に戻ると、天皇はさっそく海軍大臣・嶋田繁太郎大将に「艦隊の士気に影響なきや」と下問した。嶋田が「何等影響無き」旨を回答すると、天皇は「艦隊司令長官に益々奮励する様伝言せよ」（同前、一五三頁）と重ねて海軍の士気が沈滞しないように言葉をかけた。

七月六日、天皇は海軍の士気を高揚させるため、聯合艦隊へ飛行機を利用してでも行幸したい、と希望した（『木戸幸一日記』下、九七二頁）。天皇は、この時にはまだ飛行機に乗ったことはなかったので、かなりの決意で行幸を提案したのであろう。昭和天皇が初めて飛行機に乗ったのは、戦後の一九四九年八月に北海道に行幸したときである（『陛下、お尋ね申し上げます』九七頁）。しかし、この飛行機による行幸は、木戸ら側近の「艦隊への行

幸は其の実現種々困難ある」との反対ですぐには実現せず、とりあえず天皇は七月一三日に霞ヶ浦の海軍航空隊へ行幸し、演習を視察して将兵の士気を鼓舞した。統帥部だけでなく出先の司令部・将兵の士気をいかに高揚させるか、大元帥・天皇が常に配慮した点であった。

5　ドイツに幻惑された再度の戦略転換

ドイツとの連携を模索

日本の統帥部がミッドウェーの敗戦によって茫然自失状態となり、次にいかなる手を打つべきか途方に暮れていた頃、ドイツ軍はソ連南部と北アフリカにおいて大攻勢を展開していた。ドイツ軍は、一九四二年六月七日には、ソ連南部・黒海沿岸方面においてセバストポリに対する攻撃を、同二八日にはクルスク周辺からボロネジに向かう大規模な夏季攻勢を開始した。また、北アフリカ戦線ではロンメル大将ひきいるアフリカ軍団が快進撃を続け、六月二一日には、キレナイカの要衝トブルクを占領、二三日には国境を越えてエジプトに突入していた。日本の統帥部は、ドイツ軍のソ連と北アフリカ両方面での攻勢を連繫したものと考え、ドイツ軍は間もなくコーカサスとエジプトの両方から中東・ペルシャ湾方面に進出してくるものと判断した。もしそのような事態となれば、イギリスはインドとの連絡を完全に断たれる。この機に乗じて日本がインド方面に進出すれば、インドを失ってイギリスを崩壊に追い込めるかもしれないし、ドイツ軍との交流も自由になる。

この年の一月、ドイツ・イタリアの外務当局は、ベルリンにチャンドラ・ボースをまねいて、インドにおける反英独立運動強化について協議していた。大島浩駐独大使もその直後にボースと会談しているので、ドイツ・イタリアの対インド戦略についても日本統帥部はつかんでいたと見てよい。ベルリン会議の際には、イタリアがインド独立工作に積極的であったのにたいして、ドイツは慎重であったという。だが、六月のドイツ軍の大攻勢は、ドイツが対インド積極策に転じたものと日本統帥部に信じさせるのに十分なものであった。太平洋方面でのアメリカの反攻はまだ先のことであろうから、この際、矛先をインド洋にむけるべきだ、このように統帥部は希望的観測をふくらませたのである。

六月二六日　大本営陸軍部作戦部長・田中新一少将は、ドイツ・イタリアの北アフリカでの進撃に呼応してセイロン島攻略作戦を重視すべき旨を東條陸相に進言した（『大本營陸軍部〈4〉』二八一頁）。太平洋での失敗をインド洋での攻勢で帳消しにしようという戦略である。同じ日に天皇も木戸内大臣にたいして

独軍は北阿に於てトブルクを攻略せるのみならず、引続きエヂジプトに進攻、ソルム、シジバラニ等を占領せるが、右につき総統に対し親電を発ては如何（『木戸幸一日記』

下、九七〇頁）

と提案している。ドイツ・アフリカ軍団がエジプトのエル・アラメイン付近まで進出しているので祝福の親電をヒトラーに打とうか、というのである。だが、相談をうけた木戸は、侍従武官長や宮内大臣とも話し合い、翌二七日に「ヒ総統より受領したることなきを以て、当方より特に先例を開くことは慎重を要する」と回答している。あまりヒトラーとは直接、親密にしないほうがいいという木戸の判断であったが、統帥部だけでなく天皇もドイツの攻勢にはかなり期待をもっていたようである。

作戦の重点を太平洋からインド洋へ

七月四日、軍令部は、作戦の正式決定に先だって駐独・駐伊海軍武官にたいし、今後インド洋方面への作戦を強化する方針であると早々と通知した。また同一一日には、永野軍令部総長が、海軍の作戦計画変更について上奏している。その中で、永野はミッドウェー作戦後の「情勢ノ変化」として、(1)飛行機とりわけ戦闘機の不足、(2)航空母艦による地上基地攻撃の不利（がよくわかったこと）、(3)ドイツの進撃（とりわけ北アフリカ）を挙げた上で、つぎのようにインド洋作戦の必要性を訴えた。

此の情勢が将来の戦局に及ぼします影響は極めて大なるものが御座いまして独伊の「マルタ」攻略及独軍の近東方面進出も可能となり又枢軸側不敗の態勢確立の可能性

も著しく増大することとなります

従て此の際我方が独伊と策応して西部印度洋方面に於ける敵増援部隊の遮断及敵艦船の撃滅を図りますことが大局上極めて有利なる情勢となりました

尚英米が現在最も苦しんで居りますものは船腹の不足で御座いますので此の際印度洋全域に亘りまして敵海上交通線の破壊を徹底的に実施致しますことは英国を速に屈服せしむる上に極めて有効なる手段で御座います

即ち英米の商船被撃沈数は其の造船量を超過し現有量を漸次減少して居りますので今后枢軸側が毎月七十万噸前後即ち現状程度の撃沈を継続致しますれば一年以内に英国の船腹量を生存上絶対必要とする船腹量以下とし英国を屈服に導き得る算が極めて大で御座います

以上を綜合し情況を判断致しまするに「ニューカレドニア」其の他の攻略作戦は米濠の連絡を遮断し濠洲をして米国の対日攻撃の拠点たらしむるを阻止し、速に我が不敗の態勢確立を目的としましたもので御座いまして其の重要性には毫も変化は御座いません、然し乍ら其の実施に種々困難を伴って参りましたこと及印度洋方面の敵艦艇撃滅及海上交通破壊戦が此の際実施すべき最も有利な作戦となりましたことを考へますと当分本攻略作戦の実施を延期し当面の作戦の重点を印度洋方面に指向する如く改めますことが大局上極めて有利と判断せられます（「用兵事項ニ関シ奏上」［一九四二年七

月一一日付」参謀本部第二課『昭和十七年 上奏関係書類綴』巻二其一所収)

太平洋においてアメリカ海軍機動部隊に苦杯をなめたばかりであるにもかかわらず、日本統帥部は、ドイツの北アフリカでの攻勢と太平洋でのUボートによる交通破壊戦の戦果を期待して、作戦の重点をインド洋に移した。中東地域をドイツ・イタリアとともにはさみ撃ちにし、あわせて輸送船舶への打撃によりイギリスを崩壊に追い込もうというのである。またしても、統帥部は、ドイツの戦果に幻惑されて戦略の基本方針を変更したのである。ミッドウェーでの敗戦のショックが大きかっただけに、かえってドイツの攻勢にかける期待がきわめて大きなものになったと言えよう。

また、この上奏において永野軍令部総長は、ミッドウェー攻略後に実施する予定であった米濠遮断のF・S作戦(フィジー・サモア攻略)を中止する旨をあわせて報告している。ところが、海軍とりわけ出先の艦隊司令部はすでに米濠遮断という大前提にたって着々と準備を進めていた。内南洋の艦隊根拠地トラック諸島を防衛するためにラバウル(ニューブリテン島)に基地航空隊の主力を集中、さらにラバウル防衛と米濠遮断作戦支援のためにソロモン諸島中部のガダルカナル島に航空基地を建設しつつあった(七月六日設営隊上陸、一六日設営工事開始、八月五日滑走路概成)。

海軍統帥部はF・S作戦中止を決定し、インド洋進出へと発想を大きく転換したが、F・S作戦に関連した支作戦はとりあえず続行させた。ラバウルから一〇〇〇キロも離れたガダルカナル島への進出もそういったF・S作戦を前提とした惰性の産物であった。だが、この不用意なガダルカナル進出がインド洋進出どころではない、大きなつまずきを引き起こすのである。

三 ソロモン・ニューギニアをめぐる激戦

1 ガダルカナル島攻防戦と天皇の督戦

陸軍航空隊の進出を督促

天皇の言動に余裕が感じられなくなるのは、一九四二年八月以降、東部ニューギニアとガダルカナルでの攻防戦が激化してからである。天皇は非常に積極的に作戦事項について下問するようになる。まず、一九四二年八月六日（米軍のガダルカナル島上陸の前日）、東部ニューギニア方面の作戦について上奏した杉山参謀総長にたいし、天皇は

ニューギニア方面の陸上作戦において、海軍航空では十分な協力の実を挙げることができないのではないか。陸軍航空を出す必要はないか（『大本營陸軍部〈5〉』三五〇頁）

と下問している。参謀総長は、陸軍航空を出す考えはない旨を答えているが、実は天皇のこの質問は、陸軍の痛いところをついていた。

連合軍の戦略拠点ポートモレスビーの攻略をめざす東部ニューギニアでの作戦では、航空作戦については全面的に海軍が担当していた。海軍航空隊は、ニューブリテン島ラバウルからポートモレスビーへ片道八〇〇キロの遠距離出撃をすることになっていた。天皇が下問したこの時点では、まだ、米軍のガダルカナル上陸前ということもあるが、陸軍にはニューギニア方面に航空部隊をどうしても出したくない理由があった。

まず第一に、この時期、陸軍は南方から航空部隊を引き揚げて、五月に天皇に督促された重慶攻略作戦をいよいよ開始しようとしていたこと、そして、第二に、陸軍航空兵力は渡洋作戦・洋上作戦の経験がなく、ラバウルなどから海を越えてニューギニア方面の要地を攻撃できる自信がなかったことである（奥宮正武『ラバウル海軍航空隊』一〇八頁）。陸軍統帥部は、天皇に南東方面（東部ニューギニアやソロモン諸島方面）への航空部隊進出問題について触れてほしくなかった。

しかし、八月七日にアメリカ軍がガダルカナル島に上陸し、激しい攻防戦が始まっても、陸軍航空部隊がいっこうに東部ニューギニアやラバウル方面に進出しないのを見て、九月一五日、戦況上奏の際に天皇は、陸軍航空の同方面進出の必要性について再度下問した。参謀総長は、種々研究中であるが、早急に派遣することができない実情である旨を回答し

図7　南太平洋の戦域

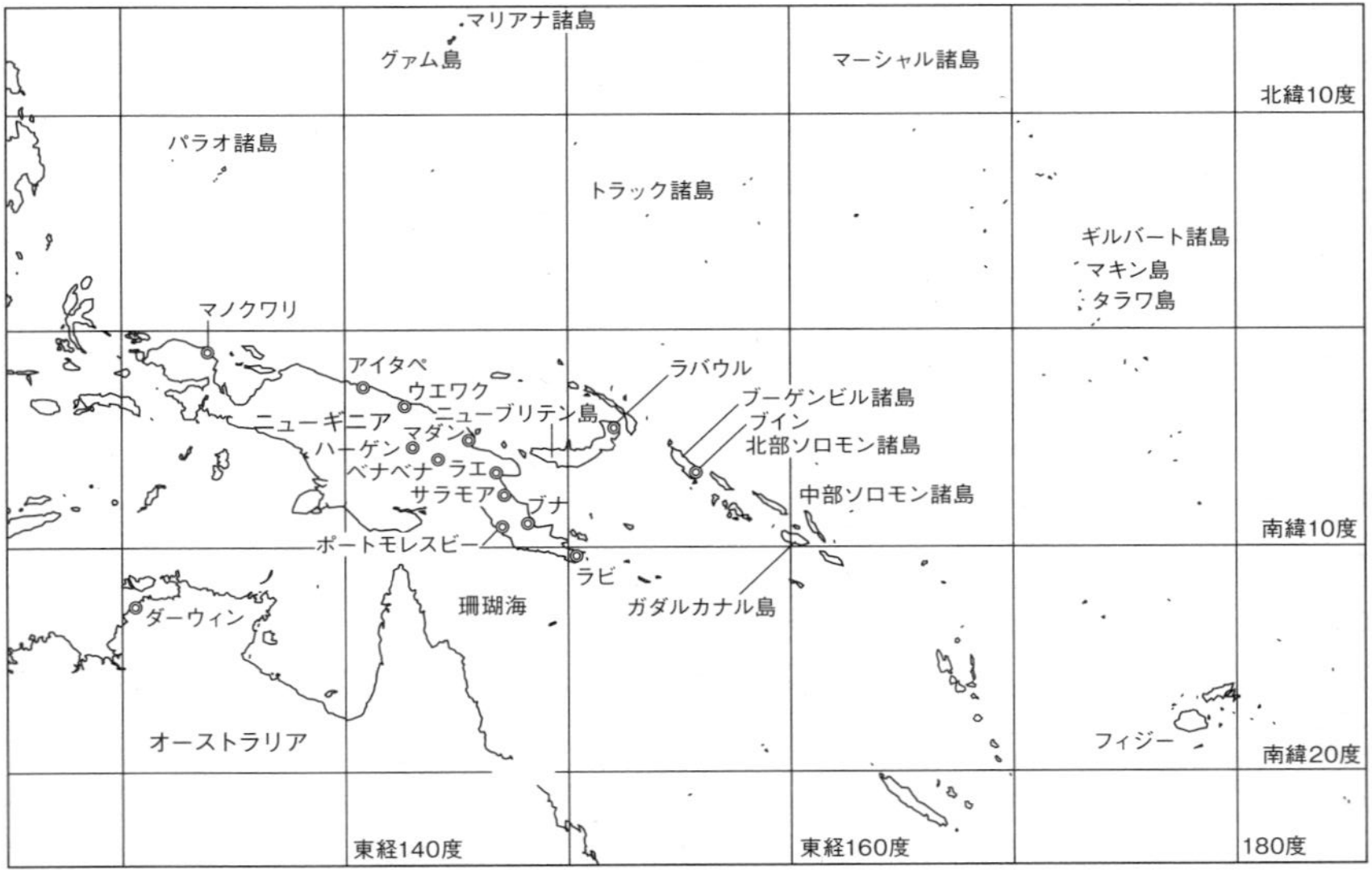

マリアナ諸島
グァム島
マーシャル諸島
北緯10度
パラオ諸島
トラック諸島
ギルバート諸島
マキン島
タラワ島
マノクワリ
アイタペ
ウエワク
ラバウル
ブーゲンビル諸島
ブイン
北部ソロモン諸島
ニューギニア
ニューブリテン島
マダン
ハーゲン
ベナベナ
ラエ
サラモア
ブナ
中部ソロモン諸島
ポートモレスビー
ラビ
南緯10度
ダーウィン
珊瑚海
ガダルカナル島
オーストラリア
フィジー
南緯20度
東経140度
東経160度
180度

て取り繕ったが、「再度の御下問は、陸軍統帥部にとって衝撃であった」（『大本營陸軍部〈5〉』三五二頁）という。

その後もガダルカナルの戦況は、陸軍の言うほど進展せず、むしろ兵力の逐次投入と補給困難から苦境に陥ったが、それでも陸軍は航空隊を進出させようとはしなかった。いよいよ業を煮やした天皇は、一一月五日、三度、「海軍機の陸戦協力はうまくゆくのか、陸軍航空を出せないのか（同前、三五三頁）と下問した。陸軍統帥部とりわけ杉山総長ら首脳部にとって、さすがに天皇の三度にわたる下問は、もう放置することはできなかった。統帥部首脳は、翌一一月六日、東部ニューギニアとラバウル方面へ陸軍航空部隊の派遣を決定し、さっそく上奏した。参謀本部作戦課では、航空班長・久門有文中佐が派遣反対論の中心であったことからも分かるように、陸軍航空隊の派遣は、中堅幕僚層ではなく、天皇から下問を受けて「恐懼」した陸軍統帥部首脳の主導で決定されたのである（井本熊男『作戦日誌で綴る大東亜戦争』二二六〜二二七頁）。これは、班長・課長クラスが主導する作戦立案の通常のコースとは全く逆であり、天皇が作戦を変えさせた典型的な事例である。

ガダルカナルの戦局を憂慮

八月における一木支隊による奪回作戦が失敗し、ガダルカナル島をめぐる攻防戦が抜き差しならない事態となっても、陸軍統帥部は南方から兵力を抽出して中国で新たな大作戦をしようとしていた。参謀本部では、北支那方面軍を一五個師団に増強して行なう四川進攻・重慶攻略作戦、通称「五号作戦計画」の準備を整えていた。しかし、天皇は、明らかに無謀なこの計画に早い段階で釘を刺した。九月三日、五号作戦準備について参謀総長・陸軍大臣が上奏した際、天皇は、「米軍増加の現情勢において南方から兵を抽いてよいか」（戦史叢書59『大本營陸軍部〈4〉』五七一頁）と下問した。「五号作戦計画」は、ソロモン・ニューギニア方面での戦闘の激化によりひとまず立ち消えとなるが、この時点での天皇の情勢判断は陸軍統帥部よりまさっていたといえる。

統帥部とは異なり天皇は、かなり早い時期からガダルカナルの状況を深刻にとらえていた。八月二四日、杉山参謀総長による戦況上奏の際、天皇は

> 一木支隊はガ島に拠点を保持できるか。また南海支隊の方面［東部ニューギニア］はどうなっているか。ひどい作戦になったではないか（戦史叢書14『南太平洋陸軍作戦〈1〉』三二五頁）

と下問している。ガ島は天皇の言葉どおり「ひどい作戦」になっていた。一木支隊はすでに八月二一日に壊滅、九月に入って増派された川口支隊の攻撃も失敗に終った。九月一五日、杉山参謀総長は、ガダルカナルの戦況（川口支隊の攻撃の失敗）と今後の作戦について上奏した。上奏の要旨は、

1　川口支隊のガ島上陸及び飛行場奪回作戦に対する海軍航空部隊の協力にも限度が

あり、多くを期待できなかった。

2　また必要な資材が到着せず、支隊の攻撃準備不十分の点があった。しかし、有力な敵輸送船団が九月五日フィジー島に到着したとの情報もあり、支隊の攻撃を急がせることとなった次第である。

3　将来の情勢推移は殆んど航空の問題にかかるであろうが、第二師団主力を中心に、必要な火砲、戦車その他の装備資材をできるだけ完璧にして、一挙解決を図り、それで戦局は好転しうると考えている。

というものであった。参謀本部作戦部長・田中新一少将の業務日誌によれば、これにたいし天皇は、川口支隊の攻撃失敗については、さほど心配した様子ではなかったが、

1　ガ島北西角［第二師団の上陸予定地］に対する敵上陸の可能性

2　陸軍航空の南東方面への進出の必要性（前述）

3　ポートモレスビー攻略作戦のためのラビ［ニューギニアの最東端］占領の必要性

4　ガ島確保に対する自信等

につき下問したという（『大本營陸軍部〈5〉』四四頁）。杉山が海軍航空隊の支援不十分を訴えたのにたいし、天皇は陸軍航空の進出を促して切り返し、果してガダルカナルが確保できるのかどうか成算を問うて暗に憂慮の念を示している。田中作戦部長もその雰囲気を看取して「陛下は、ガ島確保については望み少ないものと御判断のように拝せられた」（同

前、四五頁）としている。ここで注目すべきは、天皇がガダルカナルにはそれほど拘泥せず、むしろニューギニア方面での新たな攻勢をラビの占領という具体的な形で提起していることである。天皇のこの指摘にたいし、杉山は、ラビ攻略がポートモレスビー占領の有力な側面掩護となることは勿論であるが、絶対要件ではない。しかし、ポートモレスビー・サマライ・ラビ・ガ島及びツラギの飛行基地線は南太平洋防衛の第一線であるから、その意味でラビ攻略は極めて有意義なことである旨の回答をしている（同前）。ガダルカナルよりもニューギニアでの攻勢、という天皇の考えは、海軍が勝手に進出したソロモン諸島にまで責任を負いたくないという陸軍の本音と合致していたこともあり、以後、長く陸軍を東部ニューギニアに拘泥させることになる。

海軍に対するいらだちと激励

ガダルカナル確保に対する陸軍の自信に疑念をもった天皇は、制空権を確保できない海軍にもいらだち始めた。九月一八日、杉山参謀総長が陸海軍中央協定について上奏した際、天皇は、

　南東太平洋方面、特にガ島をめぐる作戦について奪回並びに爾後の確保に関し海軍側に果して熱ありや（同前、五五頁）

と発言した。これは、第一次ソロモン海戦（八月八日）以来、海軍には目だった戦果が

なく、ラバウルから約一〇〇〇キロの遠距離出撃のため制空権も確保できず、その結果、ガ島への補給・増援もままならないことにたいして率直に不満を表明したものである。しかし、天皇のこの発言は、その意図以上に、陸軍側に、そもそもガ島に航空基地を推進させた海軍にはそれを奪回する熱意があるのだろうかという不信感を抱かせる結果となった（同前、五六頁）。

このあと日本海軍は、高速戦艦〈金剛〉〈榛名〉をガ島沖に突入させ、ガ島飛行場を艦砲射撃させたり（一〇月一三日）、南太平洋海戦（一〇月二六日）でドゥーリットル空襲を行なった米空母〈ホーネット〉を撃沈するなどかなりの戦果をあげた。南太平洋海戦は、ミッドウェー海戦以来の空母機動部隊どうしの衝突であったが、日本側はこの海戦まではベテランパイロットが健在で、アメリカ艦隊に打撃を与えることができた。米軍は、開戦時に太平洋に六隻の正規大型空母を配備していたが、一九四二年五月の珊瑚海海戦で〈レキシントン〉を、六月のミッドウェー海戦で〈ヨークタウン〉を失い、九月一四日には思いもかけぬことに日本の伊号第一九潜水艦によって〈ワスプ〉が撃沈されていた。そして、さらに〈ホーネット〉を失ったことにより、米軍側は、太平洋で作戦可能な正規空母はわずかに〈エンタープライズ〉一隻になった（もう一隻の〈サラトガ〉は日本軍潜水艦の雷撃で損傷して修理中）。しかし、南太平洋海戦での日本側の損害も大きく、六九機の艦載機とともに歴戦の有能な指揮官・搭乗員を失った。天皇もそのあたりはよく承知しており、一

○月二七日、戦況上奏の際、永野軍令部総長に

有能なる搭乗員多数を失ひたるは惜むべきも多大の戦果を挙げ満足に思ふ。尚一層奮励する様司令長官に伝へよ（『戦藻録』二二二〜二二三頁）

と語った。また、二九日には、山本五十六聯合艦隊司令長官あてに

聯合艦隊は今次南太平洋に於て大に敵艦隊を撃破せり。朕深く之を嘉す。惟ふに同方面の戦局は尚多端なるものあり。汝等倍々奮励努力せよ（同前、二二四頁）

との勅語を出して将兵の士気を鼓舞した。さらに天皇は、同日、永野総長にたいして

此の際附け加へて申置き度は今の勅語の後段に関する事であるがガダルカナルは彼我両軍力争の地でもあり、又海軍としても重要なる基地なるに付、小成に安んぜず速に之が奪回に努力する様に（同前）

と言った。海軍にとって南太平洋海戦は久々の朗報であったが、天皇はそれは客観的には「小成」であるとして、あくまでもガダルカナル「奪回に努力する様に」と気を引締めた。軍令部総長は「只今の御言葉に対しましては、上下一心協力、最善の努力を致し速に作戦目的を達成し、以て聖旨に副ひ奉らん事を期します」と答えている。これ自体は形式的な答えであるが、軍令部ではさっそく天皇の「御言葉」を聯合艦隊司令部に打電した。天皇の勅語と「御言葉」に接し、聯合艦隊参謀長・宇垣纏（少将）は

ガ島の失策に対し御軫念の程を拝察し恐懼に堪へず、一日も速に目的を貫徹せざれば

誠に申訳無き限りなり。

一面戦果を挙げたるも一面不成功の此際、御勅語を拝するは多分の御激励の意味ありと拝察し、奉答文起案に注意したるが今本後電により一層其の感を深くす。

本電中前段の御言葉はカ号作戦各長官に親展として転電す（同前、二二四～二二五頁）

と日記に記している。天皇の「御軫念」（憂慮）や激励にたいして前線司令部が敏感に反応していることが分かる。しかし、天皇の激励にもかかわらず、日本海軍はガ島周辺の制空権・制海権を確保することはできず、陸戦でも第二師団（仙台）の総攻撃は失敗し（一〇月二五日）、いよいよガ島の奪回は絶望的な状態となった。

第三次ソロモン海戦の敗北

海軍は、若干前述したように一〇月一三日から一五日にかけて高速戦艦二隻まで投入してガ島への艦砲射撃をおこなったが、一一月にはいると航空機での劣勢を挽回しようと一ヶ月前と同じように、〈比叡〉〈霧島〉によるガ島飛行場艦砲射撃を計画した。永野軍令部総長がこの計画を上奏すると天皇は、

日露戦争に於ても旅順の攻撃に際し初瀬八島の例あり、注意を要す（同前、二三四頁）

と異例の警告をした。旅順閉塞戦における〈初瀬〉〈八島〉の触雷沈没の教訓をあげて、

天皇は作戦当局に作戦のマンネリ化を戒めたのである。艦艇が陸上を反復して攻撃する場合、どうしても同一航路を通っての作戦になるため、機雷をしかけられたり、待ちぶせ攻撃にあいやすい。天皇はその点を指摘したのである。

天皇の警告はまさに的中した。軍令部では、天皇のこの言葉を「電報するに至らざるを以て本件伝へよ」とちょうど上京中の聯合艦隊の一参謀に託した。この参謀が司令部に帰着・報告したのは一一月一二日のことであった。ところが、すでに作戦は開始されており、まさにその日の夜、ガ島砲撃にむかった高速戦艦〈比叡〉〈霧島〉は、優勢な米艦隊のレーダーを使った待ちぶせ攻撃にあい、〈比叡〉は一三日未明に沈没した。開戦以来初めての主力艦の喪失に冷静さを失った聯合艦隊司令部は、翌一四日夜にも、三度、〈霧島〉によるガ島砲撃を強行しようとしたが、再び戦艦を含む米艦隊の待ちぶせ攻撃をうけ、〈霧島〉を失ってしまった。この第三次ソロモン海戦は、日本海軍が誇った夜戦技術が、米軍のレーダー射撃の前に完敗を喫した戦いでもあった。聯合艦隊司令部は、一度失敗した作戦に固執して、さらに傷口を広げてしまったのである。天皇は眼前の作戦に没入することなく、比較的冷静に戦況を検討していたからこそ、このような警告ができたのである。天皇が過去の海戦史からよく学んでいた証拠である。

ガダルカナル撤退を決定

ガダルカナル島をめぐる消耗戦は、商船の喪失という形で戦争経済を圧迫し始めた。開戦以来、日本商船の喪失量は、一九四二年九月までは月平均一三・五隻、六万一〇〇〇トン程度であった。これは戦前に軍令部が予想した月平均七万トンを下回るものであった。ところが、ガ島攻防戦の結果、一〇月・一一月の二ヶ月だけで五九隻、三二万四〇〇〇トンの商船が失われたのである（大井篤『海上護衛戦』三七四頁より算出。喪失商船は一隻五〇〇総トン以上のもの）。一九四二年の日本の商船建造量は、六三隻一二万六〇〇〇トンであるから（日本統計研究所編『日本経済統計集』七六頁）、わずか二ヶ月で三〇万トンを超える商船を喪失したことは取り返しのつかない大打撃であった。

開戦以来、輸送船は、兵員や軍需物資輸送用の軍徴用船（陸軍徴用船・海軍徴用船）と南方からの資源輸送用の民需用徴用船にわけられていたが、ガダルカナル周辺では軍の徴用船が大量に沈められた。同じ陸軍であっても作戦を担当する参謀本部は、民需用徴用船を軍徴用船へと転換するように求めたのにたいし、軍需生産に関わりの深い陸軍省は、転換に反対していた。そしてついに、一二月になると、民需用徴用船を軍用に徴用する問題をめぐって参謀本部と陸軍省は激しく衝突し、田中作戦部長が東條陸相を罵倒して罷免されるまでに至った。

田中作戦部長の転出にともないガ島確保論の中心であった服部作戦課長も任を解かれ、陸軍統帥部はガ島撤退へと方針を転換した。が、その正式決定にはなかなか踏み出せなかった。一二月二八日、ガ島撤退の正式決定を躊躇する統帥部に対し、天皇は侍従武官長を通じて次のような発言をした。

> 本日両総長から本年度の状況について一括して上奏があったが、両総長とも、ソロモン方面の情勢について自信を持っていないようである。参謀総長は明後三十日ころ退くか否かにつき上奏すると申していたが、そんな上奏だけでは満足できない。如何にして敵を屈服させるかの方途如何が知りたい点である。事態はまことに重大である。ついてはこの問題は大本営会議を開くべきであると考える。
> このためには年末も年始もない、自分は何時でも出席するつもりである（『大本營陸軍部〈5〉』五六一頁）。

上奏の際、天皇は杉山にも同様の下問をしたが、さらに侍従武官長を通じて趣旨の徹底をはかったものと思われる。天皇は、統帥部にたいして、撤退と新作戦を速やかに決定するよう命じたのである。この天皇の要求により、翌一九四三年一月四日に予定されていた大本営会議は急遽一二月三一日に実施されることになった。

杉山参謀総長は、天皇の言が伝えられた二八日、新任の作戦課長・真田穣一郎大佐に次のような指示をした。

> 一　敵を撃滅し、戦争を終局へ導くための方策を確立し、当面の戦況に善処すること。
> （場当たりでは不可）

二　戦争（作戦）指導上重要な時機なので、大本営会議を開き、十分研究審議を重ね草案を練ること。（ソロモン、ニューギニア方面の戦局推移は、統帥部の見通しとほとんど一致しないことに陛下は不安の御気持である）

三　参謀総長、軍令部総長が各々陸海軍の作戦について述べるだけでは、陛下の御希望に副わない。相互に、この問題をどうすると一々けりをつけて、御安心をいただくようにしたい（同前、五六二頁）。

戦争が熾烈をきわめているときに、参謀総長が「敵を撃滅し、戦争を終局へ導くための方策を確立」せよ、「場当たりでは不可」などと幕僚に指示していること自体、陸軍統帥部が眼前の作戦にとらわれ、戦争の見通しを見失いかけていることを示すものである。ガ島の泥沼化した戦いによって浮足だった統帥部にたいして、天皇は、軍を統率する大元帥として「敵撃滅」「戦争終結」という本来の大目標をあらためて提示した。一つの作戦に拘泥せず、戦争指導の本筋にもどるよう天皇は命じたのである。

ニューギニアでの攻勢を要求

一二月三一日の大本営御前会議では、杉山・永野両総長が列立して「用兵事項に関し奏上」を読み上げた。この上奏は「南太平洋方面爾後の作戦は遺憾ながら左の如く変換するを至当と認めます」と前置きしたうえで、

「ソロモン」方面に於きましては「ガ」島奪回作戦を中止し概ね一月下旬乃至二月上旬に亘る期間に「ニュージョージヤ」島及「イサベル」島以北の「ソロモン」群島を確保致しまして速に各要地の防備を強化し攻勢防守の態勢を保持しつつ海軍航空部隊を以て「ガ」島方面に対しまする航空戦を継続し潜水艦作戦と相俟つて敵の「ガ」島戦力低下を図ります

「ニューギニヤ」方面に於きましては速に「ラエ」「サラモア」「マダン」「ウエアク」等の作戦根拠を増強し且つ概ね「スタンレイ」山脈以北の北部「ニューギニヤ」の要域を攻略確保致しまして爾後主として「ポートモレスビー」方面に対する作戦を準備致します（参謀本部第二課『昭和十八年上奏関係書類綴』巻一所収）

とガダルカナル島撤退、ニュージョージアとサンタイサベル島以北の中部ソロモン諸島の確保、ラエとサラモア等東部ニューギニアの確保を述べ、「南太平洋方面作戦が当初の見透を誤りまして事茲に到りましたることは洵に恐懼の至りに堪へざる所で御座います」とひたすら「恐懼」して結ばれている。

天皇による「敵撃滅」督促発言をうけて、陸軍統帥部は上奏文にあるように「主として『ポートモレスビー』方面に対する作戦を準備致します」とニューギニアでの攻勢を天皇に誓った。ラバウルに新設された第八方面軍司令部（司令官・今村均大将）に新作戦の伝達のために出張した新任作戦部長・綾部橘樹少将は、一九四三年一月四日、次のように説明している。

総長から上奏の際［一二月二八日］、ガ島の攻略に自信がない旨を申上げたところ侍従武官長を通じて、「ただガ島を止めただけではいかぬ。何処かで攻勢に出なければならない。」との御内意の伝達があった。そこで大本営としてはニューギニアに重点を置くことにした（戦史叢書66『大本營陸軍部〈6〉』二八頁）。

天皇はみずから催促した一二月三一日の大本営御前会議でガ島撤退が決定されると、その直後、侍従武官長・蓮沼蕃大将にガ島奮戦に関する勅語を出そうと提案している。

「ガ」島の撤退は遺憾であるか　今後一層陸海軍協同一致して作戦目的を達する様にせよ　実は「ガ」島か取れたら勅語をやらうと思つていたか如何か　今日迄随分苦戦奮闘したのたから勅語を下しては如何か　やるとしたら何時か良いか（『真田穣一郎日記』、前掲『杉山メモ』下、解説一八～一九頁所収）。

天皇は、ミッドウェー海戦敗北の時同様、ガ島撤退による陸海軍の士気の沈滞を恐れ、また、相互不信に陥った陸海軍の協同関係を修復するために勅語を出すことを提起したのである。勅語は、一九四三年一月四日に宮中に両総長を呼び、第八方面軍司令官・今村均大将および聯合艦隊司令長官・山本五十六大将にたいして下賜されたが、一般には公表されなかった。

勅　語

「ソロモン」群島竝東部「ニューギニア」方面に作戦せる陸海軍部隊は長期に亘り緊密なる協同の下に連続至難なる作戦を敢行し有ゆる艱苦を克服し激戦奮闘屢々敵に打撃を加へ克く其の任に膺れり
朕深く之を嘉尚す
惟ふに同方面の戦局は益々多端を加ふ
汝等愈々奮励努力陸海戮力以て朕か信倚に副はむことを期せよ（『大本營陸軍部〈5〉』五六六〜五六七頁）

勅語は「陳深く之を嘉尚す」とするだけでなく、比較的後半部分が長く、従来にも増して将兵を強く激励するものであった。天皇は、この時期、戦争指導に並々ならぬ意欲で臨んでいた。勅語を出した同じ一月四日、天皇は、ガ島撤退後の「南太平洋方面爾後の作戦指導」に関する上奏をうけたが、允裁（許可）にあたって、作戦計画に関する陸海軍中央協定にいたるまできわめて綿密詳細に閲覧し、今後の作戦の成り行きに重大な関心を示した（『大本營陸軍部〈6〉』二二〇頁）。

2　東部ニューギニアと中部ソロモン諸島をめぐる攻防戦

東部ニューギニアでの苦戦

一九四三年二月、ガダルカナル島からの撤退にともない、陸軍は作戦の重点をソロモン諸島から東部ニューギニアに移したが、現実にはすでにこの方面での連合軍の攻勢を支えきれなくなっていた。陸軍はニューギニアをその形から「亀」と称していたが（西北端が「頭」、南東端が「尾」）、当面の課題は「尾」のつけ根北岸にあたるラエとサラモアを確保できるかであった（二七一頁図8参照）。この地域を確保できないと、「尾」の中部南岸ポートモレスビーの攻略はおろか、ダンピール海峡をはさんでラエ・サラモアの東方に位置するラバウル（ニューブリテン島）が危機に瀕する。もしラバウルが陥落すれば、トラック諸島も米軍の空襲圏内に入るため聯合艦隊の居場所がなくなり、中部太平洋方面での洋上決戦ができなくなる。ラバウルの確保は特に海軍が強く望むところだった。そのラバウルを最前線にしないためには、ニューギニアのラエ・サラモアとソロモン諸島北部・中部をぜひとも死守するというのが、一月四日に決定された「南太平洋方面作戦陸海軍中央協定」の趣旨であった。

要衝ラエ・サラモアを防衛するには、戦略的には、サラモアの南東約二五〇キロにあるブナ（「尾」の中部北岸、ちょうどオーエン＝スタンレー山系をはさんでポートモレスビーの反対側にあたる）は重要な位置にあった。ところが、陸路からのポートモレスビー攻略に失敗した南海支隊の退却の後を追って、連合軍はブナ方面に海陸両方面から進攻し、ついに一月二日、ブナを陥落させてしまった。一月九日、戦況上奏のさい、天皇は

「ブナ」の失陥は残念なるも是れ迄将兵は克くやつて呉た　敵は戦車十数台を有すとのことなるか此方面の我には戦車なきや　「ラエ」には行くのか（『真田穣一郎日記』、前掲『杉山メモ』下、解説一九頁所収）

と下問している。これだけでは不十分だが、「『ラエ』には行くのか」という発言は、おそらく早くラエに増援部隊を送れという意味であろう。ブナについて天皇がそれほど憂慮していないようにみえるのは、一月四日の「陸海軍中央協定」において「『ブナ』方面の部隊は状況に依り適宜『サラモア』方向に撤収し所要の地点を確保す」（『大本營陸軍部〈6〉』三二二頁）とされているように、陸の孤島化したブナ自体の確保はすでになかば断念されていたからである。しかし、天皇は一二月三一日の上奏と一月四日の「陸海軍中央協定」に確保が明記された要地からの撤退は断固として認めなかった。

図８　東部ニューギニア、中・北部ソロモン諸島要図

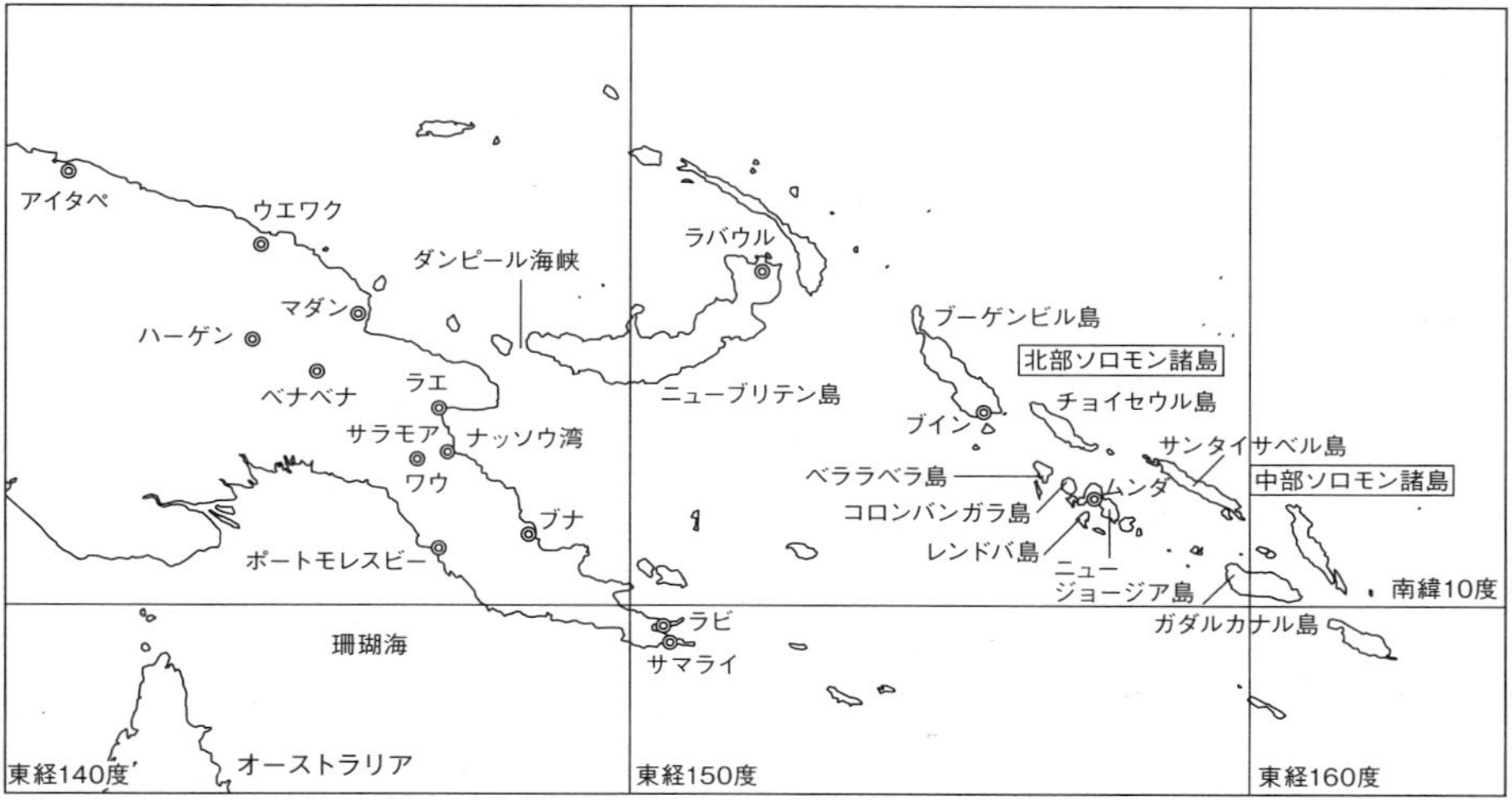

アイタペ
ウエワク
ダンピール海峡
ラバウル
マダン
ハーゲン
ベナベナ
ラエ
ニューブリテン島
ブーゲンビル島
北部ソロモン諸島
チョイセウル島
ブイン
サラモア
ナッソウ湾
ワウ
サンタイサベル島
ベララベラ島
ムンダ
中部ソロモン諸島
コロンバンガラ島
ブナ
レンドバ島
ポートモレスビー
ニュージョージア島
南緯10度
ラビ
ガダルカナル島
珊瑚海
サマライ
オーストラリア
東経140度
東経150度
東経160度

中部ソロモン放棄論を批判

そもそも「協定」では、ガ島失陥後のソロモン諸島については、ニューブリテン島のすぐ南東側につらなるブカ島・ブーゲンビル島・ショートランド島などの北部ソロモン諸島は陸軍が防衛を担当し、さらにその南東にあるニュージョージア島・サンタイサベル島などガダルカナル島に近い中部ソロモン諸島は海軍が防衛することになっていた。同じソロモン諸島で陸軍と海軍が防衛地域を南北に分割したのは、補給の関係からなるべくラバウルの近くに防衛線を設定したい陸軍の「中部ソロモン放棄論」と、トラック環礁確保＝艦隊決戦の必要性からなるべくラバウルから離れた遠方に防衛線を敷きたい海軍の「中部ソロモン確保論」の両者が調整できなかったからである。その矛盾はすぐにあらわれた。一月二六日、侍従武官・城英一郎大佐は次のように記している。

昨日［永野軍令部］総長拝謁御下問奉答の際「ムンダ」基地［ニュージョージア島］は情況により、「退りても差支なき意見もあり」と御聴取になり、「ニュージョージヤ」「イサベル」の線より退る如きことあらばと御軫念あり、武官長に確めよとの御命あり（野村実編『侍従武官・城英一郎日記』二三五頁）

これは、ちょうどガダルカナル撤退作戦を開始する直前のやりとりである。永野軍令部総長は、ガ島から三〇〇キロほど北西にあるムンダ基地（ニュージョージア島）は撤退してもよいという意見もあると言ったが、それでは「協定」に明記されたニュージョージア島―サンタイサベル島の線から撤退することになるので、はたして大丈夫か、と天皇が憂慮の念を表明したということである。これは天皇が決して総長の上奏を聞き放しにしていないということであり、「ムンダから退くな」という天皇の作戦に対する明確な意思表示でもある。翌一月二七日、永野総長は蓮沼侍従武官長を訪ね、ムンダ問題について「御下問奉答の際の言葉足らざりしに起因するものと思はる。海軍としてムンダを退る如き考へ全然なし」（同前）との説明をしている。しかし、これは単に軍令部総長の言葉不足、あるいは天皇の聞き違いではないと思われる。

この時、永野が「退りても差支なき意見もあり」といったのは、陸海統帥部にくすぶる「中部ソロモン放棄論」のことを指したものである。統帥部の中でもとりわけ陸軍は、輸送が確保できない限りムンダ（ニュージョージア島）をはじめ中部ソロモン諸島は、ガダルカナルの二の舞になると考えていた。「陸海軍中央協定」を結んだ直後の一月七日、大本営陸軍部はラバウルの第八方面軍参謀長あてに、

「ムンダ」附近を確保するの価値大なることに関しては中央に於て十分認識しあるも之に陸兵を多数投入し再び補給困難となり、「ガ」島に近似せる状況を再現する虞あるに於ては寧ろ之を放棄するを可なりとさへ思考しありたる次第なり。但し海軍の強き希望もあり比較的補給確実なる海軍部隊を主として配置すべく協定せる次第にして、多くの陸兵を注入して迄之を確保せんとするは本旨に非ず（『大本營陸軍部〈6〉』四二～

四三頁）

との次長電をうっている。ムンダは重荷にならないうちに、できれば放棄したいという陸軍の本音がはっきりと示されている。また、一月一五日、ラバウル方面からの出張から帰還した参謀次長・田辺盛武中将も杉山参謀総長にたいし「ニュージョージア島およびイサベル島の守備を如何にするか。これが陸海軍間の今後の癌となるであろう」（同前、七一頁）と報告している。こうした陸軍統帥部の空気を海軍が知らないはずがない。

他方、海軍では、主として消耗の激しい航空関係から戦線縮小論が出ており、一月二〇日に着任した新任作戦課長・山本親雄大佐も縮小論者、すなわち「中部ソロモン放棄論」者であった（山本親雄『大本営海軍部』一二二頁）。しかし、聯合艦隊司令部はラバウル防衛にはムンダは不可欠であるとしてニュージョージア・サンタイサベルなど「中部ソロモン確保論」を強く主張し、軍令部の大勢も「確保論」にあった。

また、陸軍の出先である第八方面軍（司令部ラバウル）は、陸軍中央とは異なり、中部ソロモンの確保をさかんに具申していた。永野軍令部総長は、陸海軍中央の作戦方針の対立、陸軍内の意見の対立を婉曲的な表現で天皇に述べ、ややもすると中部ソロモンから兵力を後退させようとする陸軍中央を牽制し、あわせて海軍内部の縮小論を抑えようとしたものと考えられる。海軍統帥部主流派のもくろみは、天皇にはっきりとムンダから退くなといわせることであったのではないか。そして、天皇は、ニュージョージア・イサベルの線から下がるなと発言した。「陸海軍中央協定」は前掲の参謀次長の電報のように骨抜きにできるが、天皇の発言は陸軍にとっては厳しい足かせとなったようである。事実、以後七月頃まで、陸軍中央も「中部ソロモン放棄論」を言いだせなかった。

「ダンピールの悲劇」――ラエ増援の失敗

さて、東部ニューギニアのラエとサラモアをめぐる戦局は、一九四三年三月に入ると、急激に動き出した。陸軍統帥部は、連合軍の反攻に対抗して、東部ニューギニアに三個師団を進出させることを決定し、パラオから第四一師団（宇都宮、師団長・阿部平輔中将）を二月二六日までにウエワクへ、第二〇師団（京城、師団長・青木重誠中将）を三月一一日、ハンサ湾へと輸送した。そして、最も緊急に防備強化が必要なラエには、ラバウルから第五一師団（宇都宮、師団長・中野英光中将）を送ろうとした。ところが、三月三日、第五一師団主力を乗せ、駆逐艦八隻に護衛されてラエに向かっていた輸送船団は、ニューギニアを目前にしたダンピール海峡において連合軍の執拗な空襲にあい、輸送船七隻全部が撃沈された（護衛の駆逐艦も四隻沈没、この前日にも輸送船一隻を失っているので、輸送船の喪失は合計八隻）。

輸送船に分乗していた六九一二名の将兵のうち、救助されたのはおよそ半数の三六二五名、そのうちラエに到着できたのは約一二〇〇名にすぎなかった。輸送中の陸兵を一挙に三三〇〇名近くも失ったことは、それまでにはなかったことである。この惨憺たる事件を伝える電報を侍従武官・尾形健一中佐が直ちに見せると、天皇は非常に心配し「今後如何にするや」と下問したという（『大本營陸軍部〈6〉』二四九頁）。そして、翌三月四日、あらためて杉山参謀総長に次のように厳しく注意している。

何故直くに「マダン」へ決心を変へて上陸しなかつたのか　此度のことは失敗と言へは失敗てあるか今後に於ける成功の基にもなるならは却つて将来の為には良い教訓にもなると思ふ　将来安心の出来る様にやつて呉れ

航空兵力を増加して兵力の使用も安全な所に道路を構築し歩一歩地歩を占めて考へてやつて呉れ　今後「ラエ」「サラモア」か「ガダルカナル」同様にならない様に考へてやつて呉れ　「ガダル」の撤退か成績か良過きたので現地軍に油断ありしに非すやあとの兵力は如何に運用の腹案なりや（『真田穣一郎日記』、『杉山メモ』下、一九頁所収）

天皇の言うマダンへの避難論は確かに一理ある。輸送船団はダンピール海峡にさしかかる前日にも空襲を受け、輸送船一隻を失っていたのであるから、海峡付近の制空権が確保されていないことは明らかであった。船団は危険を押して海峡突破をはかったのである。陸軍統帥部はラエへの輸送を焦りすぎた。また、天皇が、将兵三三〇〇人の海没よりも、はやくもラエ・サラモアが第二のガダルカナルになりかけていることを強く憂慮し、あわせて現地軍の油断を戒めていることにも注目すべきである。天皇は、制空権を失っては輸送・補給がままならぬことをガ島の苦戦からよく学んでいた。その認識は、陸海軍統帥部のそれよりも厳しいものであったといえよう。

天皇の下問に対して参謀総長は

今次敵航空兵力優越の実情より現状としては「マダン」附近の飛行場を充分に整備し防空態勢及交通路の整備を図り聖旨に副ふ如く指導致度と存します

と答えているが、すでに東部ニューギニアの制空権を連合軍に取られていることを認めざるをえない苦しい答弁となった。また、この時天皇は、永野軍令部総長には「ラエ輸送失敗の原因を探求せよ」（『大本營陸軍部〈6〉』二四九頁）とも命じている。

この時期までの天皇の下問の特徴は、基本的に陸海軍の作戦を積極的に認めたうえで、その不手際を叱責したり、ガ島方面への陸軍航空隊の進出を督促したり、ガ島確保への海軍の熱意不足や陸軍「中部ソロモン放棄論」を批判するなど、陸海軍のどちらか一方の消極さを批判していることにある。ガダルカナルをめぐる攻防戦からはじまったソロモン諸島と東部ニューギニアでの戦闘では、明らかに日本軍は劣勢であった。戦争初期の攻勢作戦を支えた海軍航空兵力は、この時期にめっきり戦力が低下した。一九四二年八月以降、翌年二月のガ島撤退までの間に、日本海軍は第一線機八九二機、熟練搭乗員一八八二名を戦闘で失った（日本海軍航空史編纂委員会編『日本海軍航空史(2) 軍備篇』七六五頁、外山三郎

『日清・日露・大東亜海戦史』五〇九頁)。これはミッドウェー海戦における航空機喪失数の二・五倍、搭乗員喪失数の実に一五倍であり、海軍航空兵力にとってガダルカナル攻防戦は搭乗員の再生産を根底から破壊する決定的な打撃であった。

ダンピール海峡での失敗にみられるような戦況に、天皇も漠然たる不安を覚えたようで、一九四三年三月三〇日、木戸内大臣を相手に「戦争の前途、見透其他につき珍らしく長時間に亘り」話をした(『木戸幸一日記』下、一〇二〇頁)。その時、天皇は

次ぎ次ぎに起った戦況から見て、今度の戦争の前途は決して明るいものとは思はれない。統帥部は陸海軍いずれも必勝の信念を持って戦ひ抜くとは申して居るけれど、ミッドウェイで失った航空勢力を恢復することは果して出来得るや否や、頗る難しいと思はれる。若し制空権を敵方にとられる様になった暁には、彼の広大な地域に展開して居る戦線を維持すると云ふことも難しくなり、随所に破綻を生ずることになるのではないかと思はれるが、木戸はどう思ふか(『木戸幸一関係文書』一二八〜一二九頁)

と語ったという。日本軍のガダルカナル撤退と時を同じくして、ソ連では二月二日にスターリングラードのドイツ軍が降伏、北アフリカのドイツ・イタリア軍も連合軍の反撃によって前年一一月以降退却を続けており、枢軸側は世界的に守勢に立たされつつあった。ルーズベルトとチャーチルは、一九四三年一月、モロッコにおいて会談し、対独空爆の実施、シシリー島上陸作戦、枢軸国の無条件降伏の原則を決定していた(カサブランカ会議)。

しかし、天皇は、基本的には統帥部をまだ信頼していた。この時期には、作戦の立て方や見通しを厳しく批判したり、決戦をうながすといったことはしていない。天皇が発言のトーンを強めるのは、五月末のアッツ島「玉砕」の頃からである。

四　天皇による決戦の要求

1　アッツ島の玉砕と天皇の決戦要求

「い号作戦」に「御満足の御様子」

大元帥としての天皇に報告される情報は、ソロモンやニューギニア方面のものだけではない。それにたいする天皇の下問も多種多様である。たとえば、一九四三年三月二五日、南東（ソロモン）方面の戦況悪化と関連して日本と南東方面・南西（ビルマ）方面をむすぶ戦略拠点として価値が大きくなってきたフィリピンについて、天皇は、杉山参謀総長に戦況上奏の際、

比島の治安は如何なっているか。マンガエン鉱山には治安不良のため機械や人夫も入

りにくいとのことではないか（戦史叢書66『大本營陸軍部〈6〉』三一七頁）と下問している。天皇が憂慮したように、フィリピンにおける抗日勢力の活動はきわめて活発で、一九四二年一一月一一日には第一六師団第九聯隊長・武智漸大佐が戦死、三月五日には、第一四軍司令官・田中静壱中将の自動車が、パナイ島イロイロで視察中にゲリラの集中射撃をうけるほどの状況であった。とくにビサヤ諸島（パナイ・ネグロス・セブ・レイテ・サマール）やミンダナオ、中部ルソンの抗日勢力は強力で、ビサヤ諸島では七五〇万人の住民中、日本軍の統治下にあるのは四パーセントの三〇万人にすぎず、「討伐」には一年はかかると報告されていた（三月二八日、第一四軍参謀・岡田安次の大本営への報告。同前、三一八頁）。天皇からも治安の悪さを指摘された以上、陸軍統帥部も第一四軍が要望していた徹底した「討伐」実施に同意せざるをえず、予定していた第一六師団の転出を中止した。天皇の下問は、結果として陸軍統帥部の兵力配置計画を変えさせたといえる。

ソロモン・ニューギニア方面の戦況やフィリピンの治安を憂慮していた天皇を、この時期、喜ばせたのは、ビルマ沿岸方面に侵攻してきた英印軍とアラカン山系を越えて中部ビルマ深く浸透してきたウィンゲート旅団を退却させたことであった。四月八日、天皇は杉山に「ビルマでは地上も空中も非常によくやって誠に結構である。どうか総司令官に一層戦果を収めるように伝えて呉」と「嘉賞」した（同前、三〇四頁）。たしかに、連合軍のビルマ方面での攻勢は挫折したが、日本軍を大いに攪乱し、第二次チンジット作戦（一九四四年二月から再興されたウィンゲート部隊による大規模な後方攪乱作戦）成功の下地を作った。この頃、すでにラングーンもしばしば空襲を受けており必ずしもビルマも楽観できる状態ではなかった。

また、南東方面では四月七日より、聯合艦隊司令長官・山本五十六大将がラバウルに進出して直接指揮をとり、ソロモンと東部ニューギニアの両方面にたいする航空撃滅戦が展開されていた。これは航空兵力の劣勢を挽回するために、使用可能な基地航空兵力と空母艦載機のほとんど全部（合計三五〇機）をラバウルとその周辺の航空基地に集中して行なった作戦で「い号作戦」と呼称された。「い号作戦」は四月七日から一四日まで、四次にわたって実施され、かなりの戦果をおさめたと報じられたが、日本側も四九機を喪失した。「い号作戦」の戦況は日々天皇のもとに伝えられ、軍令部総長は、天皇は「御満足の御様子」（九日）であると聯合艦隊司令部に伝え、また一四日には、「非常に満足に思ふ旨聯合艦隊司令長官に伝へよ、尚益々戦果を拡大する様に」（『戦藻録』二八七頁）との天皇の言葉を打電した。

アッツ島の玉砕

だが、天皇もビルマやソロモンでの反撃を喜んでいるわけにはいかなかった。四月一八日には、陣頭指揮にあたっていた山本五十六聯合艦隊司令長官が機上戦死し、さらに五月一二日には、アリューシャン列島アッツ島に米軍が上陸したからである。米軍アッツ島上陸から三日たった五月一五日、この日、統帥部両総長は戦況上奏を行なっただけで、大本営の今後の措置については何も上奏しなかった。天皇は、統帥部の対応の緩慢さに不満の念をあらわにし、次回の上奏の許可を求めにきた侍従武官に「上奏はもっと早い方が良いのではないか」と言った（『大本營陸軍部〈6〉』四四四頁。原資料は侍従武官尾形健一中佐の業務日誌）。陸海統帥部は、アッツ島について繰り返し「確保」と「兵力増強」の方針を確認するが、五月一八日には一転してその放棄を内定してしまう。海軍はこの方面に艦艇と航空機を次々と投入してガ島同様の消耗戦になることを恐れていた。海軍内での検討結果を、参謀本部・真田作戦課長は軍令部・山本作戦課長の言として次のように記録している。

熱田［アッツ］のため悪あがきをし（アッツには気の毒なるも）艦隊および航空共不利となることは避けたい。艦隊燃料補給困難のため釘付にされる。内地に一カ月半分しかないので敵が南に出るとき回航不能の虞れあり、マーシャルに敵が来ても出られぬ事となる算あり、一か八かやっても爾後は補給が続かない（同前、四五五〜四五六頁）。

結局、「確保」とは言ってみたものの、海軍にはこの方面で決戦に出る戦力も補給を続ける自信もなかった。そもそも、アッツ島はミッドウェー作戦と並行して実施されたアリューシャン攻略戦の結果、一九四二年六月六日に一度は占領したものの、その後、兵力は撤収されていた。しかし、予想以上に早く始まった米軍の反攻に、一〇月から一一月にかけて再度守備兵力が配置されたのである。しかし、アッツ・キスカが確保できるかどうかは、必ずしも充分には検討されていなかった。陸海統帥部の決定は、見通しを欠いていたといわざるをえないし、実際に米軍が上陸してみると「確保」を繰り返し言明しながら、守備兵力の撤収が不可能になった段階で放棄を決定するという不手際を演じた。結局、アッツ島守備隊は増援も得られず、撤収作戦もなされないまま五月二九日に「玉砕」した。

政治と軍事の統合者

六月六日、天皇は陸海軍の見通しの甘さ、協力の不十分さについて下問した。杉山参謀総長とのやり取りを見てみよう。

御上　此度作戦計画を斯くしなければならないことは遺憾である　どうか之から先は克く見透しをつけて作戦をする様に気を附けよ

総長　洵に恐懼の至りて御座ります今後十分気を附けて参ります

御上　陸軍と海軍との間はしつくり協同してやつているか

総長　全般的には能く協同してやつて居ります殊に参謀本部と軍令部との間は克く協同の実を挙けて参つて居ります　出先は局部的に各々任務、立場の関係からぴつたり行かぬ点か無いてもありませぬか　しかし左様な場合にはこちらから幕僚を派遣したり出先から人を招致したりして遺憾の点のない様に致して参りましたか　今後

は中央出先ともに一層注意を致します

御上　米の戦法は常に我背後を遮断して日本軍の裏をかく遣り方か従来屢々てある
　今後とも之等を念頭に置いて作戦する様に

総長　今後一層努力し最善を尽します（『真田穣一郎日記』、『杉山メモ』下、解説二〇頁所収）

天皇の質問はアッツ「玉砕」に関連してのものであるが、杉山の回答は要領を得ない。一般的なことを言っているだけである。天皇も大元帥として「米の戦法」について注意を与えているが、陸軍大将たる参謀総長がこのようなことを知らないわけがない（杉山は六月二一日には元帥になる）。天皇もいらだちがかなり高まっていたのであろう。この下問をした二日後（六月八日）、蓮沼侍従武官長に次のように怒りの言葉を告げている。

今度の如き戦況の出現は前から見透しかついていた筈である　然るに五月十二日に［米軍が］上陸してから一週間かかつて対応措置か講せられ　濃霧のことなと云々していたか霧のことなとは前以て解つていた筈てある　早くから見透しかついていなければならぬ

陸海軍の間に本当の肚を打開けた話合ひか出来ているのてあらうか　一方か元気に要求し一方か無責任に引受けていると云ふ結果てはなからうか　話合ひか苟も出来たことは必す実行すると云ふことてなければならぬ　協定は立派に出来ても少しも実行か

出来ない約束（それは「ガダル」作戦以来陛下か仰せになりしこと）を陸海軍の間てして置きなから実行の出来ないことは約束をしないよりも悪い陸海軍の間［に］軌［軋］轢かあつては今度の戦争は成立しない陸海軍か真に肚を割つて作戦を進めなければは……（同前、解説二〇～二一頁所収）

天皇は、アリューシャン作戦の致命的失策であった見通しの悪さ、陸海軍の協同作戦のまずさを厳しく叱責した。ガ島攻防戦以来、陸軍からは海軍の、海軍からは陸軍の利己的・消極的な行動を聞かされ続けてきた天皇は、ついに陸海軍の姿勢自体、作戦方針自体を批判した。そして天皇はさらにこう続けている。

霧かあつて行けぬようなら艦や飛行機を持つていくのは間違ひてはないか　油を沢山使ふばかりで……斯んな戦をしては「ガダルカナル」同様敵の志気を昂け中立、第三国は動揺し支那は調子に乗り大東亜圏内の諸国に及ほす影響は甚大である　何とかして何処かの正面て米軍を叩きつけることは出来ぬか

緬甸は陸軍かやつているか　陸軍は負けはせぬが　海洋てはどうも陸軍の力を出すようになつていない……杉山は海軍の決戦を以つて今度の戦を「カバー」するようなことを言つていたかあんなことは出来はせぬ（同前）

作戦の失敗を叱責するだけでなく、その政治的影響を憂慮する天皇の姿は、まさに政治と軍事の統合者としてのそれである。ガ島撤退に際しても、天皇は「如何にして敵を屈服

させるかの方途」を下問しているが、ここではさらに踏み込んで「何処かの正面て米軍を叩きつけることは出来ぬか」と言っている。天皇は、この時から執拗に米軍との決戦を促すようになる。統帥部にたいする天皇の要求は、作戦をどう進めるか（作戦指導）だけでなく、世界情勢をにらんでどのような作戦を立てるか（戦争指導）へとエスカレートしたのである。

2　ソロモンでの海上決戦の要求

〝米を叩きつけねばならぬ〟

一九四三年六月、アッツ島「玉砕」の衝動がさめやらぬままに、今度は再びソロモン・ニューギニア方面での連合軍の圧力が強まってきた。アッツ島問題で統帥部を「何処かの正面て米軍を叩きつけることは出来ぬか」と厳しく叱責した翌日、六月九日には、天皇は今度は東部ニューギニアの戦況に関連して、参謀総長と次のようなやり取りをしている。

御上　なかなかうまくやるね「ニューギニア」方面は航空作戦も糧食弾薬の集積も少しは良くなつているか此上とも十分力を尽し道路構築も此上とも努力して何んとかして米を叩きつけねはならぬ　尚東條か「ニューギニア」作戦について気合か入

つていない様なことを申していたかそうか
総長　「ニューギニア」は「ラエ」、「サラモア」を確保し爾後の攻撃を準備する方針には微動もありませぬ　「マーシャル」群島と「ビスマルク」諸島を確保しなければ海軍作戦は成立困難てありまして之は海軍丈の問題てはありませぬ国防圏として背水の陣てありまして陸海共に是非之に努力邁進せねはならぬと存します
之か為には「ラエ」「サラモア」保持は絶対となります「ラエ」「サラモア」を確保の後「ニューギニア」全域を如何にするかは更に作戦の推移を見究めた上　御允裁を仰き度と存して居ります　このことは本日総理にも話して置きました（『真田穣一郎日記』、『杉山メモ』下、解説二一～二二頁所収）

アッツ島「玉砕」以降、天皇は日本軍の「勇戦」を称揚しつつも、必ずと言ってよいほど「決戦」「前進」「戦力拡充」を促すようになる。この下問でも、最初に「なかなかうまくやるね」とほめたうえで、「何んとかして米を叩きつけねはならぬ」と決戦を求めている。ここで天皇が「なかなかうまくやるね」とほめているのは、陸軍の第六飛行師団がニューギニア中央高地ベナベナとハーゲンにある連合軍飛行場を連日爆撃していることをさしている（前掲図8参照）。

陸軍のベナベナとハーゲンへの没入

「亀」の背中に位置するマダンとウエワク（日本軍の拠点）の南方約四〇〇キロ、中央高地のベナベナとハーゲン地区に連合軍飛行場が発見されたのは四月二七日のことである（井本熊男『作戦日誌で綴る大東亜戦争』四一一頁）。陸軍中央はこれを非常に重大視し、既定方針のラエとサラモアの防備強化よりも、同飛行場の破壊・占領に並々ならぬ執念を燃やした。杉山は、天皇とのやりとりの中でラエとサラモア確保、という従来からの方針を強調しているが、現実の作戦は、防備強化という地道なものよりも、敵飛行場破壊・占領という派手なものへと流れつつあった。天皇もこの時は作戦方針の微妙な変化に気がついていない。むしろ従来、東部ニューギニアではきわめて消極的であった陸軍航空部隊の戦果を大いに喜んでいる。しかし、積極作戦を促す天皇の言葉は、陸軍中央のなかに天皇に喜ばれるような戦果を挙げたいという焦燥感を高め、結果としてラエとサラモア確保という陸軍の戦略を知らず知らずのうちに崩してしまうのである。

ラエとサラモアを守るか、中央高地を攻撃するかでは、航空兵力を推進させる重点も異なってくる。ラエとサラモアを中心に考えれば、ラバウル方面に航空部隊を配置した方が有利であるが、ベナベナとハーゲンを中心に考えれば、ニューギニア北岸のなるべく西寄りに配置したほうが良い。だが、ラバウルの航空兵力を増強することは、トラック方面から機材を空輸しなければならず、陸軍にとってはできれば避けたいことであった。それは前述したように、陸軍航空部隊が洋上飛行を極力敬遠したことに起因する。ラバウル方面にはできれば進出したくないという心理が、逆に内陸部のベナベナとハーゲンへの攻撃を必要以上に強調させることとなった。この方面で戦果に乏しかった陸軍航空隊が、華々しい戦果を挙げうる唯一の目標がベナベナとハーゲン空襲であった。

陸軍は、ラエとサラモア確保という原則を掲げながらも、一方では、七月七日には第六飛行師団の司令部をラバウルから中部ニューギニア北岸・ウエワクに移転させ、さらに八月一〇日、第四航空軍を新たに編成して、ウエワク周辺に陸軍としては従来にない大航空兵力（約二〇〇機）を集中して、ベナベナとハーゲンへの攻撃を強化した。

六月三〇日、連合軍がラエとサラモア南方のナッソウ湾に上陸したにもかかわらず、七月に入っても陸軍航空隊は連日のようにベナベナとハーゲンを空襲した。同時にナッソウ湾への爆撃も行なったので、陸軍航空隊は各方面で大活躍しているように見えた。七月一四日、杉山参謀総長の戦況上奏の際、天皇は次のように下問している。

御上　各方面とも第一線の将兵は勇戦して戦果を挙けているのは喜ばしい　此上とも十分戦力発揮の出来るようにやれ

航空の拡充には此上とも力を尽し戦線に於て持つている力を十分発揮出来るようにしてやる様に

総長　「マニラ」「トラック」の線から前方へ戦力を推進することに此上とも一層努力

致します又第一線の航空か十分力を発揮する為修理能力を附与すること為之修理技術の向上と部品の整備には一層力を尽します即ち航空と致しましては内地は増強、中間はどしどし押出し、第一線には修理能力と部品の整備、此三本建てで参り度いと考へます（『真田穣一郎日記』、『杉山メモ』下、解説二四頁所収）

戦況上奏の内容は明らかでないが、天皇と総長のやり取りから判断すると、話題の中心はやはり陸軍航空部隊のことのようである。天皇は「各方面とも第一線の将兵は勇戦して戦果を挙けているのは喜ばしい」と言っているが、この時期、実際には陸軍は目だった戦果を挙げていない。むしろ、ナッソウ湾に上陸した連合軍を撃退できず、地上戦闘では全くいいところがない。積極的に行動しているように見えるのは、ニューギニアの第六飛行師団によるベナベナとハーゲン地区、ナッソウ湾への爆撃だけである。天皇は沈滞する戦況のなかで孤軍奮闘するニューギニアの陸軍航空隊を称賛・激励し、また、陸軍航空隊はますます「戦果」を挙げやすいベナベナとハーゲンへの傾斜を強めていく。陸軍中央では、ベナベナとハーゲン地区への爆撃だけではなく、地上兵力あるいは空挺部隊による同地区攻略も考えていた。

しかしながら、ベナベナとハーゲンへの連合軍航空兵力の進出は、ラエとサラモアから日本軍の注意をそらすために仕組まれた欺騙(ぎへん)行動であったとの見方が有力である。日本陸軍の航空隊は、連日のように偽飛行場や囮施設を破壊して多大な戦果を挙げたように錯覚していたのである（『作戦日誌で綴る大東亜戦争』四三七〜四三八頁）。

陸軍がベナベナとハーゲンに気を取られ、目に見える戦果を挙げようと躍起になっていたすきに、連合軍はラエとサラモアへの圧迫を強め、サラモアの西方わずか一〇〇キロのファーブアにひそかに大規模な飛行場を作りあげていた（八月一一日に発見）。陸軍がラエとサラモア方面の連合軍航空兵力の増強に気がついたときには全くの手遅れで、日本軍機はラエとサラモアに近づくこともできなくなっていた。それどころか、八月一七日、ポートモレスビーとブナとファーブアから連合軍機の大規模な先制空襲をうけ、ウエワク周辺に集結していた第四航空軍は一〇〇機以上が地上で撃破され、壊滅状態に陥ってしまった。天皇が「なかなかうまくやるね」と陸軍の積極的航空作戦をほめてからおよそ二ヶ月後には、ニューギニアの陸軍航空隊は見る影もなくなった。陸軍でも現地の第八方面軍隷下の第一八軍（司令官・安達二十三中将）は、むしろ早くからベナベナとハーゲンの攻略を疑問視していた。八月一日には攻略作戦「延期」を中央に具申したが（同前、四三八頁）、第一八軍司令官は戒告処分をうけた。結局、ベナベナとハーゲンに入れあげたあげくのこの陸軍の失敗は、陸軍中央が、目だった戦果を挙げたい、どこかで米軍を叩かなければならない、との焦りから生じたものである。積極的作戦を称揚し、しきりに決戦を催促した天皇の姿勢にも原因の一端があったといえなくもない。

ますます戦況悪化

陸軍航空隊が、連合軍の牽制作戦にひっかかってベナベナとハーゲンへの攻撃を強化していた頃、東部ニューギニアと中部ソロモンの戦況はきわめて悪化していた。前述したように、六月三〇日にはラエ・サラモアに隣接するナッソウ湾に連合軍が上陸したのをはじめ、同じ日に中部ソロモンでもレンドバ島に、七月三日にはムンダ基地があるニュージョージア島に上陸作戦が開始された。一月に天皇が、「『ニュージョージャ』『イサベル』の線より退る如きことあらば」と心配した、その中部ソロモンの防衛線がいよいよ危なくなったのである。この頃から、天皇の海軍に対する姿勢は非常に厳しいものになる。海軍統帥部が言うほど聯合艦隊は積極的に活動しているようには見えず、しばしば天皇の期待を裏切ったからである。たとえば、米軍がナッソウ湾とレンドバ島に同時上陸した六月三〇日の午後四時、天皇は、戦況上奏にきた永野軍令部総長と次のようなやり取りをしたと軍令部作戦部長・中沢佑少将がメモに残している。

陛下　今度は非常に大事　陸海軍協力せよ　本日戦捷を祈願す

総長　今回の来襲は予期する処にして「ガ」島作戦後敵の戦力は向上しあるも我又大幅に向上しあり。敵の来攻は恰も陶晴賢（すえはるかた）の厳島に上陸せしが如く、今度は思ひ切り叩く心算、兵力は多々益々可なるも現状集め得る兵力を結集、必勝を期して作戦し、以て聖旨に副ひ奉らんことを期す（戦史叢書39『大本營海軍部・聯合艦隊〈4〉』三六五

頁)

天皇は「今度は非常に大事」と中部ソロモンでの決戦を要求し、永野も実に調子よく一挙に米軍を撃滅できるかのように言っている。永野が自信満々に語っている「敵の来攻は恰も陶晴賢の厳島に上陸せしが如く」云々の一節は、戦国武将・毛利元就が囮を使って陶晴賢の大軍を巧妙に厳島に誘い出し、狭いところで身動きが取れなくなったところを急襲して全滅させたという故事を得意の古戦史からひいているのであるが、米軍は中部ソロモンに誘い出されたわけではなく、日本軍を力ずくで圧迫しているのである。永野はさらに「今度は思ひ切り叩く心算」などと天皇に期待を持たすことを言っているが、海軍はそのような有力な兵力をこの方面に集中することはできなかった。この日、中部ソロモン方面に集中可能な海軍の基地航空兵力は一三五機を数えるに過ぎず、「思ひ切り叩く」どころか逆に米軍に圧倒され、翌七月一日には可働機が五三機に減ってしまうというたいへんな苦戦だった(奥宮正武『ラバウル海軍航空隊』二四〇〜二四一頁)。だが、天皇は、永野の言葉を信じたのか、これぞ敵撃滅の好機と思ったようである。七月一日、永野にたいし再び

此の度上陸せる敵に対し陸海軍は其の担任地域の如何に拘らず全力を集中克く協同して徹底的に之を撃滅、其の企図を破摧せよ(『大本營海軍部・聯合艦隊〈4〉』三六六頁)

と命令した。「陸海軍は其の担任地域の如何に拘らず」という部分には、「担任地域」を理由になかなか陸海軍が協同した作戦を行なわないことにたいする天皇の批判が込められ

ている。しかし、敵を撃滅せよとの天皇のとりわけ力のこもった発言であるので、海軍統帥部は、わざわざ南東方面艦隊（司令長官・草鹿任一中将）にこの天皇の言葉を機密電報で送り、積極的作戦を促した。統帥部は、戦力のかわりに天皇の言葉を送るという方法をまたしてもとった。だが、南東方面艦隊にはそもそも米軍に決戦を挑むほどの戦力と準備はなく、戦果といえば、七月六日のクラ湾夜戦においてわずかに米軽巡洋艦一隻を撃沈したにとどまった（日本軍も駆逐艦一隻が沈没し、四隻が損傷した）。結局、天皇の期待に反し、海戦・航空戦とも見るべき戦果はあがらず、陸戦でも増援部隊の派遣に失敗し、ますます苦しい状況となった。永野軍令部総長の「必勝を期して作戦」するという言葉は全くの反故となった。

決戦要求の高まり

七月一五日、戦況上奏の際、天皇の下問にたいして永野は「決戦の峠を越さぬときに決戦すると云ふ事のない様に致したい」と要領を得ない回答をした。「決戦の峠」において機を逸さずに「決戦する」という意味なのであろうが、天皇は、永野に「何れの時機が決戦か判らぬ」（同前、三九〇〜三九一頁）と厳しく言いかえしている。天皇は決戦の場所と時期について、海軍の作戦指導のあり方があいまいで、決断に乏しいことを批判しているのである。

天皇の決戦要求と海軍に対する不信・不満は相乗的に高まっていった。八月五日、天皇は、杉山参謀総長の戦況上奏の際に次のように下問した。

御上　何れの方面も良くない　米軍をぴしゃりと叩く事はできないのか

総長　両方面［ラエ・サラモアとムンダ方面］とも時間の問題でないかと考へます

　第一線としては凡有る手段を尽していますが誠に恐懼に堪えませぬ

御上　それはそうとしてそうぢりぢり押されては敵だけではない　第三国へ与へる影響も大きい一体何処でしっかりやるのか　何処で決戦をやるのか今迄の様にぢりぢり押されることを繰返していることは出来ないのではないか

総長　海上の力も十分に発揮し航空の力も発揮して「ワウ」を取り「ソロモン」方面も既得の足場をしっかり堅めて敵を叩く考へでありましたが事志と違ひ申訳御座いませぬ

御上　今度は一つ今迄の様てなく米側に〝必勝だ必勝だ〟と謂はせない様に研究せよ

（『真田穣一郎日記』、『杉山メモ』下、解説二四〜二五頁所収）

天皇は矢継早に「米軍をぴしゃりと叩く事はできないのか」「一体何処でしっかりやるのか　何処で決戦をやるのか」と決戦を促している。杉山参謀総長は「恐懼に堪えませぬ」「事志と違ひ申訳御座いませぬ」とひたすら詫びるばかりである。アッツ「玉砕」直後から高まった天皇の決戦要求は、この時期一つの頂点に達した。

天皇の決戦実施の要求は、直接には海軍に向けられたものである。アッツ島の失陥の時点ですでに、天皇は海軍の消極的作戦指導に不信感をもちつつあった。六月八日、前に引用したように、「海軍の決戦を以つて今度の戦［アッツ失陥］を『カバー』するようなことを［杉山参謀総長が］言つていたかあんなことは出来はせぬ」と海軍の無力ぶりを厳しく叱責している。七月七日の木戸幸一の日記には「海軍の志気につき御話ありたり」とある（『木戸幸一日記』下、一〇三九頁）。前後の天皇の下問からすると、これは海軍の士気低下についての憂慮の言葉であったと推測できる。そして、中部ソロモンに対する米軍の攻勢を阻止できないことが明らかになると、天皇の海軍に対する怒りといらだちはますます激しいものになる。

海軍に対する怒りといらだち

八月六日、米軍はニュージョージア島ムンダの占領を発表、八日には、同島の日本軍部隊司令部はコロンバンガラ島に撤退した。その八日、天皇は杉山参謀総長との間に次のようなやり取りをしている。

御上　局地的には克く戦闘をやつているが何処かで攻勢をとることは出来ぬか　之は主として海軍のことではあるか……

杉山　何としても陸軍としては足を持つて居りませぬ　足さへありますれは御仰せの

ことは出来ます　之は方面軍司令官から申して来ました通りてあります［中略］

御上　航空は陸軍も大分弱つて来たが早く力をつけることは出来ぬか

杉山　新事態以前に新作戦の為に準備中てありましたか今度の事態発生以来鋭意速急に送ることに努力中てあります　航空路も漸く最近略完成し空中輸送もやつと緒についた所であります

御上　それはそうであらう　克く解つた　出来る丈け努力せよ　海軍は一体どうしているであらうか

杉山　陸軍としても海軍の進出をは切望しているのてありますが海軍にももつと早く出度い考を持ちなからなかなか意の如くなり難い事情のあることと存します

御上　何んとか叩けないかねー（『真田穣一郎日記』、『杉山メモ』下、解説二三頁所収）

天皇はいつものように「何処かて攻勢をとることは出来ぬか」と言っただけでなく「之は主として海軍のことではあるか」とはっきり海軍を名指しで決戦を要求した。参謀総長も「足［輸送船とその護衛］さへありますれは御仰せのこと［攻勢作戦］は出来ます」などとニュージョージア失陥の責任を海軍にかぶせてしまうようなことを言っている。陸軍にしてみれば、もともと海軍が確保を強く主張してきたムンダなど中部ソロモン諸島は早めに放棄したほうがよいと考えていたこともあり、戦況悪化の原因をすべて海軍に負わせてしまう構えである。天皇も陸軍には「克く解つた　出来る丈け努力せよ」と理解ある言葉を与え、その一方で、「海軍は一体どうしているであらうか」とまるで海軍が戦場から消えてしまったかのような言い方をしている。

杉山への下問の後、天皇はさらに蓮沼侍従武官長に次のように語っている。ここでも天皇の海軍不信がくり返し表明されている。

今の様なことをしていては復た逐次取らるるに非すや「ラボール」〔＝ラバウル〕「ボーゲンビル」に穴か空くに非すや　海軍はどう見込をつけているのか　確保する確保すると云つて……一向に実行か出来ない　若し「ラボール」をしつかり持つと謂ふならはその準備は出来ているのか何処が本当に持てるのか

海軍を何とか出す方法は無いものか　（註　ＧＦ〔聯合艦隊〕は内地に在り又２Ｆ〔巡洋艦を中心とする第二艦隊〕は「トラック」にじつとしていることを御承知）確乎たる自信もなく次第に後ろへ押し退けられつつあり何処かでがちっと叩きつける工面はないものか（同前、解説二三一〜二四頁。（　）内の「註」は真田が補足したものであろう）

中部ソロモン諸島での日本軍の後退・苦戦の状況から、天皇は陸海統帥部に先立ってその確保は無理と判断したようである。ラバウルや北部ソロモンのブーゲンビル島の確保すら危ぶんでいる。侍従武官長への言葉からもわかるように、天皇の焦慮の原因は、（１）「確保」の約束が一向に守れない、（２）いつも防備と補給が充分でない、（３）海軍が米軍に決戦を挑まない、という点にある。

永野軍令部総長へ風当たり強く

杉山参謀総長と永野軍令部総長が列立して上奏した際、天皇の下問は永野にたいしてことのほか厳しかった。八月二四日、ラバウルの確保を心配した天皇は、両総長との間に次のようなやり取りをした。ここでも明らかに永野への風当たりは強い。

陛下　来年の春迄「ラバウルを」持つと云ふが持てるか

杉山　第一の通り答「「御下問奉答資料」の番号と推定される」

陛下　後ろの線に退ると云ふが、後ろの線之が重点だね

杉山　左様で御座居ます　後ろの線が重点で御座居ます　数千粁の正面の防備　これは来春迄には概成しか出来ません。それ迄の間前方は持たなければなりません

永野「ラバウル」が無くなると聯合艦隊の居所は無くなり、為に有為なる戦略態勢が崩れます。「ラバウル」には出来る丈永く居たいと存じます

陛下　それはお前の希望であらうが、あそこに兵を置いても補給は充分出来るのか　それならしつかり「ラバウル」に補給できる様にせねばいけない　それから其所へ敵が来たら海上で敵を叩きつけることが出来るならば良いが、それがどうも少しも出来て居ない

永野　以前は航空が充分働かなかつたが、最近は大分良くなりました

陛下　この間陸軍の大発を護衛して行つた駆逐艦四隻が逃げたと云ふではないか［八月一七日の第一次ベララベラ沖海戦のことを指している］

永野　魚雷を撃ちつくして退避しました

天皇　魚雷だけでは駄目、もつと近寄て大砲ででも敵を撃てないのか

後ろの線に退つて今後特別のことを考へて居るか

永野　駆逐艦も増加するし、魚雷艇も増へます

天皇　電波関係はどうか「ビルマ」、「アンダマン」、「スマトラ」はどうするか

奉答　同時に研究しまして具体的には何れ更に研究の上申上げます（『大本營海軍部・聯合艦隊〈4〉』四二八頁）

天皇と杉山は、「後ろの線之が重点だね」、「左様で御座居ます」と比較的息のあったところを見せているが、天皇は永野の言うことにはいちいち批判めいたコメントを加えている。永野がラバウルを確保したいと言えば、補給はできるのか、海上で決戦をしないではないかとまで切り返し、あげくの果てに陸軍の上陸部隊を護衛していた駆逐艦が逃げたではないかとまで言っている。永野が魚雷をうち尽くした、と言えば、もっと近寄って大砲ででもやれ、と徹底的に海軍の姿勢を批判している。天皇の眼には、ラバウルに固執するわりにはいっこうに決戦を挑まない海軍の姿勢が、士気に乏しくきわめて消極的、無為無策に映ったのである。

政戦略の統合者・天皇の戦略眼

アッツ島失陥頃から天皇は執拗に決戦を要求したが、それは前述したように「斯んな戦をしては『ガダルカナル』同様敵の志気を昂け　中立、第三国は動揺し支那は調子に乗り大東亜圏内の諸国に及ほす影響は甚大である」からであった（一九四三年六月八日の下問）。政戦略の統合者・天皇としては、作戦の純軍事的な影響だけでなく、それが世界情勢に及ぼす波紋も考えざるをえなかった。ソ連の動向やヨーロッパの戦況も天皇は見逃してはいない。

六月七日、ソ連軍機が満州国内に飛来し、地上施設に銃撃を加えたすえ、関東軍に撃墜される事件が起きると、さっそく、六月九日に

> 蘇聯の飛行機の件は「ソ」聯政府かやらせたのてあらうか……兎に角拡大せぬ様に間違ひの起らぬ様にせよ　一体米英か要求したら蘇聯はどうすると思ふか（『真田穣一郎日記』、『杉山メモ』下、解説二二頁所収）

と下問している。最後の「米英か要求したら」というのは、連合軍がソ連に航空基地の提供を要求したら、という意味であろう。アリューシャンでの後退、東部ニューギニアでの激戦の展開という状況のなかで、天皇は「拡大せぬ様に間違ひの起らぬ様」と対ソ関係に非常に神経を使っている。

地中海方面で反攻のテンポを速めつつある連合軍の動向も天皇にとっては心配の種であった。前述したように、一九四二年六・七月にはドイツ・イタリア軍は北アフリカ方面で破竹の進撃をとげ、日本の統帥部もそれに期待して一時はインド洋への進出を決定したりしたのだが、一一月にはドイツ・イタリア軍の攻勢はカイロを前にして完全に頓挫した。このあと反撃にでた連合軍は、次々に北アフリカの拠点を奪回し、また地中海の制空権・制海権を確保してイタリアへの圧迫を強めていった。すでに一九四三年一月二七日の時点で、森島守人ポルトガル公使から「イタリア敗戦は必至」という情報がよせられていたが、五月にはドイツ・イタリア軍は北アフリカから完全に駆逐され、いよいよシチリアとイタリア本土が脅かされることとなった。

七月一〇日、連合軍はシチリア島に上陸したが、すでにイタリア軍の士気は低下し、戦闘の主役はドイツ軍であった。イタリア本国では、シチリアまで連合軍の侵攻を許したことで、ムッソリーニが急速に力を失い、七月二五日に失脚、バドリオ政権が成立した。

八月五日、天皇は、連合軍のシチリア島上陸、イタリアの危機を憂慮して、

「シシリー」島は持てると思ふか　独乙は引続き兵力を入れると思ふか（同前、解説二五頁所収）

と下問している。杉山参謀総長が「独乙は『シシリー』島に執着を持つとは考へられませぬ」と答えると、天皇はさらに

独乙は北部伊太利と云ふか　そうなると「ルーマニヤ」の油田も危いではないか　斯る時は日本としても考へなければならないてのはないか（総長註　独「ソ」妥協のことをお指しと拝察される）　日本としても考へどきに非すや

と言っている。シシリー島の危機はイタリアの脱落であり、イタリアの脱落はルーマニアの油田の危機だ、という認識は戦略的に的確な観察である。ドイツの戦争経済はノルウェーの鉄とルーマニアの石油で支えられているとみなされていた。イタリアが南部といえども連合軍に占領されれば、ルーマニアは連合軍航空機の爆撃圏内に入ってしまう。ドイツの勝利に期待して対英米戦に踏み切った日本としては、ルーマニアの油田が破壊され、ドイツが危なくなれば、天皇が言うように「日本としても考へどき」だったのである。

杉山は、天皇の言葉を「独『ソ』妥協のこと」、すなわち日本が独ソの停戦を斡旋することと解釈している。これは当時、統帥部の一部でソ連がドイツを圧倒してルーマニアに侵攻するのではないか、という観測が出てきたことを反映しているものと思われるが（大井篤『海上護衛戦』一一六頁）、天皇の「日本としても考へどきに非すや」という言は、イタリア・ドイツがドミノ倒しになることを憂慮したものであると解釈したほうが自然であろう。ドイツが危なくなれば、日本は根本的に戦争指導方針を転換しなければならないのではないか、と天皇は考えつつあった。天皇と杉山参謀総長のこのやりとりがあった後、八月一七日にドイツ軍はシチリア島から撤退、イタリアのバドリオ政権は九月三日、ドイツには秘密にしたままで降伏文書に調印した（公表は八日）。

3　攻勢防御論への転換＝「絶対国防圏」の設定

戦略拠点防備の確認

連合軍によるソロモン諸島と東部ニューギニアでの反攻の前に、いかにラバウルを確保し、連合軍の進攻をくいとめるかという統帥部内の議論は、一九四三年九月三〇日の「絶対国防圏」の決定へと進んでいく。六月から八月にかけて決戦を執拗に要求した天皇も、いっこうに海軍が決戦に踏み切らず、戦機を捉えられぬまま戦力を消耗してしまい、盟邦イタリアも脱落するという戦況の全般的悪化を前に、八月下旬以降、しだいに統帥部への要求の重点を決戦から補給確保と戦略拠点の防備強化へと移していく。統帥部への天皇の注意内容もいつ、どこに、どういった部隊を派遣するのか、あそこの防備にぬかりはないか、といったかなり具体的な問題におよぶようになる。九月一一日、天皇は杉山参謀総長と次のようなやりとりをしている。

陛下　第十七師団主力を「ラバウル」に投入するとのことなるが補給について如何考へありや。〝将兵は非常に勇敢に働いたが、餓死をした〟斯くなつては遺憾に耐へ

ない。明治天皇も君子の戦ひ父子の情と仰せられた。その通りと思ふ。海軍とは如何話合ひしありや。御前方はどう考へて居るか

杉山　陸軍としての心配の第一は補給の問題であり第二は船腹の問題であります

海軍は「ラバウル」を非常に重視し、〝「ラバウル」を失ひたる暁は動きが取れなくなる、何とか「ラバウル」を確保して呉れ〟との意見。補給についても船腹についても、あらゆる努力をすると云つて居ります。この気持があれば何とかやつて行けると考へ、話がまとまりました

陛下　「ラバウル」には兵団を入れると云ふが、西部「ニューギニヤ」には何時、何を送るのか。入れなければ兵備は薄弱ならずや

杉山　座布団部隊［後方部隊］を入れて充分やらせます。飛行場設営隊、道路構築隊等を入れ、爾後兵団［師団単位の戦闘部隊］を入れます

陛下　「トラック」には入れるね

杉山　五十二師団の先頭を入れます

陛下　相当敵側としては反攻の気勢があるが、「アンダマン」「ニコバル」、「スマトラ」の防禦はあれでよいのか

杉山　「アンダマン」、「ニコバル」の防衛については成るべく早く防備を進めることに計画中であります。「パレンバン」も取敢ずの処置は出来ました（『大本營海軍

図９　アジア太平洋戦域と絶対国防圏

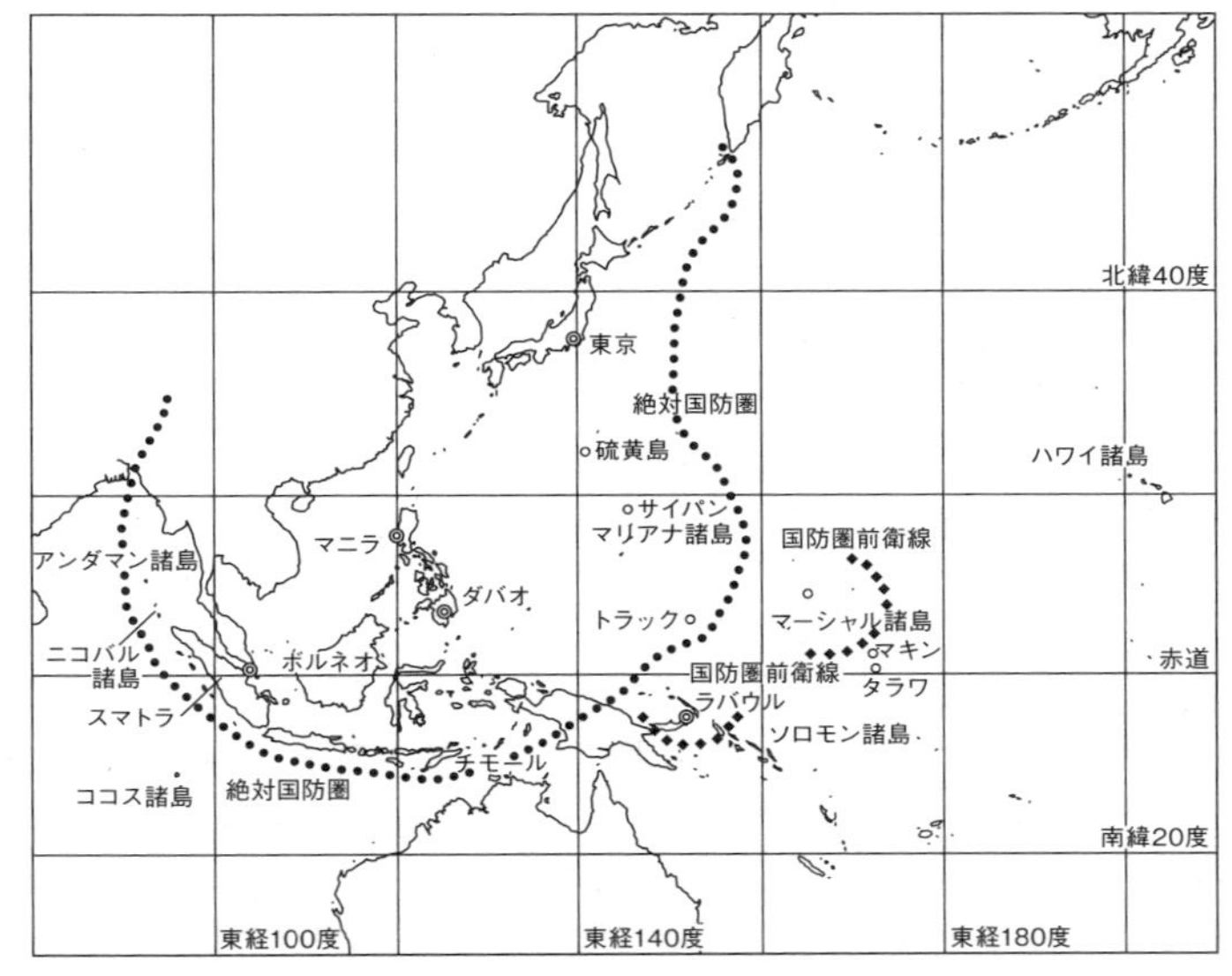

部・聯合艦隊〈4〉』四九三～四九四頁)

天皇は、矢継早に個々の戦略拠点の防備について下問し、「確保」と決めてもなかなか防備が整わない現状を打開するために、具体的な手立てをみずから点検している。

九月三〇日、国策決定のための御前会議において「今後採るべき戦争指導の大綱」が決定され、次のように定められた。

万難を排し、概ね昭和十九年中期を目途とし米英の侵攻に対応すべき戦略態勢を確立しつつ、随時敵の反攻戦力を捕捉撃砕す。

帝国戦争遂行上、太平洋及び印度洋方面において絶対確保すべき要域を、千島、小笠原、内南洋(中西部)及び西部ニューギニヤ、スンダ、ビルマを含む圏域とす(『大本營陸軍部〈7〉』一九五頁)。

統帥部では、「絶対確保すべき要域」を「絶対国防圏」と称したが(図9参照)、ラバウルやマーシャル諸島(ブラウン・クェゼリンなど)・ギルバート諸島(マキン・タラワなど)はこれには含まず、「絶対国防圏」を防衛するための「戦略前進陣地」あるいは「国防圏前衛線」とされた。統帥部では陸海軍とも、東部ニューギニアと中部ソロモン諸島を放棄することでは合意したが、すでに孤立化しつつあっても、膨大な作戦資材と一〇万の兵力を投入したラバウルを撤退することはできなかった。

また、陸軍は兵力・資材の輸送の関係から、ラバウルと「絶対国防圏」の外縁で連合軍の攻撃を阻止する構想であったが、海軍は聯合艦隊の泊地トラックを「絶対国防圏」の中核と位置づけ、そこから出撃して絶対国防圏の外側、「戦略前進陣地」にあたるマーシャルで決戦を挑むことを考えていた。したがって、「絶対国防圏」とはいっても、「絶対国防圏」そのものを主たる防衛線とみなして防備強化を中心課題とする陸軍と、そのはるか外側に決戦場を求めようとする海軍では、現実にはかなりの解釈の違いがあった。

また、「大綱」では、「帝国は今明年内に戦局の大勢を決するを目途とし」あるいは「概ね昭和十九年度中期を目途」として「必勝の戦略態勢を確立する」とされている。つまり、「絶対国防圏」を確保しつつ戦力を造成し、一九四四年中期には決戦をおこなうというのである。

攻勢防御を要求

天皇は、「絶対国防圏」設定の論議のなかでも、防備を固めるにも、完全に受動的な守勢にまわるのでなく、随時随所で撃って出る攻勢防御を要求した。九月二一日、城侍従武官は、次のように記録している。

一七〇〇、戦況上聞。ニューギニア北東部に敵の輸送船多数集中しあり、警戒中。「警戒中にては駄目、攻撃せなければいかんね」との仰せあり（『侍従武官・城英一郎日記』三二四頁）

この場合の戦況上聞とは、大本営海軍部が作成した「戦況に関し御説明資料」にもとづく侍従武官による戦況説明のことであろう。「警戒中」という城侍従武官の報告に、天皇は「攻撃せなければいかんね」と言ったというわけだが、これは単なる焦りからくる発言ではない。天皇は、あくまでも積極的な攻勢防御を海軍に要求したのである。なぜなら、天皇は、この輸送船団の危険性に注目していたからである。この米軍の輸送船団は、東部ニューギニアの要衝フィンシュハーフェンに向かいつつある上陸部隊であった（翌九月二二日に上陸）。フィンシュハーフェンはダンピール海峡を扼するきわめて重要な位置にあり、そこを奪取されると、ニューギニアとラバウルとの交通は遮断されてしまう。これはニューギニア・ソロモン方面の防衛線を崩壊させ、ラバウルを完全に孤立化させる重大事である。天皇はその危険性を感じとり、「警戒中」という海軍の受動的姿勢を叱責、「攻撃せなければいかんね」と積極作戦を督促したのである。

完全に虚をつかれた現地の海軍航空隊が攻撃を開始したのは天皇が注意を与えた二日後であった。このように、天皇は、戦争が持久段階に入っても積極果敢な攻勢防御を志向し、かつみずから連合軍の作戦企図を推理して時には統帥部の作戦担当者よりも的確な判断を下した場合も少なくない。天皇の軍人としての情勢判断能力は決して平凡なものではないし、戦争指導・作戦指導にたいして天皇がそそぎ込むエネルギーは並々ならぬものがあった。

天皇の攻勢防御論を示す別の例もある。九月下旬と推定される時期に天皇は、「『スマトラ』に敵が来ると思ふが、『ココス』島をどうして取らぬか」と下問している。杉山参謀総長は、

「ココス」は戦略上重要の島でありまして　色々陸海軍共研究しましたが南東方面の状況、陸軍の関係から取るには取つても確保がむつかしく　補給の問題が起るので必要は痛感しますが十分警戒して「メンタウエー」諸島に警戒兵を出して我慢するの已むなき状況であります（『大本營海軍部・聯合艦隊〈4〉』五三一頁）

と回答している。スマトラ防衛のためにココス島を占領せよ、という天皇の攻勢防御論を、ここでは逆に陸軍が補給の問題から反対している。

天皇は、東部ニューギニアの一角とラバウルから構成する「戦略前進陣地」においてできるかぎり米軍の侵攻を遅らせ、その間に、スマトラ・西部ニューギニア・カロリン諸島（トラック）などの後方要域の防備を固めるという方針（九月三〇日の御前会議で決定される「絶対国防圏」構想）に基本的に賛成し、八月二四日には前述したように「後ろの線に退ると云ふが、後ろの線之が重点だね」と言っている。

しかし、天皇は、ココス島占領論などに見られるように、陸軍の言う防備強化一点張りには不服で、防備を固めつつも受動的にならない攻勢防御を要求した。また、海軍が言うような「後ろの線」からはるか前方のマーシャル諸島まで進出して決戦をするという構想

にも反対であった。一見、天皇の攻勢防御論と合致するように見える海軍のマーシャル決戦論であるが、「後ろの線」の防備を軽視する点で天皇には容認し難いものであった。すでに六月から八月にかけての永野軍令部総長とのやりとりを通じ、天皇の眼には、海軍の姿勢は実行の伴わない消極論と映っていたので、ここでマーシャル決戦論をとなえても、もはや信用されなかった。それよりも後方要域の防備強化という陸軍の方針のほうがどちらかというと信頼されたのである。この件についても永野総長は、天皇の不興をかっている。参謀本部作戦部長・真田穣一郎の業務日誌によれば、一〇月一〇日頃のこととして次のように記録されている。

最近軍令部総長上奏のとき後方要線について〝あれを確保すると云ふが、そんな固いものではない〟と従来の海軍の主張を申上げたらしい。そこで「両総長の考へに相違があるとすれば、今迄やった会議は何の意味か軍令部総長からもっと聞いてみたい。何のためにあれ丈やったのか」と大変な陛下の御言葉なりき（同前、五三〇頁）

陸上の防衛ライン構築に膨大な資材をつぎ込むよりも、アメリカ艦隊主力を誘い出して一挙に撃滅しようという海軍の思惑、「絶対国防圏」についての海軍流の解釈は天皇によって完全に否定されたのである。

第Ⅳ章　敗戦と天皇

一　戦況の悪化を憂慮する天皇

1　戦力格差の広がりと戦争指導方針の動揺

日米の戦力格差広がる

前述したように、天皇は、苦戦を打開するために、一九四三年六月から八月にかけての時期にしきりに米軍との決戦を要求した。そして八月下旬以降は、「絶対国防圏」の設定に対応して、後方要域の防備と補給の強化を言いつつ、機をみて積極的に攻撃に出る攻勢防御を求めた。この間に、天皇の期待に反した海軍がすっかり信頼を失う。戦況は天皇が憂慮したように、一二月にはダンピール海峡が失陥し、いよいよラバウルが孤立化した。ラバウルは連日のように連合軍機によって空襲され、戦略拠点としての価値を事実上失ってしまった。すでに日米両軍の戦力格差は、どうにもならないほど開いていた（表参照）。

日本軍がガダルカナル島撤退を決定した一九四二年一二月末の段階では、日米両軍の第一線空母（護衛用・練習用空母は含まない）は、日本六隻にたいしてアメリカは三隻、艦上

表　日米の第一線空母・艦上機数の変遷（護衛空母・練習空母を含まない）

	日本			米国			航空母艦	運用可能な艦上機数		
	喪失（隻）	就役（隻）	現数（隻）	喪失（隻）	就役（隻）	現数（隻）	対日比率（％）	日本（機）	米国（機）	対日比率（％）
1941年12月	…	…	8	…	…	6	75.0	459	490	106.8
1942年 1月	…	1	9	…	…	6	66.7	489	490	100.2
5月	1	1	9	1	…	5	55.6	507	427	84.2
6月	4	…	5	1	…	4	80.0	255	331	129.8
7月	…	1	6	…	…	4	66.7	303	331	109.2
8月	1	…	5	…	…	4	80.0	267	331	124.0
9月	…	…	5	1	…	3	60.0	267	255	95.5
10月	…	…	5	1	…	2	40.0	267	159	59.6
11月	…	1	6	…	…	2	33.3	291	159	54.6
12月	…	…	6	…	1	3	50.0	291	250	85.9
1943年 1月	…	…	6	…	1	4	66.7	291	280	96.2
2月	…	…	6	…	2	6	100.0	291	401	137.8
3月	…	…	6	…	1	7	116.7	291	431	148.1
4月	…	…	6	…	1	8	133.3	291	522	179.4
5月	…	…	6	…	2	10	166.7	291	643	221.0
6月	…	…	6	…	1	11	183.3	291	673	231.3
7月	…	…	6	…	1	12	200.0	291	703	241.6
8月	…	…	6	…	2	14	233.3	291	824	283.2
10月	…	1	7	…	…	14	200.0	321	824	256.7
11月	…	…	7	…	3	17	242.9	321	1,036	322.7
12月	…	…	7	…	1	18	257.1	321	1,066	332.1
1944年 1月	…	1	8	…	1	19	237.5	351	1,157	329.6
2月	…	…	8	…	…	19	237.5	351	1,157	329.6
3月	…	1	9	…	…	19	211.1	403	1,157	387.1
4月	…	…	9	…	1	20	222.2	403	1,248	309.7
5月	…	…	9	…	1	21	233.3	403	1,339	332.3
6月	3	…	6	…	…	21	350.0	231	1,339	579.7
8月	…	2	8	…	1	22	275.0	345	1,430	414.5
9月	…	…	8	…	1	23	287.5	345	1,521	440.9
10月	4	1	5	1	1	23	460.0	243	1,582	651.0
11月	1	1	5	…	1	24	480.0	243	1,673	688.5
12月	1	…	4	…	…	24	600.0	186	1,673	899.5
1945年 1月	…	…	4	…	1	25	625.0	186	1,764	948.4
4月	…	…	4	…	1	26	650.0	186	1,855	997.3
6月	…	…	4	…	1	27	675.0	186	1,946	1,046.2
7月	1	…	3	…	…	27	900.0	129	1,946	1,508.5
総合計	16	11	3	5	26	27				

註：①　日本の空母には、輸送・護衛任務にあたった大鷹・雲鷹・冲鷹・海鷹・神鷹（商船改造の特設空母）と練習空母・鳳翔を含まない。
②　アメリカの空母にはEscort Carrier（護衛空母）と大西洋に配置されていた中型空母Rangerを含まない。
③　各空母に配置されている航空機定数の合計（日本の場合、常用機数）。

出典：H. P. Willmott, *The Barrier and the Javelin* (Naval Institute Press, 1983), Appendix A および *Conway's All the World's Fighting Ships 1922-1946* (Conway Maritime Press, 1980)、米国海軍省戦史部編纂（史料調査会訳編）『第二次大戦米国海軍作戦年誌』（出版協同社、1956年）付表9より作成。

機定数は日本二九一機、アメリカ二五〇機と日本がやや優勢であった。ミッドウェーの敗戦後とはいえ、日本海軍には〈翔鶴〉〈瑞鶴〉の正規空母とそれに準ずる性能を持つ〈飛鷹〉〈隼鷹〉が、そして小型ではあるが〈瑞鳳〉〈龍鳳〉が健在だった。一方のアメリカは開戦以来四隻の正規空母をうしない、一時は〈サラトガ〉も損傷し、〈エンタープライズ〉一隻しか実戦に使用できず、一二月末に新鋭艦〈エセックス〉が就役するまではかなり苦しい状態だった。

だが、わずか九ヶ月後、「絶対国防圏」が設定された一九四三年九月末の段階では、第一線空母・日本六隻、アメリカ一四隻、艦上機定数・日本二九一機、アメリカ八二四機と戦力格差は二倍以上に開いていた。この間に日米両軍とも喪失した第一線空母は一隻もないので、九ヶ月の間にアメリカは一一隻の空母を就役させたのにたいして、日本は皆無ということになる。しかも、アメリカが就役させた一一隻の空母のうち四隻はエセックス級の正規大型空母（艦上機定数九一機）であった。この時期のアメリカの急速な空母戦力の増強は、日米関係の悪化に対応して一九四一年九月から一二月にかけて起工されたエセックス級正規大型空母が、おおむね一八ヶ月の建造期間をへて続々と完成したことと、ミッドウェー海戦前後に起工された巡洋艦改装型のインディペンデンス級軽空母が続けて完成したことに起因している。

開戦後一年くらいは目に見えなかった日本とアメリカの戦争潜在力の格差（GNP比と

鉄鋼生産量で約一二倍）が、現実の戦力格差として歴然と現われてきたのである。四三年一一月末までには、アメリカはさらに空母三隻（うち二隻が大型）を就役させて一七隻となり、日本（七隻）の二・四倍の空母を戦線に投入するにいたった。これは海戦理論上、味方の喪失ゼロで相手を全滅させることができる兵力であった。アメリカ海軍は、兵力が十分に整うのをまって、四三年一一月より中部太平洋において空母機動部隊による大規模な攻勢を開始する。もはや日本海軍には天皇の言うような機をみて攻勢に出るだけの力はなかった。

戦争指導方針の変転――ガダルカナル撤退まで

ここで、開戦直後から一九四三年末までの戦況とそれに対応した日本の戦争指導方針の変化をまとめておこう。

開戦当初における日本の戦争指導の基本方針は、独ソ講和を斡旋してドイツの戦力をイギリスに向けさせるとともに、アメリカや植民地から分断することによってイギリスを屈服させ、重慶政権を打倒し、アメリカを孤立させて継戦意思を挫折させるということであった。だが、一九四二年三月、緒戦の戦果によって武力戦への自信を深めた統帥部は、独ソ講和斡旋を中止するとともに、重慶への直接作戦・工作よりもビルマ・インド方面への作戦を強化するという方向に戦争指導方針をなし崩しに変更した。

ところが、南方作戦の終結とともに重慶攻略を天皇に督促されて計画を再度変更し、中国戦線での大規模作戦を計画した。その直後、六月にミッドウェーで敗北を喫したため、統帥部は既定の米濠遮断作戦を中止せざるをえなかったが、北アフリカでのドイツ軍の快進撃に目を奪われ、インド洋方面に進出して日独伊共同してイギリスへの圧迫を強めようとした。これは、まずイギリス屈服をはかるという基本方針に沿うものであったが、軍事的な主敵アメリカに背を向けて南太平洋からインド洋への作戦重点をうつしたことは、現実の作戦指導に大きな混乱を招いた。だが、実際に統帥部が新たな作戦を立案するより前に、八月初めガダルカナルでのアメリカ軍の反攻拠点確保のための作戦が始まり、インド洋攻勢の夢は消し飛んだ。また、ガダルカナルをめぐる攻防戦は泥沼化し、インド洋作戦だけでなく重慶作戦も挫折した(一二月一〇日中止決定)。

戦況がにわかに悪化し、戦争終結への軍事的決め手を失った統帥部は、再び独ソ講和斡旋を志向するようになる。一九四二年四月には、独ソは当分戦わせておいたほうがよいとの見通しを語っていた田中作戦部長が、九月四日には逆に独ソ講和斡旋の研究促進のために甲谷悦雄戦争指導課長、安東外務省欧亜局長と会談したことは、この転換を端的に物語っている(種村佐孝『大本営機密日誌』一七二頁)。しかし、日本の思惑とは逆に、ドイツはますます対ソ戦にのめり込んでいった。

九月七日、大島浩駐独大使からは、ドイツは日本による独ソ講和斡旋の画策を迷惑がっている旨を打電してきた。依然としてドイツは強気で、日本の講和斡旋に乗りそうになかった。しかし、統帥部は独ソ講和促進という点で固まり、一〇月にはドイツ・イタリアへ連絡使節を派遣することを決定するが、いつ、どのように独ソ両国にはたらきかけるか妙案を得られないでいた。一二月には参謀本部と外務省は共同で独ソ講和問題について研究を実施したが、その際、参謀本部は一九四三年三月までになんとか独ソ講和を実現できるようにと提案している。戦況の急迫にともない、なんとか事態を打開しようとする統帥部の焦りは次第に高まっていった。

戦争指導方針の変転――絶対国防圏設定まで

ガダルカナル島撤退決定後の一九四三年一月六日、東條首相と杉山参謀総長は、今後の戦争指導について会談したが、独ソ講和問題については独ソ戦況が一段落して先方より話があったとき機会を逸さずに進める、ということ以上に話は進まなかった（松谷誠『大東亜戦争収拾の真相』二六頁）。

統帥部は戦況の沈滞とともに、またまたドイツを頼りにするようになったが、肝心の大島駐独大使には講和斡旋に取り組もうという意思はなく、訓令を受けるたびに「講和の可能性なし」との返電をよこして統帥部首脳を失望させていた。日本による独ソ講和斡旋という戦略は、ドイツの対ソ戦争への没入を変えさせることができなかったが、かならずしも日本だけの一人相撲ではなく、イタリアも日本による独ソ講和斡旋に大いに期待していたのである（ヴァルド・フェレッティ「地中海から見た日独伊三国同盟」『新視点 日本の歴史6』所収）。日本とイタリアにとって、ドイツが対ソ戦にのめり込み、抜き差しならぬ状態になってしまったことは、日独伊陣営にとって戦略上の大誤算であった。

統帥部は戦争指導の手詰まりを打開しようと戦略の練り直しを図った。重慶攻略は南方に兵力をくぎづけにされているのでもはや不可能であり、ドイツも講和の斡旋に応じそうにない。大西洋におけるドイツのUボート戦もドイツの宣伝ほど効果を挙げていないようであるし、日本独自のインド洋作戦もとても実施できる状態ではない。したがって、当分イギリスの屈服は望めそうにない。統帥部の一部では、この際、イギリス屈服にこだわらず、アメリカへの打撃を強めることで、アメリカの精神的破綻をめざすべきだとの主張が台頭してくる。二月二八日、杉山参謀総長が部長会議の席上、同趣旨の発言をしたのも（『大東亜戦争収拾の真相』三三頁）、そういった空気を反映したものであろう。

一九四三年三月になると陸軍統帥部では、戦略練り直しの一環として第一五課（戦争指導課）において改めて戦争終末方策に関する研究を始めた（同前、三六頁）。第一五課では新たに課長に就任した松谷誠大佐を中心におよそ一ヶ月にわたってさまざまな可能性を検討し、四月一七日にようやく「世界終戦に関する観察」案をまとめたが、結局、それは「枢軸必勝の最短路は独ソ和平にあり」（同前、三九頁）という従来通りの結論に再び帰着せざるをえなかった。これにもとづき大本営政府連絡会議は、四月二八日、「今後に於ける枢軸側戦争指導に関する件」として日独伊の攻勢力を共同の敵米英の戦力破摧に指向する旨を決定した（戦史叢書66『大本營陸軍部〈6〉』五〇七頁）。

ところが、四三年五月以降、世界の全戦線において枢軸側の劣勢は顕著になり、早くも日独伊の共同攻勢は絵に描いた餅になってしまった。ドイツは北大西洋でのUボート戦を中止し（五月二二日）、アリューシャンでは日本軍のアッツ島守備隊が玉砕した（二九日）。連合軍は全戦線で枢軸側を圧倒し、ソロモン・東部ニューギニア戦線で日本軍を随所で後退させるとともに、地中海戦線でもシチリア島に上陸し（七月九日）、イタリアをいよいよ脅かすようになった。ドイツも東部戦線で七月のクルスク会戦に敗れ、八月にはハリコフを撤退せざるをえなくなった。

当面、守勢持久するしかないと見た日本統帥部はようやく作戦の転換に踏み切った。九月三〇日、御前会議において「今後採るべき戦争指導の大綱」が決定され、前述したように「絶対国防圏」が設定されるとともに、一九四四年中期に決戦を行なうことをめざして準備を進めることになった。しかし、持久作戦に徹して戦力を培養するにしても、すでに九月初めイタリアは脱落し、ドイツの劣勢も覆いがたく、戦争の終結についてはまったく見通しが立たなくなった。九月一六日、松谷第一五課長は、「大東亜戦争終末方策」なる私案を杉山参謀総長・秦次長にたいして口頭で提示し、独ソ和平斡旋をすすめること、ドイツ敗戦の場合には日本も終戦すべき旨を具申した（『大東亜戦争収拾の真相』四七頁）。これは、松谷ら第一五課などのごく一部ではあるが、統帥部内にもドイツ危うし、との観測が出てきたことを示すものである。松谷個人としては状況をさらに深刻に把握していたようで、この頃から、彼は終戦方策を模索するために重光外務大臣、加瀬俊一外務大臣秘書官、松平康昌内大臣秘書官長に連絡をとり始める（同前、六二頁）。ただし、松谷のこの行動は、必ずしも統帥部首脳の意を体しての第一五課長（一〇月一五日に第一五課は第二〇班にふたたび改称・改組されたため、以後第二〇班長）としてのものではなく、限りなく個人的な行動に近いものであった。

戦争指導方針の変転——絶対国防圏設定以後

一九四三年九月三〇日に決定された「絶対国防圏」構想によれば、一九四四年中期まではラバウルをはじめ概ね現在の戦線を維持し、その間に反撃戦力を培養することになっていた。しかし、もはやアメリカは、日本に戦力を再建するだけの時間的余裕を与えなかった。一九四三年後半期、アメリカの反撃戦力が整うと、かつて日本の統帥部も予想していたとおり、アメリカは、圧倒的な戦力格差を最大限に利用して、一一月より攻略部隊をともなった空母機動部隊による日本軍島嶼拠点にたいする嵐のような強襲を開始したのである（マキン・タラワの電撃的攻略）。日本統帥部が、ドイツの戦果に一喜一憂して戦争指導方針に関しての字句修正に明け暮れている間に、戦局はもはや誰がどう指導しようとも、どうにも挽回不可能な段階に立ち至ったのである。

「絶対国防圏」を設定した時点では、ギルバート諸島（マキン・タラワなど）や北部ソロモンのブーゲンビル島など、国防圏の外側に位置する「戦略前進陣地」とその周辺においては、国防圏外縁・後方の防備がととのうまで持久戦を展開して時間をかせぐことになっていた。しかし、アメリカ軍の攻撃は猛烈で、これらの外郭陣地はまたたく間に陥落してしまった。このアメリカ軍機動部隊の来襲にたいして、日本海軍は「絶対国防圏」の防備強化・戦力造成という、天皇の前で誓った既定方針をかなぐりすてて、持てる限りの航空兵力をつぎこんで応戦した。

一一月から一二月にかけて、「ブーゲンビル島沖航空戦」（第一次〜第六次）、「ギルバート諸島沖航空戦」（第一次〜第四次）が展開され、合計してアメリカ軍空母一五隻・戦艦四隻を撃沈したと大々的に発表された。しかし、実際の戦果は、駆逐艦一隻撃沈・巡洋艦二隻撃破にすぎず、逆に、日本海軍はブーゲンビル方面では約三〇〇機、ギルバート方面では約五〇機の航空機を失った（富永謙吾『大本営発表にみる太平洋戦争の記録』一三五〜一三八頁）。これは、この方面に配備されていた航空部隊のおよそ七割にあたる数である。「絶対国防圏」の決定からわずか三ヶ月あまりにして、日本海軍は「決戦戦力」を整備するどころか、「絶対国防圏」外縁を防衛するための戦力にも事欠く状態になってしまったのである。

2 東條英機への天皇の信任

米軍の動向に神経過敏

連合軍の攻勢に為すすべもなく、後退を重ねる中で、天皇は米軍の動向に非常に神経過敏となる。たとえば、一九四四年一月一日、城英一郎侍従武官は次のように記録している。

〇八〇〇〔午前八時〕、……昨日戦況上聞につき「ブカ」〔ラバウルの西方三〇〇キロの島〕西方を敵T〔輸送船〕北上につき、敵の牽制なるやも知れず、「ニューブリテン」西方注意すべしとの御仰せあり。直ちに軍令部に連絡し、其後戦況変化なく、敵の上陸等なき点、言上す（『侍従武官・城英一郎日記』三六〇頁）

正月元旦の早朝から天皇は侍従武官を呼びつけ、昨日聞いた戦況上奏で気になることがある、牽制かもしれないが、ニューブリテン島西方の敵輸送船団に注意せよ、と言ったというのである。陸海軍の最高統帥者・大元帥の発言にしてはずいぶん細かい感じがする。しかし、天皇の指摘は杞憂ではなかった。ラバウル西方を北上中のこの輸送船団は、天皇が「敵の牽制なるやも知れず」と言ったとおり陽動部隊であった。アメリカ軍は、ラバウル方面を狙うかに見せて、ニューブリテン島西方に日本軍の注意をひきつけておき、別の部隊を、翌一月二日、東部ニューギニア北岸グンビ岬に上陸させた。ちょっとした部隊の移動にも天皇はずいぶん神経をとがらせていたことがわかる。

ガダルカナルの攻防戦以来、実に精力的に戦争指導・作戦指導に打ち込んできた天皇も、疲労の蓄積と戦況の悪化のため、この時期、非常に神経過敏となり、輸送船団ひとつの動きについてもみずからその企図を推理して統帥部に注意を与えていたのである。

また一方で、高松宮の要請もあり、天皇は陸海軍間の角逐を調整し、国民の士気を維持させようとしていた。二月九日、陸海軍間で二ヶ月余も紛糾を続けている航空機の配分問題について両総長に注意している。

航空機の分配の問題は未だに決定せざる様子であるが、前線の将士は陸海軍一致相協力して命を賭して奮戦し居り、又銃後の国民は難を忍び増産に邁進し居り、或は重き租税の負担に堪へて一意国家の為めに働けるに、本問題の如きにつき陸海の首脳部が遂に意見一致せず、惹ては政変を起すが如きことがあっては国民はそれこそ失望して五万機が一万機も出来ないことになるだらうと思ふ。真に此点を心配し居るから宜しく互譲の精神を以て速かに取纏むる様することを望む（『木戸幸一日記』下、一〇八七頁）。

両総長に対する天皇の注意があった翌二月一〇日、陸海軍は両大臣・両総長の四者会談を開き、折半するアルミニウムのうち陸軍が海軍に三五〇〇トンを譲る、との妥協が成立した。それまでの紛糾ぶりから見ると、天皇の注意によって、陸海軍は急遽、論争に終止符を打ったように見える。一度、天皇が口に出せば、陸海軍といえどもそれを無視することはできなかった。また、やり方には不満があるにせよ、天皇が支持しているかぎり、軍部は戦争を継続することができたのである。

戦争指導意欲減退へ

一九四四年に入り神経過敏の時期を通り過ぎると、天皇の戦争指導に対する意欲は明らかに減退したように思われる。四四年三月をすぎる頃から、天皇による作戦内容にたち入った下問や注意の記録は、次第に少なくなる。天皇の発言自体が少なくなったという確たる証拠はないのだが、四三年六〜八月頃に見られたような決戦を強要するごとき厳しい言葉がこの時期も繰り返されていたならば、それなりに陸海統帥部関係者の日誌・メモ、『木戸幸一日記』等に残るはずである。

しかし、この段階にいたっても天皇は、東條英機首相兼陸相を篤く信頼していた。高松宮と近衛文麿らの連絡にあたっていた細川護貞（元近衛首相秘書官）は、四四年二月一五日、東條・嶋田体制に不満をいだく海軍中堅幹部との会合において、

現状を打開する為にはクーデター以外になしと愚考するも、而もクーデターを行ふを

躊躇する理由あり。そは申しにくき事なれども、御上が全く東条を御信任あそばさるゝことにて、若し仮にクーデターを実行するも、効果は逆となる恐れあり。是実行を躊躇する理由なり。何故御上がかく東条を御信頼遊ばさるゝやに就いては、一切真実を申し上ぐる者なき為ならん。新聞も木戸侯も閣僚も、皆、政府の報告以外に申し上げざる為なり（細田護貞『細川日記』上、一二六頁）

と発言している。天皇が東條を非常に信頼しているので、非常手段をもって現政権の打倒を図ることも無理だ、というのである。いかに天皇が東條を信頼していたかは、東條の参謀総長兼任問題でも明らかである。

一九四四年二月一七日から一八日にかけて、トラック諸島が米機動部隊の大規模な空襲をうけ、聯合艦隊根拠地としての機能を喪失した。従来、海軍は、トラックが必要だからその前進基地としてのラバウルを確保すると主張してきた。しかし、肝心のトラックの方が先に壊滅してしまい、四三年九月三〇日に設定された「絶対国防圏」は中部太平洋において大穴があいてしまったのである。これは、第八方面軍（司令官・今村均大将）一〇万余の将兵がたてこもるラバウルが完全に敵中に孤立化したことを意味する。ラバウル周辺は膨大な作戦資材をつぎこんだ最も防備の整った第一線陣地帯で、その後方のマリアナ・パラオ等の第二線陣地はまだほとんど防御設備が出来ていなかった。そのラバウルを飛び越され、トラックも無力化したとなると戦局はいよいよ深刻である。

東條の参謀総長兼任を支持

東條英機は、このような事態に直面して、杉山・永野両総長がもはや天皇の信頼を失ったと判断し（種村佐孝『大本営機密日誌』二〇五頁）、二月一八日夜、自らの参謀総長兼任を言い出した。自分だけは天皇の信任をかちえていると自信があってこそできることである。天皇は、東條の申し出を翌一九日に、木戸内大臣から聞き、とりあえず「総長を兼ぬることについて、統帥権の確立に影響なきや」（『木戸幸一日記』下、一〇九〇頁）と下問したが、この変則人事にさほど驚く様子もなかった。

二月二〇日、陸軍は東條英機陸相・杉山元参謀総長・山田乙三教育総監で三長官会議をひらいた。ここでは、杉山が「永年伝統の常則を破壊することになる」、「悪例を将来に残す」、「こんなことを君がやったら、陸軍の中が治まりませぬぞ」と強硬に東條に反対した。しかし、東條は「陛下は私の心持を既に御存知です」と天皇の信任を盾に「今回限りの非常の処置である」と押しきってしまった（『杉山メモ』下、解説二八～三〇頁）。憤懣おさまらぬ杉山は、次のような要旨の内奏案を真田穣一郎作戦部長に起草させた。

陸相が参謀総長を兼ねては軍事行政と統帥とが混淆を来たし不都合なり。是れ憲法第十一条と第十二条に特に条を分ち、行政を掌る大臣と統帥輔翼の総長と別人を以てせざるべからざる所以なり。陸相と総長の兼任にして既に然り。

今回は、首相兼陸相たる東條大臣が総長を兼ねるのであって、我が伝統の筋道を誤ることは更に大きく、危害の及ぶ範囲も寔に大きい。即ち国内行政百般を司る首相が、軍の編制、兵額の決定から戦時下に於ける軍の統帥運用の輔翼まで同一人を以て当るに至っては、幕府時代に逆戻りするもので、許さるべきではない。

漏れ承る所に依れば、苛烈な大戦下の特例として陛下既にこの趣旨を御許し賜るやの御内意の由なるも、事の重大にして軍は勿論のこと、内外に及ぼす影響の甚大なるを克く御洞察冀しく、最早や御懿旨の既に決せられし後ならば致方も御座りませぬが、この場合に於ても、〝今次限りの特例、非常の処置であって、決して常道でない旨〟を明確にしていただきたい（『真田穣一郎日記』、『杉山メモ』下、解説三一頁所収）

杉山参謀総長は、おおむね右の趣旨で翌二月二一日午前一〇時にさっそく上奏したが、その際、天皇は

お前の心配の点は朕もそう思った。東條にその点は確かめた。東條もその点は十分気をつけてやると申すから安心した。

今お前も言う通り十分気をつけて非常の変則ではあるが、一つこれで立派にやって行く様協力して呉れ（同前）

と、東條の主張を全面的に認めた。このようにして東條英機首相・陸相の参謀総長兼任と嶋田繁太郎海相の軍令部総長兼任が決まった。東條と嶋田に対する天皇の信頼感は、戦

況の急速な悪化にもかかわらず、なかなか揺るがなかった。天皇自身も戦後、木下道雄侍従次長に

東條は民論を重んずべきことをしばしば口にせり。しかるに迫水のような考え［憲兵をつかって民間人を弾圧したという証言］がありとすると、その原因は東條が余り各省大臣を兼任して、自分の意思通り事が運び兼ね、軍務局や憲兵が東條の名に於て勝手なことをしたのではないか。東條はそんな人間とは思わぬ。彼程、朕の意見を直ちに実行に移したものはない。上奏を了した参謀総長［後宮淳］まで、直ちに変更し、梅津［美治郎］にした様な次第である。要するに彼は、近衛の聞き上手で実行しないのに反して、聞き下手ですぐ議論をやるから、人から嫌われるのであろう。殊にマリアナ以後は大いにあせり気味であった（木下道雄『側近日誌』一四六頁、一九四六年二月一二日の項）

と語っている。「彼程、朕の意見を直ちに実行に移したものはない」と戦後になっても天皇は思っていたのである。また、嶋田繁太郎についても、戦後、「嶋田は見上げた人物なり」（同前、二四頁）と語っている。

東條・嶋田体制に反対する近衛文麿・岡田啓介を中心とする重臣勢力あるいは高木惣吉ら海軍の一部勢力としては、これは実に憂慮すべき事態であった。彼らは、天皇が東條・嶋田の言うこと以外まったく聞こうとしないと困惑している。一九四四年三月二九日、細

川護貞は高松宮に

漏れ承る所によりますれば、御上には筋道を御尚び遊ばさるとのことにて、為に侍従其他の者、或は重臣と雖も、政府以外の者の申し上ぐることを御聴取遊ばさゞるやにも伺ひ居りますが

と苦衷を訴えている。これにたいして高松宮も

実はさうなのだ。自分は奥向［皇后］を使つて言上することも考へたが、是はまちがふとえらいことになるから出来ない（『細川日記』上、一七二頁）

と有効な手だてがないことを認めている。

東條参謀総長の配慮

一方、東條英機にしてみても、彼は参謀総長を兼任（二月二一日）すると、天皇の信頼を失わないためにいろいろと手を打っている。その一環であろう、陸軍統帥部はそれまでの作戦上奏と戦況上奏に加えて、「作戦一般に就て」「作戦一般に関する件」といった、ちょうど両者の中間の性格をもつ「現戦況の要点に就いて申上げ」る上奏も行なうようになる。そこでは東條参謀総長の発想が色濃く反映され、戦況は容易ではないが、敵も相当に苦しんでおり、まもなく反撃に移れることが強調された。

たとえば、四月二六日の上奏「作戦一般に就て」では、ニューギニア・中部太平洋・ビ

ルマ方面の戦況について概括的な説明と見通しを述べたあと次のように上奏している。

之を要しまするに、特に太平洋方面に於きまする敵の熾烈なる反攻に伴ひ、現下の戦局は、各方面共容易ではありませんが、敵も亦、広大なる作戦地域、長遠なる作戦路を控へて居りますること並に内外の軍情、政情等より推察致しまして、其作戦指導は相等に困難を伴ひまするこ と判断に難くありません、此の情況に処しまして、我は既定の戦争指導方針を堅持致し、特に南方方面に於きましては、比島及「ビルマ」防衛並に「スマトラ」等重要資源地域の防衛を急速に強化しつつ反撃勢力を増強し、機を見て攻勢を取り、敵の戦力を撃破致すことが肝要で御座いまして、御稜威の下、今後、中央部及現地軍並に陸海軍一体の努力に依りまして、必ずや此の目的を達成し得るものと信ずる次第で御座います（参謀本部第二課『昭和十九年上奏関係書類綴』巻一所収）

ちょうど半年ほど前に天皇が要求していた攻勢防御の考え方が盛り込まれている。ここには、天皇を安心させようとする東條参謀総長の配慮が読み取れる。

一九四四年初頭には神経過敏状態におちいり、次第に戦争指導意欲を低下させていた天皇ではあるが、東條・嶋田の両総長の就任直後には、まだ作戦の具体的内容にたち入った発言をしていた。

局地的奇襲攻撃を督促

トラック島が米機動部隊の大空襲をうけて壊滅した翌二月一九日、トラック諸島東方約一四〇〇キロにあるブラウン環礁に米軍が上陸、二三日には同地を占領した。これではトラックの失陥も時間の問題なので、海軍もなんとか反撃しようとした。三月九日、トラックを発進した一式陸上攻撃機二〇機からなる部隊は、ブラウンの米軍飛行場と泊地を空襲し、全機無事帰還した。この反撃作戦について天皇は、一一日に嶋田総長にたいして「満足の旨のお言葉」を与えた。軍令部は、聯合艦隊司令部にそのことを打電するとともに、この種の作戦を可能な限りやるように要望した。三月二三日、さらに天皇は戦況上奏の際、「航空機はもっと補充できぬか、ブラウンは奪回できぬか」と下問した。この時、嶋田総長は「要地攻略は容易でない、クェゼリンに［米軍］三コ師団がおり、目下研究中」と回答したが、三月二八日、天皇からまた「ブラウン奇襲のごとき更にできないか」との下問をうけた。

嶋田軍令部総長は再三の天皇の発言をそのままにしておくわけにもいかず、下僚にマーシャル、ソロモン、ニューギニア方面作戦においても小舟艇をもってする積極的奇襲作戦を企図するように指示している（戦史叢書71『大本營海軍部・聯合艦隊〈5〉』四四二頁）。海軍航空部隊によるブラウン奇襲は、決して戦局を挽回するようなものではなかったが、トラック空襲の衝撃が大きかっただけに、天皇も統帥部も藁にもすがる思いだったにちがいない。

しかし、局部的な反撃はできたにしても、東條・嶋田が統帥部幕僚長に就任しても、マーシャル諸島失陥（二月）、連合軍のニューブリテン島上陸（三月）、ニューギニア北岸ホーランジア・アイタペ上陸（四月）、北部ビルマへ連合軍空挺部隊進攻（五月）、インパール作戦の失敗（六～七月）と、戦局は悪化するばかりであった。政府・統帥部内部においても戦局挽回を標榜して総長までも兼任した東條英機への反感はますます高まり、東條を信任する天皇への不満も強まってきた。

五月下旬（日付不明）、木戸内大臣が、東條に「近時内外の情勢が思わしくないが、進退について考慮されたことはないか」と質したところ、東條は、「民心が政府を離れたのは遺憾である。しかし御信任ある以上は、ほしいままに進退を考慮すべきではないと思っておる」（高木惣吉『高木海軍少将覚え書』四六頁）と言い返した。

一方、天皇にたいしても六月上旬（日付不明）、宮中での毎週恒例の映画鑑賞会のおりに、高松宮が「陛下の御耳には少しも政府以外の情報が入らぬ」と進言したところ、天皇は「そんなことはない」と言い返し「激論」になったという。高松宮は細川護貞に「［天皇は］皇族が政治に就いて申し上げるのを御好ませられざる風であつた」（『細川日記』上、二二九～二三〇頁、六月一三日の項）との感想をもらしている。天皇は東條を信任し、東條は天皇の信任を盾に断固として権力にしがみつく構えであった。

3　サイパン決戦

サイパン島をめぐる決戦

ブラウン奇襲以来、しばらく天皇による作戦内容についての発言記録は、見あたらなくなる。しかし、六月一五日、スプルーアンス提督ひきいる空母機動部隊（空母一五隻基幹）に守られた米軍がサイパン島に上陸すると、沈滞していた意欲を奮い起こし、統帥部を大いに叱咤激励した。

六月一五日午前七時一七分、聯合艦隊司令長官・豊田副武大将は、瀬戸内海・柱島泊地の旗艦〈大淀〉より「あ号作戦」決戦発動を下令し、さらに全軍の奮起をうながして「皇国の興廃この一戦に在り、各員一層奮励努力せよ」の日本海軍伝統の訓示を打電した。すでに、六月一三日、米機動部隊のマリアナ来攻近しと見て、小沢治三郎中将ひきいる第一機動艦隊（空母九隻基幹）は、フィリピンのタウイタウイ泊地を出撃、決戦海面であるマリアナにせまっていた。小沢第一機動艦隊司令長官は、出撃に先立ち各級指揮官・幕僚を旗艦である空母〈大鳳〉に集め「今次の決戦にしてもし不成功に終わらんか、小沢部隊の艦船はたとえ残存するもその存在の意義なきこと」と訓示した（淵田美津雄・奥宮正武『機動部隊』三一五頁）。まさに、日本軍にとってはもうあとのない文字通りの決戦であった。両軍空母機動部隊は次第に間合いをつめ、戦機が熟した六月一七日、天皇は、嶋田軍令部総長に

此の度の作戦は国家の興隆に関する重大なるものなれば日本海海戦の如き立派なる戦果を挙ぐる様　作戦部隊の奮起を望む（戦史叢書45『大本營海軍部・聯合艦隊〈6〉』二一頁）

と語り、海軍の奮闘をうながした。「日本海海戦の如き立派なる戦果」は、前年のアッツ島「玉砕」以来、天皇が待ち望んでいたことである。天皇が繰り返し「決戦」をうながしてから、ちょうど一年、主導権は完全に米軍に奪われたものの、ともかくここに乾坤一擲の「決戦」がせまったのである。ただし、すでに米軍はサイパンに上陸しており、水際防御に失敗した陸戦の状況は早くも苦しいものになっていた。六月一八日、天皇は東條参謀総長に

第一線の将兵も善戦しているのだが　兵力が敵に比して足らぬのではないか？　万一「サイパン」を失ふ様なことになれば　東京空襲も屢々あることになるから　是非とも確保しなければならぬ（同前）

と、サイパンの確保を強く要求した。サイパンの喪失は東京空襲につながる、という認識は、天皇がB29爆撃機の脅威についてよく理解していたことを示している。天皇はサイ

パン島の戦略的重要性を熟知していた。それだけに、天皇は機動部隊による決戦に期待した。

しかしながら、「皇国の興廃」をかけた六月一九日・二〇日にわたるマリアナ沖海戦は日本海軍の大敗北に終わった。海軍はその中核的戦力である第一機動艦隊の大型空母三隻〈大鳳〉〈翔鶴〉〈飛鷹〉と航空機三九五機を喪失した。そのほかに空母四隻も損傷し、聯合艦隊の機動打撃力は事実上壊滅した。しかも、日本軍は、米機動部隊にはまったく打撃を与えられなかった。海戦の敗北は、サイパン島をはじめとするマリアナ諸島の確保を絶望的なものにした。

サイパン奪回断念

だが、天皇はサイパンの確保を主張した。ちょうど海戦がおこなわれている頃（一九日あるいは二〇日と推定）、天皇は「サイパン奪回」を嶋田総長に命じた。サイパンでは地上戦が続いている最中であるから、この場合の「奪回」とは、サイパンに増援部隊を送り、米上陸軍を撃滅する、ということである。嶋田総長は、すぐに「サイパン奪回を計画するよう」に軍令部作戦部長・中澤佑少将に指示した。軍令部作戦課では、直ちにサイパン逆上陸・奪回の具体案の検討を始め、二一日には一応の計画を作りあげたという（同前、二二頁）。しかし、マリアナ沖海戦での損害は致命的で、奪回計画ができあがった時には、すでにサイパン逆上陸は不可能な状態となっていた。

六月二四日、東條・嶋田両総長は、サイパン奪回作戦を断念したいと上奏した。だが、天皇はそれをすぐには認めず、本当に奪回は不可能か否か元帥府に諮詢したい、とした。翌二五日、伏見宮博恭・梨本宮守正・永野修身・杉山元の四元帥と東條・嶋田両総長が列席（もう一人の元帥・閑院宮載仁は病気のため欠席）して元帥会議が開かれた。もっとも、この会議でサイパン奪回の妙案が出るはずもなく、各元帥たちは一様に統帥部案（サイパン奪回断念）を支持した。しかし、天皇はあくまでもそれに不満だったようで、みずから「更に申し述べることなきや」と各元帥の発言をうながしたが、杉山が統帥部案支持を再度表明しただけに終わった。これで、天皇もサイパン奪回を諦めたようで、後刻、両総長に

昨日の上奏のことは差支なし
実行に方りて迅速にやる様に
陸海軍の航空兵力の協同を一層緊密に行ふ様に（同前、三三七頁）

と、正式にサイパンの奪回断念を認めている。サイパン島をめぐる「決戦」に期待をしただけに、天皇のショックも大きかった。意気消沈した天皇は、夜ごと吹上御苑で蛍をながめて気分転換をはかっていたという（入江為年監修『入江相政日記』第一巻、三八三頁）。

戦争の大勢決す

マリアナ沖海戦につぐ七月七日のサイパン陥落、八月二日のテニアン喪失により、天皇も恐れたように米軍はB29による日本本土爆撃のための航空基地を確保した。もはやこの段階で太平洋戦争における日本の敗北は動かしがたいものとなったのである。当時、第二航空戦隊航空参謀としてマリアナ沖海戦にも参加した奥宮正武少佐（当時）は

「あ号作戦」に完敗するに及んで、遂に組織ある作戦遂行能力を失うに至った。したがって、その後のレイテ沖海戦を含むフィリピン方面の戦闘、沖縄戦、本土攻防戦などは、端的にいって、米軍の残敵掃蕩戦に等しかった（『機動部隊』三頁）

と回想している。アメリカ軍にとってもマリアナ諸島の占領は対日戦の最終的勝利が近いことを確信させるものであった。海軍作戦部長・アーネスト・キング大将もサイパン確保により「日本の勝利の望みをなくしたものであることがほとんど即時に認識された」（毎日新聞社訳編『太平洋戦争秘史　米戦時指導者の回想』二〇八頁）としている。マリアナ沖海戦は、太平洋戦争の天王山であったといえる。日本の軍人でもこの時点で、敗戦を必至のものと悟った人物はかなりいる。六月三〇日、米内光政（予備役大将）は、高木惣吉に

細かなことは知らぬが戦争は敗けだ。確実に敗けだ。誰が出てもどうにもならぬ。年寄りは昼寝でもするより外はあるまい（高木惣吉『高木惣吉日記』二五三頁）

と語っている。

また、参謀本部内に終戦方法を検討するグループが出現したのもこの頃である。大本営陸軍部第二〇班（戦争指導班）班長・松谷誠大佐らは、七月二日、一九四五年を目途とする戦争指導に関する研究の結論を次のように出した。

今後帝国は作戦的に大勢挽回の目途なく、しかもドイツの様相も概ね帝国と同じく今後ジリ貧に陥るべきをもって、速やかに、戦争終結を企図するを可とする（『大本営機密日誌』二二九頁）

松谷はこれより前、六月一〇日頃、東條参謀総長と後宮淳参謀次長に口頭で、

ドイツが崩壊したときには日本も終戦を図らねばならぬ。終戦の条件としては、妥協和平の場合と屈伏和平の場合とに区分し、戦況最悪の場合には国体護持だけに止むべきである。対ソ外交を促進して、欧洲情勢の変化に応じて対処すべき準備をし、ソ聯を通ずる対英米外交の基礎をつくらねばならぬ。これがため特派使節を派遣すべし（同前、二二九頁。日付については松谷誠『大東亜戦争収拾の真相』八二頁）

と意見を具申したという。松谷はマリアナ沖海戦を契機に各方面への工作を始めようとしていたが、七月三日、突然、支那派遣軍への転任命令をうけ、彼の工作は重要な段階で途絶した。

一九四四年六・七月を境にして世界大戦はいよいよ最終段階に入った。ヨーロッパでは連合軍が六月六日にノルマンディーに上陸、ソ連も進撃のペースを速め、ドイツをはさみ

撃ちにする態勢を強めつつあった。七月二〇日にはヒトラーの暗殺未遂事件も勃発し、日本の統帥部内でもドイツの崩壊が近いのではないかとの観測がささやかれ始めた。開戦を決定した時以来、ながらく日本の戦争指導は、ドイツがヨーロッパで勝利することを前提としていた。統帥部は、これまでドイツが攻勢にでれば、それに呼応して戦略を組みかえ、Uボート戦に期待し、V兵器による起死回生をわがことのように願望しつづけてきた。しかし、いまやドイツは頼みにできる状態ではないことは明らかになった。日本の戦争遂行の大前提であったドイツの勝利はもはや望めなくなった。日本は戦争遂行について再検討すべき重大な岐路に立たされたのである。七月七日のサイパン陥落をきっかけに重臣や政界上層部の反東條運動は活発化した。東條は専任総長を置くことで居すわりを図ったが、結局、七月一八日に総辞職に追いこまれた。

小磯国昭内閣の成立にともない、従来の大本営政府連絡会議は、最高戦争指導会議と改称され、八月一九日には新たな「今後採るべき戦争指導の大綱」が決定されたが、ここではドイツの敗北を前提として、

帝国は現有戦力及本年末頃迄に戦力化し得る国力を徹底的に結集して敵を撃破し其の継戦企図を破摧す……国際情勢の如何に拘らす一億鉄石の団結の下必勝を確信し皇土を護持して飽く迄戦争の完遂を期す（『大本營陸軍部〈9〉』九〇頁）

とされた。しかし、すでに「国力を徹底的に結集」といっても、輸送船舶の喪失から南

方からの資源輸送もままならない状態となっていた。開戦当初、およそ二五〇〇隻・六四〇万総トンを保有していた商船も、一九四四年八月末には、数こそ二六〇〇隻と増えたものの合計総トン数では四二〇万総トンと六五パーセントに減っていた(大井篤『海上護衛戦』三九一頁)。また、日本に輸入される一月あたりの物資はピークの一九四二年一〇月の四〇〇万トンから減少をつづけ、四四年八月には一三〇万トンにまで落ち込んでいたのである(同前、三九四頁)。日本軍の戦力を維持するには、最低でも五〇〇万総トンの商船と毎月三〇〇万トンの物資輸入が必要とされていた。

戦争指導の気力失う

軍事的にも、経済的にも日本がこれ以上戦争を継続することは、現実には不可能であった。天皇は、ドイツが危なくなれば日本も考え直さなければならないと思っていたし、マリアナの失陥が日本本土空襲につながることは十分に承知していた。それだからこそ、マリアナ奪回に執着したのである。戦争指導の観点からすれば、マリアナの喪失は戦争終結の工作を始める十分なきっかけとなるはずだった。

しかし、天皇も統帥部も戦争終結には踏みださなかった。統帥部はアメリカ軍の空母数・航空機数・陸軍兵力などを数量面ではほぼ正確にとらえていたが、現実の海戦・島嶼戦においてアメリカ軍が海・空・陸一体となってどのような圧倒的な破壊力を発揮しているのか、その実態を正確に認識できず、まだ、一戦を挑んで局地的には勝利を得られると思っていた。とりわけ陸軍は、補給をたたれた不慣れな孤島での戦いではなく、大兵力を縦横に動かす本格的陸戦になれば、必ずやアメリカ軍に大打撃を与えられると信じていた。一戦をまじえて、アメリカ軍の進攻を一時的にも頓挫させたうえでないと、外交交渉には入るべきではない、というのが統帥部首脳の腹づもりであり、天皇も基本的にその路線を支持していたのである。統帥部のこうした一戦への執着が、以後およそ一年間、日本軍将兵と一般国民に多大の出血を強いることになる。

天皇は、サイパン奪回が断念されるとすっかり戦争指導の気力を失ってしまったように見える。

この時期以後、統帥部関係者の日誌等に現われる天皇の発言は型にはまったものが多くなる。参謀本部作戦部長・真田穣一郎少将のメモによれば、八月一九日、国策決定のための御前会議において「今後採るべき戦争指導の大綱」を決定した際、天皇は、

立派な方策ができたが、途中で齟齬を来さぬよう、この実施徹底に遺算なきを期せよ

（『大本營陸軍部〈9〉』九〇頁）

との発言をしたが、この言葉には一九四三年夏に見られたような積極的な調子はなく、むしろ「立派な方策」「途中で齟齬」には統帥部にたいする皮肉めいたニュアンスが感じられる。

二　戦況上奏の実態

1　統帥部による天皇への戦況報告

戦況上奏の形式

マリアナ沖海戦敗北（六月一九・二〇日）、サイパン失陥（七月七日）、テニアン・グアム失陥（八月）と、戦況は手の施しようがないほど悪化していった。天皇の気力もかなり衰弱したようである。しかし、一〇月一二〜一五日の台湾沖航空戦の「大勝利」（実際は誤報─後述）によりやや気を取り直したのか、一〇月一八日の「捷一号作戦」（レイテ決戦）発動に際しては

皇国の興廃此の一戦に懸る重大事てあるから陸海軍真に協力し一体となり万遺算なきを期し奮励する様（戦史叢書81『大本營陸軍部〈9〉』三二八頁。原資料は国武輝人軍事課課員のメモ）

とやや紋切り型ではあるが久し振りに力をこめて梅津美治郎・及川古志郎両総長を激励

している。

ここで、一時的にではあれ、天皇に期待をもたせた台湾沖航空戦とそれに続くフィリピン沖海戦を対象にして戦況上奏の実態について検討するが、その前に、そもそも戦況上奏とは、どのようなものなのか、あらためて紹介しておこう。

戦況上奏の大部分は、陸海統帥部が毎日行なう戦況報告である。特に重要な動きがある場合には、陸海軍別々に総長が拝謁上奏を行ない冊子となった「戦況に関し奏上」を読み上げる。東條英機陸相と嶋田繁太郎海相が参謀総長と軍令部総長をそれぞれ兼任した時期には、次長が拝謁上奏を代行した。総長（次長）による拝謁上奏は毎日行なわれるわけではなく、通常は、統帥部が「戦況に関し御説明資料」を提出し、侍従武官が説明に当たる。総長による戦況に関する拝謁上奏を単に「戦況上奏」「戦況奏上」、侍従武官による「戦況に関し御説明資料」による上奏を「戦況上聞」と言うこともある（『侍従武官　城英一郎日記』、「解題」一八頁）。

現在、毎日の戦況上奏に関する原資料は、大本営海軍部（軍令部）が作成した『奏上書綴』のうち一九四四年一〇月～四五年一月、四五年六月～八月の分が、月別に製本されて防衛庁防衛研究所図書館に所蔵されている。戦争の全期間にわたり、海軍部とともに大本営陸軍部（参謀本部）も同様の戦況上奏書を作成したはずであるが、現存しているか否かは不明である。

現存する大本営海軍部『奏上書綴』のうち台湾沖航空戦・フィリピン沖海戦（レイテ沖海戦とエンガノ沖海戦の総称）があった四四年一〇月～一二月の時期について、いつ、どのような形式の上奏が行なわれたかを示したのが付表2（巻末）である。『奏上書綴』は、一〇月—三七件・四八六頁、一一月—三四件・四四八頁、一二月—四〇件・四九八頁におよんでいる。これらには戦況上奏である「戦況に関し奏上」「戦況に関し御説明資料」と作戦上奏である「用兵事項に関し奏上」「用兵事項に関し上聞書」「今後の作戦指導に関する件」があわせてファイルされているが、分量からいえば、戦況上奏に分類されるものが圧倒的に多い。戦況が刻一刻動く場合には一〇月一四日のように一日のうちに総長による「戦況に関し奏上」とは別に二回も「戦況に関し御説明資料」が提出されたこともあった。

海軍の毎日の戦況上奏では、各方面で進行中の作戦の進捗状況、戦果と損害、輸送船の損害状況、各戦略要点に対する連合軍の空襲状況などが報告される。具体的には後述するが、付表2の期間について言えば、戦果報告は一般に過大評価されたものが多いが、損害については、ほぼ正確な報告がなされている。とくに輸送船の損害状況は、商船名・トン数・積載物と沈没日時・場所・原因（潜水艦の雷撃など）が一隻ずつ記され、また空襲状況は、戦略要点ごとに来襲敵機の機種・機数、被害状況、邀撃状況・戦果が一覧表にして示されており詳細をきわめている。報告を見るかぎり、少なくとも天皇は日本軍の損害についてては熟知していたはずである。軍令部作戦課長をつとめた山本親雄も次のように回想している。

また毎日、第一線部隊からくる戦況報告の電報は、ことごとく陛下のお手許に差し出すばかりでなく、前日の戦況を要約して書類として陛下の御覧にいれるほか「「戦況に関し御説明資料」のこと」、隔日に軍令部総長が参内して奏上するのが例であった「「戦況に関し奏上」のこと」。だから陛下は命令や指示はもちろんのこと、日々の戦況は手にとるように御承知であり、戦況活発なときは、たびたび侍従武官を通じ尋ねがあったから、不利な戦況が打ち続くような場合、どれほど陛下が御心痛されているか、十分に推察することができたので、作戦担当者として私たちは、まことに恐懼にたえぬしだいであった（『大本營海軍部』一二五頁）

「隔日に軍令部総長が参内して奏上」するというのは付表2から見てあまり正確ではないが、戦況上奏の中身を見る限り、山本親雄の言うことは間違いではない。内大臣として天皇を補佐した木戸幸一も

大本営の発表は兎も角、統帥部としては戦況は仮令最悪なものでも包まず又遅滞なく天皇には御報告申上て居ったので、ミッドウェイ海戦に於て我方が航空母艦四隻を失ったことも統帥部は直ちに之を奏上したので、陛下は鮫島［具重・海軍中将］武官に「直ぐに内大臣にも知らせる様に」との御言葉があったとて、同武官は私の室に来られて之を知らせて呉れたのであった。又ガダルカナル島の場合も米軍の反攻上陸の

成功、之に対する我軍の三回に亘る総攻撃の失敗、最後に転進の成功と云ふ戦況も其都度陛下には奏上せられて居り、陛下は総て戦況は御承知であった（木戸日記研究会編『木戸幸一関係文書』一二八頁）

と回想している。天皇は自軍の損害についてはほぼ正確な情報を提供されていた。しかし、戦果の報告は、大本営の判定そのものが過大であることが多く、常に実際よりもはるかに大きな戦果を挙げたようになっているので、戦況上奏の文面からは日本軍の損害も多いが、敗北したようには感じられない。ただし、日本軍索敵機等が獲得できた最重要情報（米軍兵力と位置など）はほとんど速報の形で戦況上奏に盛り込まれているので、戦果を挙げたわりに米軍艦艇・航空機がいっこうに減っていないことは分かる仕組みにはなっている。まず、台湾沖航空戦を例にして、戦況上奏における「戦果」の中身について少し詳しく見てみることにしよう。

2　台湾沖航空戦における幻の「大戦果」

沖縄・台湾への米機動部隊の来襲

台湾沖航空戦の発端となったのは、一九四四年一〇月一〇日、米第三艦隊第三八タスクフォース（空母一六隻基幹）による南西諸島への大規模な空襲である。一〇日以降の大本営海軍部による戦況上奏を見てみると、日々刻々索敵機から入電する米機動部隊の位置・兵力を克明に天皇に伝えていることが分かる（大本営海軍部『昭和十九年十月奏上書綴』所収。以下、この『奏上書綴』におさめられている該当する月日の戦況上奏から引用）。一二日の上奏では「敵機動部隊は四群程度で敵機動部隊の主力と判断致します」としている。また、この前日（一一日）、大本営海軍部第三部（情報部）は部長名（大野竹二少将）で各艦隊司令長官あてに次のような電報を送っている。

一　現在迄の調査に依るに、九月「パラオ」菲島［＝フィリピン］方面に来襲せる機動部隊は第三艦隊第三八特別任務部隊にして　空母正規八、巡洋艦改八、戦艦八乃至一〇、巡洋艦一四乃至一八、駆逐艦六〇

二　正規二、巡洋艦改二を中心とする四群を以て編成し　司令長官「ミッチャー中将」三番隊の「レキシントン」に在り　其の概観「マリアナ」作戦当時の第五八部隊と相似にして正規母艦一増強

三　母艦は敵の全力と認めらる　「サイパン」来襲の際と同様随時決戦の構を持しありしものと判断せらる

四　特別任務部隊の番号は所属艦隊（第三、第五）に応じ　三八、五八と呼称するものの如し

五　右部隊の背後に護衛空母二乃至三隻を配し人員及飛行機の海上補充を行ひ　一隻毎に各種搭乗員約七〇組を準備すと謂ふ（戦史叢書45『大本営海軍部・聯合艦隊〈6〉』四三六〜四三七頁）

一〇月一一日・一二日における敵情判断によれば、日本海軍は来襲した米機動部隊の全容をほぼとらえている。また、一二日の上奏では、南西諸島方面での艦船の被害状況（艦艇二一隻・商船四隻・機帆船と漁船多数が沈没）の報告も艦船名・商船トン数にいたるまで詳細になされている。

台湾沖航空戦の〝大戦果〟

四群・空母一六隻（エセックス級正規大型八隻・インディペンデンス級軽空母八隻）からなる米機動部隊に対する日本軍の航空攻撃は一〇月一二日夜から始まり、一三日の上奏では「略確実なる戦果」として「撃沈二隻中破二隻」「敵撃沈中破各一隻は空母の算大」と報告された。攻撃は一五日まで断続的に続き、一六日の上奏ではこれまでの総合戦果として

轟撃沈

空母一〇隻・戦艦二隻・巡洋艦三隻・駆逐艦または軽巡洋艦一隻・艦種不詳一隻

火災炎上（撃破）

空母六隻・戦艦一隻・巡洋艦五隻・艦種不詳一一隻

という膨大な戦果が報告された。つまり、撃沈一七隻・撃破二三隻、来襲した米空母一六隻は全て撃沈するか、撃破したことになる。米機動部隊は全滅したも同然の空前の大勝利である。戦果の上奏があった同じ一六日には、午後三時と午後四時三〇分に大本営発表が行なわれ、ここでもあわせて、轟撃沈一七隻（うち空母一一隻）、撃破二三隻（うち空母六隻）と発表された（同前、四四六頁）。台湾沖航空戦に限らず、戦果については、天皇への上奏と大本営発表との相違はほとんどない。この場合でも撃沈・撃破の総数は同じである。ただし、両者を詳細に検討すると上奏では空母は合計一六隻撃沈または撃破したことになっているが、大本営発表では合計一七隻になっている。米機動部隊の空母は一六隻と判断していたのであるから、大本営発表では一隻多すぎるのである。その点、天皇への上奏ではきちんと帳じりをあわせている。

天皇は、一〇月一六日、さっそく木戸内大臣にたいして「台湾沖に於ける大戦果につき勅語を賜るの思召」を明らかにしたが（『木戸幸一日記』下、一一四八頁）、間髪を入れずフィリピン方面で捷一号作戦（レイテ決戦）が発動されたため、勅語はやや遅れて二一日に、寺内寿一南方軍総司令官、豊田副武聯合艦隊司令長官、安藤利吉第一〇方面軍（旧台湾軍）司令官にたいして下された。

勅語

朕か陸海軍部隊は緊密なる協同の下敵艦隊を邀撃し奪［奮］戦大いに之を撃破せり

朕深く之を嘉尚す
惟ふに戦局は日に急迫を加ふ
汝等愈協力戮力以て朕か信倚の副はむことを期せよ（『大本營海軍部・聯合艦隊〈6〉』四四七頁）

勅語をうけた豊田司令長官は、作戦中の全部隊につぎのような訓示を発して士気を鼓舞した。

捷号作戦劈頭に於て御稜威の下緒戦有利に展開し　畏くも優渥なる勅語を賜りたるは本職の恐懼感激に堪へざる所なり　今や捷号決戦の神機目睫に迫り本職は陸軍と緊密に協同指揮下全兵力を挙げて之に臨まんとす　全将兵は茲に死所を逸せざるの覚悟を新にし必死奮戦以て驕敵を殲滅し皇恩に報ずべし
本職は皇国興廃の関頭に立ち神霊の加護を信じ、将兵一同の必死体当りの勇戦に依り誓つて敵を殲滅して　聖旨に副ひ奉らんことを期す（同前、四九六頁）

ずいぶん神がかった訓示だが、「緒戦有利に展開し」とあるように、台湾沖航空戦の「大勝利」は今一押しで米軍の進攻を食い止められるにちがいない、という幻想を作り出していた。

虚報の発端

しかし、米軍側資料によれば一二日〜一五日における米機動部隊の損害は、沈没なし、損傷六隻（空母二隻・重巡一隻・軽巡二隻・駆逐艦一隻）にすぎない（米国海軍省戦史部編纂・史料調査会訳編『第二次大戦米国海軍作戦年誌』一八三〜一八四頁）。なぜ、大本営による戦果発表と実際の戦果の間に、これほどの大きな開きが生じるのか。天皇に上奏された大戦果は、天皇をあざむくための海軍統帥部による意図的な創作なのか、それとも錯誤なのか。

結論的に言えば、台湾沖航空戦の幻の大戦果は、戦闘に参加した現地航空部隊からの報告自体が錯誤に基づく膨大かつ曖昧なものであり、それが大本営においても厳密な戦果判定審査を経ないままに戦果として認定され、天皇に上奏されたのである。

一〇月一二日から一六日にいたる期間における現地航空部隊から大本営にあてた戦果報告電報のうち現在残っている電文だけを集計しても撃沈二一〜二五隻（空母一六〜二〇隻、うち大型空母八〜一〇隻）、撃破二隻（いずれも空母）ということになってしまう（第二復員局残務処理部資料課『台湾沖航空戦竝関連電報綴（昭和十九年十月十日〜二十日）』より算定。以下の戦果報告もこの『電報綴』所収のもの）。

ただ、第一線部隊からの戦果報告というものは、多くの場合、過大になりがちであることは、大本営でもよく分かっていた。ましてや、台湾沖航空戦は、主要な戦闘が薄暮戦か夜戦であり、戦果の確認・判定が難しいことも確かであった。攻撃部隊の偵察員は、夜間の海面に次々と燃え上がる火柱を手がかりに、敵艦への魚雷の命中と戦果（轟沈・撃沈・撃破）を推測していったが、米機動部隊からの反撃の対空砲火も激しく、同一の火炎（魚雷命中）を複数の航空機が別個に報告するなどの混乱も多々起こったものと思われる。したがって、大本営も現地第一線部隊からの戦果速報を鵜呑みにしようとはしなかった。信頼のおける上級司令部による正式の戦果報告を待ったのである。

現地部隊からの戦果報告は、一〇月一二・一三日には曖昧なものが多く、大本営も戦況の把握に苦心したようであるが、一四日午後五時四八分、鹿屋の海軍T部隊（夜戦用航空隊、Tはタイフーンの頭文字）指揮官・久野修三大佐から

一二日　空母六乃至八隻轟撃沈（内正規航空母艦三―四を含む）

一三日　空母三―五隻轟撃沈（内正規空母二―三を含む）

其の他両日共相当多数艦艇を撃沈破せるものと認む

という報告が入電し、およそ七時間後の翌一五日午前〇時五五分、聯合艦隊司令部からT部隊指揮官の報告をそのまま追認する正式報告があったことから、大勝利確実という雰囲気がつくられる。大本営にたいする聯合艦隊司令部の報告には、第一線部隊からの直接報告よりもはるかに権威があったし、それなりの戦果判定の「審査」が加えられているものと思われた。しかし、聯合艦隊は、九月二九日より横浜・日吉の慶應義塾大学敷地内の地下壕に司令部を移しており、現地の状況がつかめないという点では、東京の大本営海軍

部＝軍令部とほとんど同じ状態であった。したがって、聯合艦隊の戦果判定にもそうとうに怪しいところがあった。

虚報の定着

もともと現地部隊からの電報の内容はほとんど空母や戦艦を「轟沈」「撃沈確実」「撃沈略確実」といったもので、沈没以外の戦果（撃破）報告は、天皇にもそのまま上奏された一三日午前四時五分入電の戦果第一報「中破二　艦種不詳、内一隻空母の算大なり」（高雄航空基地発電）や一四日午後二時入電「炎上確認一〇隻（艦種不詳）」（T部隊戦闘概報第二号）など、それほど詳細なものがあるわけではなかった。むしろ、現地部隊や聯合艦隊で戦果報告が集計されるにしたがってますます「撃破」は少なくなり、「轟撃沈」「撃沈確実」にまとめられていく傾向がある。つまり、現地攻撃部隊の速報では「撃破（艦種不詳）」であったものが、聯合艦隊にまとめられた段階では「撃沈（空母乃至戦艦）」といった具合に、戦果が上方修正されていった部分がある。ただでさえ、現地部隊からの「撃沈」報告が過大・膨大であった上に、中間で戦果を集計した聯合艦隊は、それを厳密に審査・判定するどころか、「撃破」を「撃沈」へと「端数切り上げ」を行なってしまうのである。

そのため大本営では、さすがに報告された戦果があまりに過大であると思ったようで、逆に割引を行ない曖昧なものは「撃沈」を「撃破」に直している。従って、大本営海軍部では、主観的には、かなり低めに見積もった確実なところの戦果を天皇に報告したつもりでいたようである。

大本営では現地部隊の報告は鵜呑みには出来ないとしつつも、報告のなかには「数箇所より火焔を吹き」とか「轟沈せし戦艦はかご型『マスト』なり」といった大雑把な中にも妙に詳細な部分もあり、大本営はその真偽を確認する術も持たず、また、戦果への希望的観測も相俟って、結果として戦果判定において大きな錯誤をおかすこととなった。天皇への上奏でも、随所にきわめて具体的な誤報がでてくる。大戦果が報告された一〇月一六日の上奏でも、

> 敵機動部隊は十四日午前九時頃より避退中で御座居ますが昨日の索敵に於きましては午前九時三十分殆ど停止致しまして油を流して居りまする空母一隻戦艦二隻及之の警戒に当って居りまする駆逐艦十一隻より成りまする部隊を高雄の九八度二六〇浬に発見致して居ります　尚此の他各所に敵損傷艦があるものと判断されますので聯合艦隊に於きましては此の際戦果の拡充徹底を期する為各部隊に反覆攻撃を加える様下令致して居ります

などと米機動部隊の「敗残」した姿と聯合艦隊による残敵掃討命令が語られている。大本営は虚報を意図的に捏造したというよりも、誤報と希望的観測によって自己欺瞞に陥っ

たのである。

虚報の根元

ところで、実際には存在しなかった架空の戦果が、なぜ、現地部隊から報じられたのか。そもそも台湾沖航空戦の「大戦果」発表のもととなった、現地部隊からの膨大な戦果速報とは何であったのか。現地部隊からの聯合艦隊司令部への戦果報告電報は、大本営でも直接傍受しているので、中間で何者かが戦果を「創作」したわけではない。あくまでも、錯誤・虚報の根本原因は、現地部隊の報告そのものにあるのである。すでに当時、現地(南九州)に出張した大本営陸軍部参謀・堀栄三少佐は、第一線の海軍航空部隊からの報告があいまい、誇大なものであることを隊員からの聞き取り調査で確信し、中央にその旨報告していたが、すでに大戦果の上奏、大本営発表のあとで、全体の情勢判断に生かされなかった(堀栄三『大本営参謀の情報戦記』一三六〜一三八頁)。

攻撃隊パイロットや偵察員が見た夜間海面における無数の火柱は、実際には、米艦からの対空砲火によって撃墜された日本軍機が海面に激突した際の火炎であった。当時、海軍航空隊の搭乗員の技量は、全般的に相当低下しており、実戦経験も浅く、夜間に、しかも米艦からの猛烈な対空砲火をかいくぐりつつ、冷静に戦果の真偽を確認できる者がほとんどいなかったのである。

ただ、搭乗員の技量低下に起因する戦果の誇大報告は、大本営でも予想ができたはずである。現地部隊による戦果の誇大報告と、それを信じたが為の失敗は一九四三年一一月の「ブーゲンビル島沖航空戦」などそれまでにも何度も例があったからである。だが、この段階に至っても大本営の情報に対する分析・審査判定能力はいっこうに改善されていなかった。つまり、戦況の悪化にともない、大本営の情報分析・審査判定能力の貧弱さにより、天皇も誇大な、あるいは架空の大戦果の報告を受けていたのである。

相矛盾する内容の戦況上奏

また、台湾沖航空戦の戦況上奏から判断すると、誇大な戦果報告であっても一度上奏されてしまうと訂正されないようである。だが、すでに上奏された情報と明らかに相矛盾する情報であっても、それでも軍がつかんだ最新情報は天皇に報告された。その意味で、軍にとって都合の悪い情報を、意図的に隠すということはされていない。すでに大戦果が報告された一〇月一六日の同じ上奏文にも、早くも戦果とは大きく矛盾する米空母発見の報告がなされている。

尚索敵機は此の部隊の他に午前十一時過ぎ「マニラ」の五五度六〇〇浬に航空母艦四隻其の他数隻より成りまする部隊を認めて居りますが其の後の状況は得て居りませぬ

［中略］

今未明夜間索敵を行なって居りました九〇一空の飛行艇は台湾東方三ヶ所に亘りまして敵機動部隊らしきものを探知致して居りますが右は総て敵損傷艦の算が大で御座います　午前九時頃高雄の一一〇度二六〇浬に於きまして大型空母二隻戦艦二隻其の他二隻合計六隻より成りまする一群と其の東方近巨［距］離に戦艦二隻巡洋艦四隻駆逐艦数隻より成りまする一群とを発見致し更に午前十時半頃同じく高雄の九五度四三〇浬に於きまして空母七隻戦艦七隻巡洋艦十数隻より成りまする有力なる一部隊を発見致して居ります

ここだけでも、空母一三隻とそれ以外に損傷艦の存在が報じられている。同じ上奏文の中で、一方で空母一〇隻撃沈・六隻撃破を言い、他方で一三隻の存在を報じているのである。当時（一九四四年九月末）、米海軍は、正規空母一五隻・軽空母（巡洋艦改造）九隻の合計二四隻を保有しており、うち正規空母一隻をのぞく二三隻を対日作戦にあてていた。またこれらの艦隊空母とは別に商船を改造した護衛空母を七四隻保有していた（うち約四五隻を対日戦に投入と軍令部は判断していた）のであるから（『大本營海軍部・聯合艦隊〈6〉』一三八～一四二頁）、どれだけ空母が出現してもおかしくはないが、それにしても空母群を攻撃した海域と新たに出現した海域は近すぎる。

その後も、全滅させせたはずの米空母を続々と発見したという索敵機からの報告が上奏されていることからも明らかなように、上奏を詳細に検討してみれば、以前の戦果報告との矛盾は明らかである。しかし、現存する戦況報告文書においては、戦果を大幅に正誤訂正した例はない。台湾沖航空戦についても、「朕深く之を嘉尚す」との勅語まで出してしまった以上、統帥部も天皇も引っ込みがつかなかった。

3 フィリピン沖海戦における大損害

艦艇と航空機の損害

次に、損害の報告についてみてみよう。戦果の判定はとりわけ夜戦や薄暮・黎明戦ともなれば非常に難しい。だが、自軍の損害の判定の方は、艦艇や航空機が未帰還になるのであるから確実に把握できる。損害について天皇は正確な報告を受けていたのだろうか。

大本営海軍部の四四年一〇月から一一月にかけての戦況上奏を分析してみると、艦艇の損害についてはほぼ正確な報告がなされているといえる。たとえば、台湾沖航空戦後のフィリピン沖海戦で日本海軍は水上艦艇二八隻を失ったが（うち空母四、戦艦三）、天皇へは一〇月二三日から二八日までに艦名あるいは部隊名をあげて二〇隻の沈没、六隻の落伍・動静不明が報告されている。

上奏月日　落伍・航行不能・喪失艦艇名　（　）内はのち動静判明

一〇月二三日

青葉・（高雄）航行不能、愛宕沈没、摩耶轟沈

二五日

武蔵・第二戦隊［山城・扶桑・満潮・朝雲・山雲・（時雨）］・若葉沈没

二六日

筑摩・鳥海・野分・藤波・（多摩）落伍、鈴谷・最上・秋月沈没

二七日

沖波落伍、能代・阿武隈・浦波・鬼怒沈没

二八日

瑞鶴・瑞鳳・千代田・千歳沈没

（大本営海軍部『昭和十九年十月奏上書綴』より作成）

実際に沈没したが、天皇への報告で言及されなかったのは駆逐艦二隻だけである。聯合艦隊司令部でも落伍したり通信不能になった艦艇の把握が充分出来なかったのが実情であるから、天皇への上奏は艦艇の損害という点ではほぼ正確だったといえる。しかし、航空機の損害については、前述した台湾沖航空戦では一六日の上奏において七四機未帰還と報告されているが、実際には一七四機が失われたにもかかわらず、一七日以降、レイテ方面の報告に紛れてしまい、あらためて集計報告がなされた形跡はない。概して、戦況上奏に

おいて航空機の損害状況は分かりにくい。台湾沖航空戦については、大本営公式発表の方が実情に近く、一九日に「三一二機未帰還」と公表されている（米機動部隊の空襲で地上で破壊されたものも含んでいるように思われる）。もっとも、大本営発表は艦艇の損害については虚偽が多く、フィリピン沖海戦でも水上艦艇は六隻沈没（実際は二八隻）とされている。

つまり、天皇は戦況上奏を聞いているかぎり、自軍の損害については、とりわけ水上艦艇の損害についてはかなり正確に把握できたはずである。しかし、あまりにも誇大な戦果報告がなされるので、損害の多さからくる衝撃も中和され、上奏を受けた時には敗北したとは感じなかったかもしれない。フィリピン沖海戦でも、聯合艦隊が空母四・戦艦三を含む二〇隻以上の水上艦艇と一〇〇機以上の航空機を失ったことは上奏から分かるが（実際には二八隻沈没、二一五機喪失）、同時に米海軍に空母八隻を含む水上艦艇二〇隻撃沈、航空機五〇〇機余撃墜の戦果をあげたと報告されているので（実際には六隻撃沈、一二五機撃墜）、天皇には完敗の戦闘であったとは感じられなかっただろう。

神風特攻隊に衝撃受ける

だが、天皇もフィリピン沖海戦において一〇月二五日より始まった神風特攻隊による体当たり攻撃には大きな衝撃を受けたようである。特攻隊による初戦果は、翌二六日の上奏の際に報告されたが、天皇は「そのようにまでせねばならなかったか、しかしよくやった」と及川軍令部総長に語ったとされている（猪口力平・中島正『神風特別攻撃隊』一一一〜一一二頁）。ただ、天皇が、本当に「よくやった」とまで発言したかどうかは、若干の疑問がある。なぜなら、この「よくやった」という発言については、当時、天皇の言葉を直接耳にしたと思われる中央にいた人物が記録していないのに、フィリピンで特攻作戦の指揮にあたっていた人たちだけがそのような天皇の発言があったと伝聞という形で記録しているからである。もっとも、そうは言わなかったという確証も今のところはない。しかし、天皇がどのような発言をしたにせよ、この特異な作戦にショックをうけ、何らかの説明をもとめたのは確かである。海軍部では天皇の納得をえるため、「神風特攻隊御説明資料」を作成し、二八日に提出している。そこには、

本特攻隊が帝国海軍従来の特別攻撃隊または決死隊と異なります点は計画的に敵艦に突入致します関係上生還の算絶無なる点で御座います

とあった。「生還の算絶無」の作戦、これはもはや作戦ではなく、戦力の自滅でしかなかった。このような異常な戦法に頼らざるを得なくなった原因は、(1)パイロットの技量が低下し、通常の爆撃・雷撃による戦果の望めなくなったことと、(2)どうせ、戦死するなら若者に有効な「死に場所」をあたえたいという第一航空艦隊司令長官・大西瀧治郎中将などの自暴自棄な精神論が突出したこと、にある。戦争はついに日本軍の作戦遂行能力の限界点を越え、統帥部の最低限の理性すら崩壊させたのである。

三　本土決戦方針と聖断シナリオ

1　決戦後講和論への執着

レイテ決戦を断念

台湾沖航空戦の「大勝利」に喜び、一九四四年一〇月二一日には「朕深く之を嘉尚す」との勅語まで出した天皇ではあったが、フィリピン沖海戦での聯合艦隊の大損害、期待したレイテ島地上決戦の敗北の状況が明らかになると、焦慮の念をあらわにするようになる。一九四五年一月四日、天皇は小磯國昭首相にたいして

レイテの戦況も必しも楽観を許さず、ルソンに於て決戦するが如き方向に移行しつつある処、政府は従来レイテ決戦を呼号して国民を指導し居りし関係上、此の実相が国民に知らるゝ時は、国民は失望し、戦意の低下を来し、之が亦生産増強にも影響せざるやを恐る。右に対する政策を如何にするや（『木戸幸一日記』下、一一六三頁）

と下問している。小磯首相は、統帥部のレイテ決戦方針を鵜呑にし、一九四四年一一月

八日には「レイテは天王山」との談話を発表するなど国民の士気高揚を図っていたが、すでに首相談話の二日前、一一月六日にはフィリピンの第一四方面軍参謀副長・西村敏雄少将は、南方軍参謀部に「レイテ決戦の断念」を申し入れていた。

一〇月二〇日に米軍がレイテ島に上陸して以来の戦況は、日本軍にとっては誤断の連続であった。もともとフィリピンの第一四方面軍（司令官・山下奉文大将）は、兵力をルソン島中心に展開し、そこでの決戦を計画していた。しかし、おりしも台湾沖航空戦の架空の大戦果を現実のものと錯覚した大本営陸軍部と南方軍は、機動部隊の支援のない米上陸軍は水際で一挙に撃滅できると判断し、第一四方面軍の既定の作戦計画を覆して、ルソン島から兵力を移動させてレイテで「決戦」を挑めと指導した。第一四方面軍は、確信のないまま兵力をレイテに逐次投入し戦力を消耗してしまった。

一一月になると優勢な米軍をレイテで阻止することは不可能と判断した第一四方面軍は、前述のように「レイテ決戦の断念」を上級司令部である南方軍に具申したが、いまだ大本営も南方軍も台湾沖航空戦の戦果を固く信じており、しかも必ずしも現地の苦戦の模様が正確に伝わっていなかった。南方軍総司令官・寺内寿一元帥は一一月一一日、山下第一四方面軍司令官に「レイテ決戦続行」を命令した。しかし、米軍に制空権・制海権を握られ、第一四方面軍はレイテへの兵力の移動、軍需物資の集積も自由にできず消耗を重ねた。第一四方面軍がすっかり余力を失った段階で、ようやく大本営もなす術がないことを悟り、一二月一八・一九日に至り、レイテ決戦断念、ルソン持久戦へとひそかに方針を転換した（種村佐孝『大本営機密日誌』二五二頁）。

天皇にたいしても、一二月二七日、「今後の作戦指導に関する件」として梅津美治郎参謀総長と及川古志郎軍令部総長が、列立して上奏した。

今日迄に於ける作戦の経過を観まするに敵の上陸当初国軍決戦実施の要域を比島方面と決定せられまして以来中央竝現地の陸海軍一体となり異常なる決意の下約二ケ月に亘り有ゆる手段を尽して「レイテ」作戦を遂行して参りました

此の間我か第一線将兵の勇戦奮闘に依りまして物心両面に亘り敵に大なる損害を与へましたか敵の増援を完全に遮断するに至らす一方彼我航空の縦深戦力の懸隔に基く制空権の推移特に敵機動部隊の数次に亘る来襲は我か船団の突入を著しく困難ならしめ延いて「レイテ」島地上作戦の遂行も主として右戦力投入の不如意に基因して意の如くならす逐次戦線を収縮せんとする事態に立到った次第て御座います〔中略〕

即ち今日迄に於ける捷一号作戦の指導は「レイテ」島に作戦の重点を指向し同島の敵を撃滅し之を確保するを主眼として指導されて参りましたか今後に於きましては「レイテ」島のみに限定することなく比島全域に於て随所に敵の企図遂行を制扼しつつ其の弱点特に船団に対して必殺の攻撃を加へ殊に航空を中核とする特攻に依り敵を震撼せしめまするとも共に一方呂宋島に於ける戦備を速急に強化し之を根基として飽く

迄執拗靭強なる決戦意志を以て出血作戦を指導し之等の累積に依りまして敵に対し至大の損害を与へ以て能く敵の進攻企図を抑圧し又今後の為の時間の余裕をも獲得すへきものと信します（参謀本部第二課『昭和十九年上奏関係書類綴』巻三所収）

これは、上奏文のごく一部分であるが、長いわりには実際の中身は実に希薄である。レイテ決戦の断念と米軍に出血を強いるためのルソン島持久戦への方針転換が、数多くの修飾語とともに語られているにすぎない。しかし、小磯首相はその方針転換すら知らなかった。したがって、年末に至ってもレイテ決戦を呼号してきた政府にとってみると、レイテ決戦断念を統帥部が一方的に決めてしまい、国民指導の方針を見失ってしまった。天皇はまさにその点を憂慮し、国民の士気を崩壊させないようにと前掲の注意をしたのである。

だが、この天皇の下問に対する小磯首相の回答は「実は今朝其の実情を聴き自分も驚き、折角国民指導方針につき研究し居る処……」（『木戸幸一日記』下、一一六三頁）という実に頼りないものであった。

米軍ルソン島に上陸

一月六日、米軍はついにルソン島リンガエン湾に上陸を開始した。この日の午後、天皇は木戸内大臣を呼び、

米軍はルソン島上陸を企図し、リンガエン湾に侵入し来りしとの報告あり、比島の戦

況は愈〻重大となるが、其の結果如何によりては重臣等の意向を聴く要もあらんと思ふが如何（同前、一一六四頁）

と下問した。木戸は「先づ第一に我国の戦争指導の中心たる陸海両総長の真の決意を御承知遊ばすことが必要と考へます」と答えている。天皇も木戸内大臣も、すでに指導性を喪失した政府のことを見放している。侍従長であった藤田尚徳は、この重臣からの意見聴取の件について

陛下としては、和平の第一着手として、重臣を個別に招いてその意見を聞くことになさったのは、当然の成り行きであった。

重臣の意見を聞いたうえで、和平工作を現実に打ち出そうとなさったのではあるまいか。［中略］これは陛下の御発意、御意志によって行われた重大な和平工作であったと信じている（藤田尚徳『侍従長の回想』四四〜四五頁）

としているが、にわかにこれは信じがたいことである。この時期の天皇は、戦況の悪化により精神的にはまた沈滞状態となっており、積極的に事態を打開しようというような気力がどれほどあったか、疑問である。天皇は、戦況上奏は従来通り受けていたが、そのほかは皇族をはじめ人をあまり近づけず、いっこうに弱まる気配のない連合軍の攻勢に対して一人で憂慮・興奮していたようである。細川護貞は、一九四五年二月一日に、高松宮の言葉として次のように記録している。

御上は防空壕中にて御生活にて、周囲には皇后陛下の外女官のみにて、一切皇族を御近附け被遊ず、従つて伏見宮殿下の如きも全く熱海に御引籠りにて参内なし、自分［高松宮］も今年になつて一度拝謁しただけで、御話申したことはない……むしろ申し上げて勅勘［天皇の咎め］を蒙る様ならはつきりするのだけれど、さう云ふこともあらせられず、唯御一人昂奮被遊てる様だ。それであまり防空壕中で御生活被遊るのはどうかと皇族方から申し上げたので、政務の時は御出まし被遊る様になつたらしい。皇后陛下や女官を相手に女官の服装等の御議論あり、その為未だに服制が決らぬと云ふこともあるらしい（細川護貞『細川日記』下、六九頁）

また、細川が「皇族方が御上に種々御申し上げ遊ばすことが必要」と進言したのに対し、高松宮は、

御上は政治については非常な自信をお持ちなのだから、側から申し上げたつて、さう簡単にはお動きにはならないさ［三月六日］（同前、八七頁）

と半ば諦めたようなことを言っている。細川や高松宮が気を揉んでいるのは、藤田の回想とは異なり、天皇がいっこうに戦争終結の手だてを打とうとしないからである。

近衛文麿の講和促進論

一九四五年二月七日から二六日にかけて、天皇は平沼騏一郎・広田弘毅・近衛文麿・若

槻礼次郎・牧野伸顕・岡田啓介・東條英機らの重臣を一人ずつ呼んで、彼らの意見を聞いた。二月一四日、近衛文麿は重臣の一人として天皇に上奏した。いわゆる「近衛上奏文」の提示である。

最悪なる事態［敗戦］は遺憾ながら最早必至なりと存候。……勝利の見込なき戦争を之以上継続する事は、全く共産党の手に乗るものと存候。随つて国体護持の立場よりすれば、一日も速かに戦争終結の方途を講ずるべきものなりと確信仕候（同前、八〇～八四頁。最初の一節は、近衛が準備した上奏文には、「敗戦」とあったが、上奏する際に「最悪なる事態」と言い換えた）

と上奏した。近衛の敗戦必至、講和促進という情勢判断は、今日から見れば、それでも遅きに失したといえるが、当時の国家指導層のなかではもっともリアルに情勢をつかまえていたといえる。彼の結論は、至極妥当なものであったが、軍部中枢をにぎる統制派は実は「かくれ共産党」であり、彼らは敗戦を革命に転化させようとしているのだというレトリックはあまりにも異様であり現実離れしている。治安状況について当局より常々報告をうけていた天皇としては受け入れがたいものであった（荻野富士夫『昭和天皇と治安体制』一八八頁）。

天皇は近衛の粛軍・戦争終結の勧告を「もう一度戦果を挙げてからでないと中々話は難しいと思ふ」と事実上拒否した（木戸日記研究会編『木戸幸一関係文書』四九八頁）。天皇の言う「戦果」とは何か。近衛は上奏の直後、細川に次のように語っている。

陛下は、……梅津及び海軍は、今度は台湾に敵を誘導し得ればたたき得ると言つて居るし、その上で外交手段に訴へてもいいと思ふと仰せありたりと（『細川日記』下、七四頁）

天皇は、参謀総長・梅津美治郎大将ら統帥部の言う「台湾決戦」に期待していたのである。ただ、厳密に言えば、統帥部の構想に「台湾決戦」という選択肢はなかった。レイテ決戦断念のあと、大本営陸軍部は、台湾か沖縄への米軍上陸を想定していたが、一挙に「本土決戦」へと傾斜していた。また、大本営海軍部は、持てる限りの戦力を沖縄に投入する構えであった。しかし、台湾・沖縄・本土のいずれにせよ、米軍に一大打撃を与えたうえで外交交渉を、というのは統帥部の腹づもりでもある。天皇はまだ基本的に統帥部の方針を支持していたといえる。

沖縄戦の開始

米軍は台湾ではなく、次の攻略目標に沖縄を選んだ（三月二六日―慶良間諸島上陸、四月一日―沖縄本島上陸）。天皇は、沖縄における反撃に大きな期待をかけていた。だが、天皇が抱いたと思われるイメージ（上陸した敵を水際で一挙に叩きつぶす）と著しく異なった作戦を現地の第三二軍（司令官・牛島満中将）が展開すると、焦慮のためか、天皇は久々に作戦に直接介入する。現地軍は地上兵力の不足を理由に決戦を避け、陣地に立てこもって徹底した持久戦をおこなう方針であった。

四月二日、梅津参謀総長の戦況上奏の際、天皇は

沖縄の敵軍上陸に対し防備の方法は無いのか、敵の上陸を許したのは、敵の輸送船団を沈め得ないからであるのか（大田嘉弘『沖縄作戦の統帥』四〇一～四〇二頁）

と下問した。参謀総長は、

現地軍も一生懸命に戦って居りますが、この間敵の一部の上陸は、当然考えられる所であり、軍司令官が、之に対し攻撃に出ることも予想せられます。陸海軍共に張り切っておりまする故、今後大いに敵船を沈める段階になり、敵の困難は逐次増大してくることと思います（同前、四〇二頁）

と答えている。天皇は「万事予想程には行かぬ」との悲観的な感想をもらしたとされている。天皇は、受動的な陸軍統帥部の姿勢に不満を感じたようである。翌四月三日、業を煮やした天皇は、

此戦［沖縄戦］が不利になれば陸海軍は国民の信頼を失ひ今後の戦局憂ふべきものあり　現地軍は何故攻勢に出ぬか　兵力足らざれば逆上陸もやってはどうか（戦史叢書82『大本營陸軍部〈10〉』一一三頁）

と言った。大本営陸軍部にも現地軍は攻勢に出るべきだという意見が、米軍が上陸した

四月一日からあった。大本営は、沖縄本島中部にある北・中飛行場の確保を以前から強く求めていたのにたいし、現地第三二軍は、飛行場守備は地形上不可能であるとして十分な兵力をおかなかった。はたして米軍が本島中部西海岸に上陸すると、その日のうちに両飛行場は米軍によって占領されてしまった。大本営では飛行場奪回論が強まった。しかし、作戦部長・宮崎周一少将は、作戦干渉になると意見の発電を抑えていた。具体的な作戦は現地軍の判断にまかせるというのが作戦指導の原則だったからである。だが、天皇が「何故攻勢に出ぬか」と言った以上、無視するわけにはいかなかった。

梅津参謀総長は、天皇の下問を受けた後、ただちに宮崎作戦部長を呼び、第三二軍に天皇が希望するような作戦指導を加える必要はないか、と指示した。宮崎部長は迷いつつも、作戦課において起案した攻勢要望電報を決裁した。そして、翌四月四日午後、大本営陸軍部は、第三二軍にたいして、沖縄作戦に対する天皇の「御軫念」(憂慮の念)を伝達するとともに、米軍に占拠された北・中飛行場の奪回を要望する以下の要旨の電報を次長名で発電した。

北・中飛行場の制圧は第三十二軍自体の作戦にも緊要なるは硫黄島最近の戦例に徴するも明らかなり、特に敵の空海基地の設定を破砕するは沖縄方面作戦の根本義のみならず、同方面航空作戦遂行の為にも重大なる意義を有するをもって、これが制圧に関して万全を期せられたし(『沖縄作戦の統帥』四〇三頁)

本島の中・南部における持久戦を決め込んでいた第三二軍司令部は混乱し、結局、中途半端な攻勢作戦を行ない無用な消耗をしてしまう（拙稿「沖縄戦の軍事史的位置」、藤原彰編著『沖縄戦と天皇制』所収、一一二頁）。

戦艦〈大和〉の特攻

ところで、沖縄戦の特徴の一つとして、それが特攻作戦の最高潮であったということがあげられる。また、特攻作戦自体、この沖縄戦において量的に拡大されるにつれ、それ以前のものとは異なり、必ずしも「志願」と言いがたい「部隊ぐるみ」の全軍特攻方式に変質した。

特攻は本来、レイテ沖海戦の際、米機動部隊の行動を一時的に封じるための非常の策として採用されたものであった。海軍部内にも特攻を恒常的な戦法とすることにはためらいがあった。しかし、沖縄戦に際しては、非常の策どころか、特攻が航空攻撃の主役、作戦の主流になってしまったのである。特攻はそれ自体、異常な戦法であったが、沖縄戦において変質し、統帥の常道から更に大きく逸脱するものになったといえる。特攻はあくまでも「志願」によるものであったが、このように特攻が作戦の主役となり、かつ大規模化したことにより、「部隊ぐるみ」の特攻が普通になり、「志願せざるを得ない」空気が醸成されてしまった（奥宮正武『海軍特別攻撃隊』三〇〇頁）。沖縄戦において特攻は「志願」から事実上、死を強要する「命令」へと変化したのである。

また、形式的にも「志願」という形をとらず、「命令」で強行された特攻に戦艦〈大和〉を中心とする「海上特攻隊」の出撃がある。〈大和〉の出撃は、航空部隊と沖縄の第三二軍の総攻撃に呼応するという名目で、聯合艦隊と軍令部のごく一部の首脳の判断により四月五日、突然に決定されたものである。しかし、四月七日、〈大和〉以下六隻が撃沈され、合計三七二一人の戦死者を出して、この特攻作戦は中止された。「海上特攻隊」が急遽出撃したのには、天皇の下問が重要な役割を果している。「海上特攻隊」を強く主張したのは、聯合艦隊作戦参謀・神重徳大佐ら一部の参謀たちであるが、神参謀は、

> 総長が米軍攻略部隊に対し航空総攻撃を行う件について奏上した際、陛下から航空部隊だけの総攻撃かとの御下問があったことであるし（戦史叢書93『大本営海軍部・聯合艦隊〈7〉』二七四頁）

と強調して聯合艦隊首脳を説得した。つまり、天皇が「航空部隊だけの総攻撃か」と下問したということは、天皇に「水上部隊はなにもしないのか」と叱責されたということだから他に使いどころのない〈大和〉ほかの艦艇を投入しろ、という論理である。

当時、第五航空艦隊司令長官として鹿屋で航空特攻作戦の指揮をとっていた宇垣纏中将も

全軍の士気を昂揚せんとして反りて悲惨なる結果を招き痛憤復讐の念を抱かしむる外何等得る処無き無暴の挙と云はずして何ぞや。［中略］抑々茲に至れる主因は軍令部総長奏上の際航空部隊丈の総攻撃なるやの御下問に対し海軍の全兵力を使用致すと奉答せるに在りと伝ふ（宇垣纏『戦藻録』四八八頁。四月七日の項）

という具合に、〈大和〉以下の特攻を「何等得る処無き無暴の挙」と批判しつつも、天皇の下問が水上艦艇出撃のきっかけになったことを記している。

ただ、沖縄戦緒戦における天皇の役割を考えると、沖縄を守備する第三二軍に無理やり攻勢作戦をとらせたのは、明らかに天皇の意志であったが、〈大和〉の出撃については、むしろ天皇の言葉が利用されたと見たほうがよい。なぜなら、〈大和〉の特攻については、四月三〇日に天皇は米内光政海相にたいして「天号作戦に於ける大和以下の使用法不適当なるや否や」（『大本營海軍部・聯合艦隊〈7〉』二八三頁）との下問をしているからである。もしも、天皇が水上艦艇をすべてつぎ込んだほうがよいとまで考えていて、自覚的に〈大和〉を突入させようとしたのなら、後になってこのような下問はしないはずである。〈大和〉の問題について限って言えば、天皇は自分の下問がどのような結果をもたらしたのか自覚していなかった、といえる。

天皇は、四月三日に「此戦［沖縄戦］が不利なれば陸海軍は国民の信頼を失ひ今後の戦局憂ふべきものあり」と言い、沖縄戦の重要性を強調していた（『大本営陸軍部(10)』一一三頁）。そして、海軍の航空特攻作戦に最後の期待をかけていたのである。四月一八日には、侍従武官にたいして

海軍は沖縄方面の敵に対し非常によくやっている。而し敵は物量を以て粘り強くやって居るからこちらも断乎やらなくてはならぬ（『戦藻録』五〇〇頁）

と並々ならぬ決意を語っている。四月三〇日にも軍令部総長にたいして

聯合艦隊指揮下の航空部隊が天号作戦に逐次戦果を挙げつゝあるを満足に思ふ。今後益々しつかりやる様に（同前、五〇七頁）

と海軍航空部隊の活躍を称え、かつ激励している。沖縄戦は天皇にとって最後の頼みの綱であったと言ってよいであろう。したがって、沖縄戦の戦況が挽回不可能であることがはっきりした時点で、天皇もいよいよ覚悟せざるをえなかったのである。

2 聖断シナリオの形成と発動

天皇の終戦への傾斜

沖縄本島では、五月四日、第三二軍が全力を挙げて反攻作戦に踏み切ったが、攻勢は一

日で頓挫した。また、ヒトラーの自殺とムッソリーニ処刑の報が五月一日には大本営にもたらされていた。盟邦指導者は共に倒れ、沖縄の戦況もにわかに暗転した。ちょうどこの頃、すなわち五月はじめ、天皇はようやく「終戦」を決意したようである。近衛文麿は木戸内大臣に聞いたこととして、海軍内で終戦工作に従事していた高木惣吉少将に次のように話している。

なお木戸［幸一］に突込んで、一体陛下の思召はどうかと聞いたところ、従来は、全面的武装解除と責任者の処罰は絶対に譲れぬ、それをやるようなら最後迄戦うとの御言葉で、武装解除をやれば蘇聯が出て来るとの御意見であった。そこで陛下の御気持を緩和することに永くかかった次第であるが、最近（五月五日の二、三日前）御気持が変った。二つの問題も已むを得ぬとの御気持になられた。のみならず今度は、逆に早いほうが良いではないかとの御考えにさえなられた。

早くといっても時機があるが、結局は御決断を願う時機が近い内にあると思う、との木戸の話である（高木惣吉『高木海軍少将覚え書』二二八頁）。

いかに天皇が責任者の処罰と全面的武装解除に強く反対していたかがわかる。つまり、天皇が台湾あるいは沖縄での「決戦」で米軍に打撃を与え、そのうえで外交交渉をと考えていたのは、そうした戦果があがらないとこれらの問題でも譲歩せざるをえないと判断していたからである。だが、天皇は武装解除には最後までこだわったようである。五月五日、木戸の言を近衛は細川護貞には次のように伝えている。

最近御上は、大分自分［木戸］の按摩申し上げたる結果、戦争終結に御心を用ひさせらるゝこととなり、……唯軍の武装解除につき、多少御心残りもありたるようなりしも、「三千、五千の兵が残りたりとて、殆ど有名無実なり」と申し上げたる所、それも御断念被遊されたる様なり（『細川日記』下、一一四頁）

聖断シナリオの形成

高木惣吉に伝えられた木戸の所見のなかで、「結局は御決断を願う時機が近い内にあると思う」という部分は注目に値する。最終的には天皇が終戦の「聖断」を下すようにもっていくというシナリオは、天皇側近の宮中グループで固められつつあったのである。この種の「聖断」シナリオは、すでに沖縄戦以前の段階で考えられていた。三月一六日、内大臣府秘書官長・松平康昌は高木惣吉に次のように語っている。

次期政権は一応A［陸軍］にやらせて戦争一本で進んで、或る限度に来たとき、HM［His Majesty ＝天皇］表面に出られて転換を令せらる。Aが引っこむ、事後の収拾対策にかかる、こういう方式はどうか。

それは重臣と政府首脳、軍部首脳との御前会議で決める。［中略］

次ぎのHMの出方は、

世界平和の提唱、堂々たるべきこと、

責任は木戸〔幸一〕一人にてとる。

爾前に重臣に或る資格を与えて後にやると、責任分散の印象を与えて工合が悪い。

一日あればそれは出来る（『高木海軍少将覚え書』一七六頁）

「戦争一本」すなわち本土決戦路線で行けるところまで行って、「或る限度」つまり軍事的な破綻がきたとき、HM＝天皇が前面にでて転換を命令する。木戸も松平秘書官長とほぼ同様のことを考えていたのであろう。しかし、この「聖断」シナリオには、明らかに大きな弱点があった。それは、「或る限度」にこなければ事が進まないという点である。そして「或る限度」をどのあたりと見極めるかが難しいことである。

さて、ようやく天皇が「終戦」に傾斜したとはいっても、「聖断」シナリオを発動するタイミングはなかなか訪れなかった。天皇自身も、いかなるシナリオに乗るにせよ、あくまでも大元帥としての権威が失墜しないように心がけ、統帥事項について発言を続けた。

天皇が、「終戦」に転換した直後と思われる五月九日、梅津参謀総長は、対ソ戦準備のため、第一七方面軍（旧朝鮮軍）をただちに関東軍の隷下に編入したい旨上奏したが、天皇はこれをはっきりと拒否した（『大本營陸軍部〈10〉』、二二五頁）。

統帥部案では、外国（満州国）に駐屯する部隊が国内（朝鮮）の部隊を隷下に置くことになり前例がなく、また、方面軍に改組されたとはいっても朝鮮軍の天皇直属の原則をおかすことになるからである。天皇の拒否によって、第一七方面軍の関東軍への編入は断念され、結局、北部朝鮮の防衛は関東軍が担当し、第一七方面軍から所在の部隊が関東軍に移籍されることになった（戦史叢書73『関東軍〈2〉』三七八頁）。朝鮮軍自体が、関東軍に隷属することを嫌ったこともあるが、天皇が統帥部案を裁可しなかったことが決定的に重要である。天皇は、敗戦を悟りつつも、最後まで統帥大権の侵害は断固として許さなかった。

梅津参謀総長の上奏

第一七方面軍の隷属問題で、統帥部に大元帥としての権威を示したものの、天皇もいまだ転換を表明することはできなかった。六月八日の最高戦争指導会議（御前会議）では「戦争一本」の路線すなわち本土決戦方針が改めて確認された。天皇が、最高戦争指導会議の構成員にたいして「戦争終結について努力するよう」と発言したのは、このあと六月二二日のことである。ようやく天皇に「戦争終結」を言わせる契機となったのは、大連での関東軍総司令官・支那派遣軍総司令官との打ち合わせを終えて帰国した梅津美治郎参謀総長がおこなった六月一一日の上奏であった。その上奏について、松平康昌が高木惣吉に語っている。

土曜日（九日?）梅津〔美治郎〕総長が大連における打合せより帰り、上奏せるとき、従来になき内容を申上げた。

即ち在満支兵力は皆合せても米の八個師分位の戦力しか有せず、しかも弾薬保有量は、近代式大会戦をやれば一回分よりないということを奏上したので、御上は、それでは内地の部隊は在満支部隊より遥かに装備が劣るから、戦にならぬではないかとの御考えを懐かれた様子である。

また先だって、総長、関東防備の実状はどうかとの御下問があったにも拘らず、未だにそのことに関する奏上が済んで居ないことも御軫念のようである。

御前会議［六月八日］の国力判断も、あれでは戦は出来ぬではないかとの思召のようである。

梅津は従来と変ったことを奏上して、御上に助け船を出して戴きたい考えかもしれぬ。尤も上奏の書きものには右のことはなく、全く書きものに出さず部下に知らさず申上げたようである（『高木海軍少将覚え書』二八八〜二八九頁）

この梅津の上奏で、天皇は本土決戦への一縷の望みも絶たれた反面、梅津の態度から転換への希望を見いだしたと思われる。木戸・松平らの宮中グループもいよいよ「或る限度」が近づいたと判断した。

松平の話には、天皇が「関東防備の実状はどうかとの御下問」をすでにしていたが、それについての参謀総長の上奏がないので、天皇が心配している旨の部分があるが、天皇は、上奏を待つことなく、六月三日・四日に侍従武官の大部分を九十九里浜方面に派遣して実状を視察させていた（戦史叢書『大本營陸軍部〈10〉』四四九頁）。梅津の上奏とあわせて、日本軍の戦力・防備について、天皇はまとまった認識を得た。

この後の経過はよく知られているように、宮中グループによる「聖断」シナリオは、それでもまだ発動できなかった。土壇場になって近衛文麿を特使としてソ連に派遣してその仲介にすがろうとしたこともかえって決断を遅らせることになった。また、宮中グループも高木惣吉らも、鈴木貫太郎首相の真意をはかりかね、腹の探りあいに時間を費やしてしまった。結局、七月二六日にポツダム宣言が出されても、いまだ本土決戦派の動向を恐れて決断がつかず、原爆投下とソ連参戦という完全に万策尽きた段階で「聖断」シナリオは実行されたのである。

3 占領と天皇

大本営の閉鎖廃止

八月九日夜一一時五〇分より開かれた御前会議において天皇はポツダム宣言受諾を決した。このあと軍部本土決戦派は、国体が護持できるか否か、一一日夜に連合軍側からラジオ放送された「バーンズ回答」をめぐってまきかえしをはかったが、九日の御前会議によってすでに大勢は決していたといえる。一部軍人には、本気になってクーデターをやってでも本土決戦をすべきだと考えていたものもいたし、現実に「玉音放送」阻止をねらって、偽命令によって近衛師団を動かした将校もいたが、九日の天皇の「聖断」によって中央の多くの軍事官僚たちは意気消沈した。御前会議の模様を梅津参謀総長は、次長らの部下に「軍に対する御信頼が全く失われたのだ」と説明した。参謀次長・河辺虎四郎中将は、翌一〇日の参謀本部の様子を、当日、日誌に

侃諤(かんがく)又は泣訴等の挙に出づるもの参謀本部少壮の間に認め得ず(正直なる気持ちに於て、継戦の困難性は作戦主務の参謀本部が最もよく感得しあり)

(戦史叢書『大本營陸軍部〈10〉』四五三頁)

と記している。軍による一撃論(決戦後講和論)も一億玉砕に傾斜しつつあった本土決戦準備も、あくまでも天皇が支持を与えていればこそ、存立しえた。大元帥・天皇の信任を失い、軍部の継戦意欲は急激にしぼんだ。

八月一四日付で「終戦」の詔書を発布し、八月一五日正午に「玉音放送」がなされても、まだ、大元帥としての天皇の仕事が終わったわけではない。

八月一五日、陸軍は大陸命第一三八一号で、「詔書の主旨完遂」「現任務続行」「積極進攻作戦を中止すへし」と命令した。海軍も一五日に大海令第四七号において「何分の令ある迄対米英蘇支積極進攻作戦は之を見合はすべし」と命令した。しかし、これらは「積極

進攻作戦」の中止を下令したもので、停戦命令ではなかった。そのため、第五航空艦隊司令長官・宇垣纏中将らの特攻が強行された。大本営は一六日、「自衛」目的の戦闘をのぞいて「即時戦闘行動を停止」せよと命じた。その上で、一七日には、天皇は陸相を兼任した東久邇宮稔彦大将と海相・米内光政大将に陸海軍人への勅語を、二五日にも海相と新任された陸相・下村定大将に復員に関する勅語を下した。一七日から一九日にかけて天皇は、皇族軍人を支那派遣軍・関東軍・南方軍の各総司令部に派遣し、天皇の「聖旨」を伝達させた。天皇から親授された陸軍の各聯隊の軍旗を処分せよ、とのいわゆる「軍旗奉焼」特別命令は、二四日に下村陸相から通達された。

九月一三日、大本営が閉鎖廃止された。一九三七年一一月に設置されてから七年一〇ヶ月であった。一〇月一〇日には聯合艦隊と海軍総隊司令部が解隊され、同一五日に参謀本部と軍令部が、一二月一日に陸軍省・海軍省がそれぞれ廃止され、天皇を大元帥とする帝国陸海軍は解体された。陸・海軍の解体にともない、侍従武官長以下の侍従武官も一一月三〇日に官制が廃止され、天皇のもとを去った。一九四五年一二月一日をもって、陸・海軍がなくなった以上、天皇もその時点で大元帥でなくなったことになる。しかし、昭和天皇の大元帥としての強いイメージを拭い去ることはできなかった。

軍装の大元帥のイメージは、まだ多くの人々の印象に強く残っていた。昭和天皇が名実ともに大元帥でなくなるためには、人々のイメージを変える必要があった。

地方巡幸で大元帥イメージを払拭

戦後の天皇の地方巡幸は、一九四六年二月の神奈川県川崎市からはじまり、一九五一年一一月までに北海道と沖縄をのぞく全国四五都府県にわたった（北海道には一九五四年八月に巡幸した）。戦前にも天皇の地方巡幸はしばしば行なわれたが、それはたいてい陸・海軍の特別大演習に付随したものであった。したがって、地方住民にとって目のあたりにした天皇というのは、大元帥の軍装である場合が多かったし、戦時中、新聞等でみる天皇もたいてい陸軍式の正装・礼装か軍装であった。

戦後の地方巡幸は、この大元帥イメージの払拭のための旅でもあった。天皇は、人々の前に背広姿で現われた。また、天皇・皇后両者そろってのイベント出席も大元帥イメージを拭いさる効果をもった。日本国憲法公布記念祝賀都民大会（一九四六年一一月三日）や新憲法施行記念第一回都民体育大会（一九四七年五月三日）などへの両者の出席がそれである。天皇・皇后そろってのイベント出席というのは、今日でこそ珍しいものではないが、大元帥としての軍務が多かった戦前では非常に珍しいことであった。

戦前において天皇が青少年の前に姿を現わすのは、主に学生や青年団の分列式（武装分列行進）を親閲するような行事においてであった。戦後、これに代わるものとしていち早く始められたのが天皇の国民体育大会への出席であった。一九四七年の国民体育大会第二回（石川）大会に天皇が出席して競技を観戦したのを皮切りに、一九四八年第三回（福岡）大会から天皇杯・皇后杯が設けられ、一九四九年第四回（東京）大会より開会式に天皇・皇后が出席するのが恒例となった。また、元来、民間の行事として始まった全国植樹祭にも、公的行事としての第一回（一九五〇年四月）より天皇・皇后が出席している。これらのイベントは、当初は、基本的に戦前の大元帥としての天皇イメージを払拭する、いわば天皇を非軍事化する役割を果たしたといえる。

大元帥感覚の残存

天皇の外見は軍装から背広にかかわり、昭和天皇は、国民のなかに流布した大元帥としてのイメージを払拭していくが、みずからの大元帥感覚はしばらく抜けなかった。

いわゆる「沖縄メッセージ」はその最たる例である。一九四七年九月一九日、天皇の密使として宮内府御用掛・寺崎英成がＧＨＱ外交顧問シーボルトを訪ねた（『昭和天皇独白録　寺崎英成御用掛日記』三三二頁）。その時、寺崎は、天皇が「アメリカが沖縄を始め琉球の他の諸島を軍事占領し続けることを希望している」こと、それがソ連の脅威に対抗する日米両国にとって利益になること、占領は主権は日本に残した形で、二五年ないし五〇年といった長期のものがよいと天皇が思っていることなどをシーボルトに語った。彼はさっそく翌日そのことをマッカーサーに報告している。これが天皇自身の考えにもとづくものであったことは、のちに天皇が侍従長・入江相政に語っているところである（『入江相政日記』第五巻、四一九頁。一九七四年四月一九日の項）。

米ソ対立の激化を見通し、沖縄をアメリカに差し出すことによって日本本土の安泰をはかる戦略を、天皇一人で編み出したのかどうかは定かでないが、『芦田均日記』によれば、「沖縄メッセージ」をマッカーサーに伝えた当時、天皇は外相・芦田均に「内奏」をしばしば求め、片山哲・中道内閣の頭越しに保守勢力の代表として二重外交を展開していたことは確かである。アメリカは、結果として天皇側の意見を取り入れたのであるから、昭和天皇の判断と「希望」は、沖縄の戦後に決定的な役割を演じたといえよう。

日本国憲法の発布後の時期においても、天皇がこのような国家の重大な決定に、しかも政府とは別経路で関与していたのは、戦前的な大元帥感覚の残存としか言いようがない。国民の中の大元帥の残像は抹殺されていったが、天皇自身の中には大元帥は生き残っていたのである。

あとがき——昭和戦争史に果たした天皇の役割とその戦争責任

〈まえがき〉において、以下の疑問に答えるのが本書の目的であると記した。

① 天皇は軍事には素人で、戦争には主体的には関わらなかったのではないか。
② 戦争は軍部の独走であり、天皇はそれをおさえようとした平和主義者だったのではないか。
③ 天皇は戦争について実態を知らなかったのではないか（軍部は天皇に情報を与えなかったのではないか）。
④ 天皇が決断したからこそ戦争が終わり、平和になったのではないか。

まず、それぞれの疑問にたいするまとめをおこなっておこう。

戦争への天皇の主体的関与——天皇の戦争指導

天皇は「御下問」「御言葉」を通じて戦争指導・作戦指導に深く関わった。天皇は作戦について、統帥部の方針や作戦の進め方を無条件で認めていたわけではない。とりわけ、次の事例において大元帥・昭和天皇の発言は、作戦計画あるいは具体的な作戦内容を左右する大きな影響を与えた。

① 熱河作戦の一時差し止め（一九三三年）
② 二・二六事件における反乱軍の武力鎮圧方針の決定（一九三六年）
③ 日中戦争初期の兵力増強、戦略爆撃実施方針の決定（一九三七年）
④ 張鼓峰事件における武力行使方針の一時差し止め（一九三八年）
⑤ 「昭和十四年度帝国海軍作戦計画」の修正（一九三九年）
⑥ 宜昌再確保への作戦転換（一九四〇年）
⑦ フィリピン・バターン要塞への早期攻撃の実現（一九四二年）
⑧ 重慶攻略の方針の決定と取りやめ（同年）
⑨ ガダルカナルをめぐる攻防戦における陸軍航空隊の進出（同年）
⑩ ガダルカナル撤退後におけるニューギニアでの新たな攻勢の実施（一九四三年）
⑪ 統帥部内の中部ソロモン放棄論の棚上げ（同年）
⑫ アッツ島「玉砕」後における海上決戦の度重なる要求と海軍の消極的姿勢への厳しい叱責による統帥部ひきしめ（同年）
⑬ 陸軍のニューギニアでの航空戦への没入（同年）

⑭「絶対国防圏」設定後の攻勢防御の実施（ブラウン奇襲後の軍令部の指示など　一九四三〜四四年）
⑮サイパン奪回計画の立案（一九四四年）
⑯沖縄戦における攻勢作戦の実施（一九四五年）
⑰朝鮮軍の関東軍への編入とりやめ（同年）

昭和天皇は、軍事に素人などでは決してなかった。天皇の大元帥としての責任感、軍人としての資質・素養は、アジア太平洋戦争において大いに示された。開戦後、緒戦において、あるいはミッドウェー海戦敗北に際しても、天皇は泰然としているかに見えたが、それは総司令官はいかなる時も泰然自若として部下将兵の士気高揚をはからねばならないという、昭和天皇が東郷平八郎から直接・間接に学んだ帝王学・軍人哲学を実践したものであった。しかし、ガダルカナル攻防戦における統帥部の不手際を目の当たりにして天皇は、次第に作戦内容への介入の度を深める。天皇は並々ならぬ意欲で作戦指導にあたったが、日露戦争の戦訓を引きあいに出して作戦当局に注意を与えたり、目先の一作戦に拘泥せずニューギニアでの新たな攻勢を要求したりするなど、軍人としての素養を大いに示した。

昭和天皇はあくまでも政戦略の統合者として世界情勢と戦況を検討し、統帥大権を有する大元帥として統帥部をある時には激励、ある時には叱責して指導しようとした。また、前線将兵の士気沈滞をつねに憂慮し、みずから勅語を出すタイミングに気を配っていた。

一九四三年五月にアッツ島が「玉砕」すると、戦争の将来に漠然とした不安を抱いていた天皇は、統帥部に執拗に「決戦」をせまり、その期待に応えられない永野軍令部総長は信頼を失っていく。天皇はイタリアの脱落というヨーロッパ情勢もあわせて考慮しながら、見通しをもった戦争指導の確立をもとめた。そのポイントが米軍との海上決戦であった。しかし、それが不可能なことを知ると基本的には陸軍統帥部の持久戦戦略＝「絶対国防圏」構想を支持した。だが、それでも陸軍統帥部の受動的姿勢と海軍統帥部のマーシャル決戦論とは一線を画し、攻勢防御をとるべきことを主張した。

天皇の判断・行動どれをとっても、大元帥としての自覚と軍人としての豊富な知識に支えられていたものであったと言えよう。ただ、昭和天皇が並外れた戦略家であったとか、奇抜な戦術家であったというわけではない。天皇の戦略眼や作戦における着目点には、非非凡なものがあったことは確かであり、統帥部の戦略・作戦の欠陥を見抜く力を持っていたが、有力な代案が提起できるほどの独創性があったわけではない。天皇の提案が現実の作戦に少なからず影響をあたえたのは、天皇の大元帥としての権威という面もあるが、天皇と同じ意見の軍人が必ずといってよいほど統帥部にいて、天皇の発言を最大限に利用して自説の貫徹を図ったからである。

「平和主義者」昭和天皇の膨張論

昭和天皇は、軍部による手段を選ばない強引な勢力圏拡張・戦争路線に常に賛成していたわけではない。一九三三年の関東軍による熱河作戦、一九四〇〜四一年の南進路線と統帥部の対英米ソ開戦論への傾斜にたいして、天皇は基本的には慎重論をもって対処しようとした。しかし、天皇には統帥部の膨張論・開戦論を押し返すだけの積極的な論理がなかった。これは、性格や人間性の問題ではなく、天皇が統帥部の「マキアベリズム」に対抗できる哲学を持ち合わせなかったということである。天皇が有していたのは「八紘一宇」の政治哲学で、領土・勢力圏の拡張を君主の事業と見る点において統帥部の露骨な膨張主義・機会便乗主義の潮流に埋没せざるをえなかった。

また、昭和天皇は、どのような軍事行動であれ、戦闘に勝利し、結果として「国威発揚」に成功した場合には、賞賛を惜しまなかった。満州事変における関東軍・朝鮮軍の独断専行の軍事行動、熱河作戦、張鼓峰事件など当初は、天皇の怒りをかったが、「戦果」があがると一転して天皇はこれらの暴走を事後承認しただけでなく、勅語を出すなどして賞賛・激励したのである。これは、「勝てばよい」という考え方というよりも、満州事変・日中戦争の際に明確に現われたように、あくまでも欧米大国の直接的な干渉、それらとの衝突を引き起こすか否かという計算の面が強い。大元帥としての天皇が何より恐れたのは、軍部の独断専行ではなく、将兵が士気を失ってしまうことであった。したがって、戦闘に勝利した場合には、必ずといってよいほど「嘉賞」（お誉め）の言葉を与えた。このような天皇の事後承認・結果優先の姿勢は、結果として軍部の独断専行の武力戦や謀略を奨励・激励することとなった。

天皇が軍部にありがちな精神主義、冒険主義に嫌悪感をもっていたことは確かである。天皇が対英米開戦になかなか踏み切れなかったのも、軍部が早期開戦論をとなえつつも、長期戦に移行した場合の見通しを一向に示さないことに原因があった。天皇は一九四一年九月六日の御前会議の時点では、開戦論には踏み切れなかった。それは前日の両統帥部幕僚長とのやりとりでも明らかである。しかし、統帥部はこの時、天皇を説得する重要性に改めて気づき、一〇月半ば頃から、初期進攻作戦においても、長期持久戦においても十分な確算があると具体的に論じるようになる。勝利の確算ということが最大の不安であった天皇は、近衛内閣の末期から東條内閣の成立期において統帥部の論理に基本的に説得されたといえる。

天皇の「平和主義」とは、帝国主義国家の君主として、なるべくなら露骨な手段を使わずに、「平和」的に領土と勢力圏を拡張していこうという一種の穏健主義ということであり、当然のことながら絶対的平和主義などではないのである。

天皇に集中されていた軍事情報

日中戦争・アジア太平洋戦争中を通じて、天皇には常に最重要・最新の軍事情報を提供されていたことはたしかである。陸海軍双方の最高機密情報を同時に検討できる立場にあったのは天皇ただ一人であった。戦況上奏あるいは速報（電報）を通じて天皇に報告される情報は、膨大なものであったが、天皇は決してそれを聞き流してはいなかった。しばしば、戦況に関してみずからあるいは侍従武官を通じて下問し、敵の作戦企図を推理していた。

天皇が受ける報告は、統帥部自体の情報蒐集・審査判定能力の欠如から、戦果に関してはしばしば不正確・過大であったが、少なくとも自軍の損害については、天皇は最も正確に知りうる立場にあったといえる。

天皇の決戦へのこだわりと聖断シナリオ

一九四四年二月、トラック諸島が聯合艦隊の根拠地としての機能を喪失し、ラバウルが孤立化して「絶対国防圏」の崩壊が始まると、天皇は次第に戦争指導・作戦指導に関する積極的な発言をしなくなる。しかし、この時期に至っても、天皇の東條英機への信任は揺るがなかった。さすがにサイパンに米軍が来攻すると、天皇は、その確保・奪回をかなり執拗に要求するが、あきらかに指導意欲は減退していた。このあと、レイテ・ルソンでの敗北をへて、天皇は精神的にさらに沈滞した状態となり、一九四五年二月、近衛ら重臣の上奏をうけても、基本的には統帥部の決戦後講和構想の枠から意識的に離脱することができなかった。しかし、沖縄戦が始まると、天皇は危機感を深め、焦慮からか久々に作戦内容にたち入った発言を繰り返し、かえって作戦を混乱させてしまう。

「聖断」方式による終戦シナリオは、沖縄戦以前から天皇周辺で練られていたが、転換時期の判断が難しく、また、天皇が基本的に統帥部の決戦後講和論を支持していたため、なかなか発動するきっかけがつかめなかった。ドイツが敗北し、沖縄戦の希望がなくなった時点で、天皇は、ようやく「終戦」に傾斜するが、それでもなお、ソ連への講和斡旋要望など指導層の混乱から、いぜんとして「聖断」シナリオは発動されなかった。原爆投下・ソ連参戦という軍事的破綻をきっかけに、天皇は、宮中グループの「聖断」シナリオに乗り、本土決戦に執着する軍部に継戦を断念させた。

第二次世界大戦は、すでにマリアナが陥落した一九四四年六月〜七月より最終段階に入っており、以後の統帥部と天皇の決戦への執着が、いたずらに犠牲を拡大させたのである。歴史的にみれば、天皇が「聖断」シナリオに乗って、最後の最後に「決断」したから戦争が終わったことよりも、マリアナ失陥という決定的な転換期に決断しなかった（統帥部を信頼しすぎた）ために戦争が続いたことの方が重要ではないか。

昭和天皇の軍事思想

次に、主にアジア太平洋戦争中の天皇の作戦に関する発言を分析してみて、昭和天皇の軍事思想はどのようなものであったのかを考えてみよう。天皇の軍事思想とは、あくまでも最高統帥者＝大元帥としての軍事思想である。どのように作戦を立てるかという幕僚の軍事思想ではなく、軍の最高統帥者はいかにあらねばならぬか、という思想である。その意味で、つねに昭和天皇の念頭にあったのは、大元帥は部下将兵の士気を崩壊させてはならない、ということである。天皇はしばしば統帥部の幕僚や前線の将兵が士気を低下させていないかどうかを注意している。

苦戦であればあるほど、軍を統率するものは、動揺を部下に見せてはいけない。すくなくとも、ガダルカナル戦までは、天皇はこの原則に忠実であった。それ以降は、なかなか泰然としてはいられなくなったが、それでも少しでも戦果が挙がれば、統帥部と前線将兵に「満足」の意を示し、かつさらに奮闘するようにと激励を重ねた。とりわけ前線司令部・指揮官にとっては、天皇が作戦を称揚したり、事態を憂慮したりすることは自らを奮起させたり、反省させたりする重要な契機となっていた。天皇はみずからの軍事的役割をよく知っていた。その意味で、天皇はみずからの軍事的役割をよく自覚していたといえる。統帥部も、前線の作戦部隊に具体的な勝利の手だてを与えることができない場合（命令を出すに出せない場合）、「勅語」や「御言葉」を伝達することで、部隊が実力以上のものを発揮することを期待した。だが、それは沖縄戦の例からも分かるように、しばしば無謀な作戦を現地部隊に強いることになった。

また、天皇は精神的支柱であることを越えて、具体的に作戦に介入したが、そこに現われている軍事思想は、先制と集中の原則に忠実なかなりオーソドックスなものであった。天皇は古今の戦史からよく学んでおり、作戦指導の本筋はどうあるべきか、ということには自信を持っていたように思われる。天皇は、どちらかといえば「寡をもって衆を撃つ」奇策をもって「作戦の妙」と考えがちだった統帥部の戦術家とは肌合いを異にしていたと言える。しかし、原則に忠実なオーソドックスな考えとはいっても、それと同時に天皇は徹底した攻勢主義者であった。攻撃偏重主義といってもよい。その点、天皇は日本軍の軍事思想を忠実に学んでいた。その現われとして、天皇はガダルカナルでの膠着・消耗をニューギニアでの攻勢で挽回しようとしたり、ソロモン方面でも海軍に攻勢に出るようにしばしば要求している。天皇の攻勢主義は戦争末期にいたっても変わらなかった。沖縄地上戦での攻勢の督促はそのことをよく示している。

あらためて天皇の戦争責任を考える

〈まえがき〉において、天皇の戦争責任を否定しようとする議論には、大別して、(1)天皇の憲法上の機能からの否定論（大日本帝国憲法の条文を根拠とする否定論）と、(2)天皇の実態からの否定論とがある、と記した。本書は、(2)の実態からの否定論にたいする全面的かつ実証的な批判となっている。冒頭に記したように、天皇は戦争に主体的に関与しなかったとか、軍部に常に反対した平和主義者だったとか、天皇は戦況を知らなかったとか、天皇が決断したからこそ戦争が終わったのだ、といった議論はすべて成り立たない。もし「成り立つ」という論者がいるならば、具体的に史実に即して反論すべきである。明確な根拠をあげないで「天皇は平和主義者だったにちがいない」「軍部は天皇に情報を伝えていなかったにちがいない」といった憶測にもとづく議論は、何ものをも生み出さない。

本書では、(2)天皇の実態からの否定論にたいする批判を展開したが、(1)天皇の憲法上の機能からの否定論（大日本帝国憲法の条文を根拠とする否定論）にもふれておく必要があろう。この天皇の機能からの否定論には、大別して、大日本帝国憲法第三条（天皇神聖条項）を根拠とする天皇無答責論と、第五五条（国務大臣の輔弼条項）を根拠とする輔弼機関答責論とがある。両者は、天皇は責任を負うべき存在ではなく、責任は内閣が負うという、表裏一体の関係にある。まず、これらの天皇の機能からの否定論について、まとめておこう。

大日本帝国憲法第三条「天皇は神聖にして侵すへからす」という天皇神聖条項を根拠とする天皇無答責論は、従来の政府（法制局）見解でもあり、法学者には支持する人も多いと聞く。天皇は神聖であるがゆえに、世俗的な政治の責任を問われることからも免れている、という解釈は、伊藤博文『憲法義解』においてもほぼ同様のことが述べられている。確かに、この憲法解釈には、立憲君主制＝君主無答責、という考えが前提となっている。

ヨーロッパの君主国の憲法には、明確な無答責規程が盛り込まれている。たとえば、

オランダ王国憲法（一八一五年）第五五条

国王は不可侵とする。大臣が責任を負う。

デンマーク王国憲法（一九五三年）第一三条

国王は、その行為については責任を負わず、その一身は、神聖とする。大臣は、政府の行為について責任を負う。大臣の責任は、法律の定める所による。

ベルギー王国憲法（一八三一年）第六三条

国王の一身は不可侵であり、その大臣が責任を負う（宮沢俊義編『世界憲法集　第四版』岩波文庫一九八三年）

といったものである。

また、この天皇無答責論の裏面をなすのが、大日本帝国憲法第五五条の

国務各大臣は天皇を輔弼し其の責に任す

②凡て法律勅令其の他国務に関る詔勅は国務大臣の副署を要す

を根拠にした輔弼機関答責論である。総理大臣の副署なくしては、天皇は権限行使できず、政策の結果生じた諸問題については、政府（内閣）が総ての責任を負う、という解釈である。この解釈を拡大すると、天皇は、政策の裁可に際しては、すべて政府の決定に従い、天皇の意志をさしはさむ余地はなく、政策を左右する権限はない、ゆえに政策の結果

生じた問題についても責任はない、との論理となる。昭和天皇自身による戦後における弁明も、まさにこの論理である。

この憲法上明記してある国務各大臣の責任の範囲内には、天皇はその意思によって勝手に容喙し干渉し、これを掣肘することは許されない。

だから内治にしろ外交にしろ、憲法上の責任者が慎重に審議をつくして、ある方策をたて、これを規定に遵って提出して裁可を請われた場合には、私はそれが意に満ちても、意に満たなくても、よろしいと裁可する以外に執るべき道はない（藤田尚徳『侍従長の回想』二〇六頁）。

私は憲法論や法解釈を専門とする者ではないが、それでも、天皇の機能からの否定論については、歴史学的見地からその矛盾を明らかにしておきたい。まず、大日本帝国憲法第三条の神聖条項にもとづく天皇無答責論については、すでに岡部牧夫氏がまとまった批判をしているように、この無答責論は、一種の拡大解釈であり、そもそも条文において明文化された無答責規定がない、ということが重要である（岡部牧夫「明治憲法と昭和天皇」『歴史評論』一九八九年一〇月号）。そもそも、前述したように、天皇無答責論は、立憲君主制＝君主無答責、という考えが前提となっているのであるが、大日本帝国憲法における天皇の地位は、西欧・北欧と同様の立憲君主というよりも絶対君主に近いものであり、西欧・北欧の立憲君主論（国民主権と両立）を前提とする議論には無理がある。

また、大日本帝国憲法第五五条の国務大臣の輔弼条項を根拠とした輔弼機関答責論も、そもそも戦前日本における統帥権の独立というシステムを無視した議論である。軍令機関（参謀本部・軍令部）の長は、天皇に直属する幕僚長であり、最高命令をくだす権限をもたなかったことは、本論において叙述したが、大日本帝国憲法第五五条は、軍事命令発令の責任の所在については全く触れていないのである。統帥権が政府から独立しており、かつ幕僚長に最高命令を下す権限がないのならば、その責任は最高統帥者たる天皇に帰着せざるをえない。

つまり、天皇の憲法上の機能からの否定論（大日本帝国憲法の条文を根拠とする否定論）は、ともに西欧流の立憲君主制の理念を前提とし、むしろ大日本帝国憲法が運用されていた政治体制の実態にはそぐわない議論であるといわざるをえない。

今、なぜ天皇の戦争責任なのか

ところで、天皇の戦争責任とはいっても、詳細に検討すれば、実はそれは複合的な内容をもっている。つまり、天皇の戦争責任とは、

① 国務と統帥（軍事）を統轄できるただ一人の責任者としての責任
② 唯一の大本営命令（最高軍事命令）の発令者としての責任
③ 統帥権の実際の行使者としての責任（統帥部を激励あるいは叱責しての積極作戦を

要求したり、「御下問」「御言葉」を通して作戦を督促して、現実の作戦指導・戦争指導をおこなったことにともなう責任）

などから構成される。これからもわかるように、天皇の戦争責任はまさに国家の戦争責任の中核をなすものである。つまり、天皇の戦争責任をあいまいにすることは、国家の戦争責任をうやむやにすることである。そして、それは、歴史を歪曲することであり、教育・マスコミ報道を通じて、日本人の歴史認識・国際認識をゆがめ、ひいては国際的な批判・反発をまねき、結局は日本人に跳ね返ってくるのである。

＊

本書は、いうまでもなく近現代史研究における先行の諸成果にささえられている。また、日中戦争以降の天皇の発言や戦争指導の実態については、拙著『昭和天皇の戦争指導』（昭和出版、一九九〇年、絶版）での叙述と分析を発展させ、かつ読みやすいものにするように心がけた。本書は天皇の大元帥としての側面を中心にして描いたので、システムとしての天皇制や昭和天皇の全体像、象徴天皇制の諸問題については、ほとんど論じることができなかった。このような問題について、さらに検討を深めたい読者には、藤原彰・吉田裕・伊藤悟・功刀俊洋『天皇の昭和史』や「昭和」が終わったあとに刊行された、佐々木隆爾『現代天皇制の起源と機能』、藤原彰・粟屋憲太郎・吉田裕・山田朗『徹底検証・昭和天皇「独白録」』、藤原彰『昭和天皇の十五年戦争』、大江志乃夫『御前会議―昭和天皇十五回の聖断―』、吉田裕『昭和天皇の終戦史』などが参考になると思う。本書もこれらの著作に学んだ点が多い。

末筆ながら、本書の刊行に努力をはらってくださった、新日本出版社の志波泰男氏に御礼申し上げたい。

ちくま学芸文庫版あとがき

歴史認識をめぐる衝突から見えるもの

一九九四年に刊行された本書の「まえがき」に、「そもそも戦後も半世紀が過ぎ、『昭和』も終わってしまった現在、天皇の戦争責任を考える必要などあるのか、という感想をもつ人もあるだろう」と私は記した。時代は、そこからさらに四半世紀が過ぎ、「令和」の世となって「平成」が回顧され、「昭和」がレトロなどと称されるようになったが、もし、今、あらためて「まえがき」を書いたとしても同じようなことを記したであろう。

日本社会において戦争の記憶の継承が叫ばれるようになってすでに久しいが、それよりもさらに希薄化してしまったのが、植民地支配・占領地支配の記憶である。本書が刊行される前年＝一九九三年には慰安婦問題に関する「河野談話」が、一九九五年には日本による「侵略と植民地支配」を直視した「村山談話」が出され、戦争や植民地支配に関する歴史認識は、着実に深められつつあるように見えた。

しかしながら、二〇一二年に韓国大法院が植民地統治期の徴用者へ対する日本企業の賠償責任を認める判断を下し、とりわけ二〇一八年に具体的に企業への賠償判決が次々と出されると、日韓両国の歴史認識をめぐる衝突は、両国のナショナリズムを背景にして経済・外交分野における対立へと一挙にエスカレートした。この激しい衝突は、植民地支配のことなどすっかり忘れ去ろうとしている日本側と、逆に植民地支配の実態を不断に発掘し、その記憶を継承しようとしてきた韓国側との歴史認識をめぐる大きな、しかもむしろ時間の経過とともにさらに拡大しつつあるギャップを示す結果となった。

歴史認識とは、過去の歴史的事実を究明し、そこからどういった教訓や哲学を汲み取るかという問題だとすれば、自らの歴史認識とは他者との衝突・対話・相互理解のなかで常に検証・更新されていくものだと言えよう。他者との衝突・対話・相互理解を拒絶する歴史認識は、次第に歴史的事実を直視しようとしない、自己正当化の言説へと落ち込んでしまう危険性を常にはらんでいる。日本社会（とりわけ政界やネットの言論空間）では、一九九五年の「村山談話」以降、それへの反動・反発としての歴史修正主義的な言説が勢いを増している。これも他者との対話を拒絶する歴史認識の一つであり、日本経済の行き詰まりや一朝一夕には解決しがたい社会問題の山積からくる日本社会の方向性喪失、「内向き化」の現れと見ることもできる。

本書刊行後、四半世紀で日本社会の歴史認識は、近隣諸国のそれと衝突を繰り返しながら、歴史を直視しない方向へと傾斜しつつあるように思われる。

本書が刊行されるまで

本書は、刊行以来、「天皇の戦争責任」を論じたものとして評されてきた。本書の「あとがき」のサブタイトルは、「昭和戦争史に果たした天皇の役割とその戦争責任」であるからそのように評されるのは当然である。また、国家の戦争責任を検討する際の中核的な課題が、統治権の総攬者であり、大元帥であった天皇の戦争責任問題である以上、私が意識的にそこに焦点をあてたことも確かである。

だが、本書が大部分の紙幅を割いているのは「戦争責任論」そのものではなく、そこに至るプロセス、大元帥としての天皇の戦争関与の実態についての叙述である。国策・戦略・作戦の決定に際して、昭和天皇が具体的にどのような役割を果たしたのか、その発言の表面的な理解でなく、可能な限り、個々の問題に天皇がどのような質問をし、関係者とのやりとりのなかでどのように考え、その上で膨張・戦争という判断を下していったのか（あるいはそれとは異なる判断をしたのか）、それを一次史料から読み解こうとしたのである。

どのような著作も時代の産物であるので、そもそも本書が、どのような経緯で出来上がったのかを説明しておこう。昭和天皇の戦争関与・戦争責任についての先駆的研究は、井上清『天皇の戦争責任』（現代評論社、一九七五年、岩波現代文庫、二〇〇四年）である。この本は、史料分析に一定の問題をはらみながらも、天皇の戦争関与・戦争責任問題を検討する際の基本文献として、研究者だけでなく社会運動にも大きな影響を与え続けた。井上本の問題意識を引き継ぎつつ、理論での過度の単純化と実証面での不備を克服しようとした著作が現れるのは「戦後四〇年」「天皇在位六〇年」が意識された頃である。藤原彰・吉田裕・功刀俊洋・伊藤悟『天皇の昭和史』（新日本新書、一九八四年）がその代表といえるだろう。『天皇の戦争責任』と『天皇の昭和史』は、一九九〇年代初頭の近現代天皇制・天皇研究高揚の土台を築いた。私もこの二つの本に大きな刺激をうけた一人である。

昭和天皇の政治・軍事との関わりについての研究が、量的にも質的にも飛躍したのは、「昭和」の終焉直後のことである。社会的な関心の高まりと『昭和天皇独白録』などの天皇関係資料の公開・出版が進んだことを背景として研究も進展し、一九九〇年代初頭に、特色ある著作が続々と刊行された。千本秀樹『天皇制の侵略責任と戦後責任』（青木書店、一九九〇年）、佐々木隆爾『現代天皇制の起源と機能』（昭和出版、一九九〇年）、藤原彰『昭和天皇の十五年戦争』（青木書店、一九九一年）、大江志乃夫『御前会議―昭和天皇十五回の聖断』（中公新書、一九九一年）、吉田裕『昭和天皇の終戦史』（岩波新書、一九九二年）などが、この時期の代表的著作である。また、ジャーナリスト田中伸尚の労作『ドキュメント昭和天皇』全八巻（緑風出版、一九八四～九三年）も完結して、多くの一般読者の歴史認識を深めることに貢献した。

それまで、日本陸海軍の軍事思想、軍拡の様相について研究してきた私が、昭和天皇の戦争指導について研究を始めたのは、一九八九年二月の「大喪の礼」の頃のことであった。それまでは、軍事に関する歴史をおもに調べていた私ではあったが、戦争における天皇の役割については漠然とした認識しかもっていなかった。

ところが、一九八八年九月に昭和天皇の病状が悪化して重態におちいり、社会全体が「自粛」という重苦しいムードに包まれ、その後、「昭和」が終わり、マスコミで「平和主義者」昭和天皇のイメージが大量に流される過程で、昭和天皇と戦争とのかかわりを、可能な限り具体的に検証してみようという思いが私の中で強くなった。これは、市民サークルや労働組合の学習会などで「昭和天皇と戦争」について話をしてほしいという要請がにわかに多くなったにもかかわらず、私がそれに十分に対応できなかったからである。当時の私は、天皇が具体的にどのように戦争に関わっていたのか、その実態がよく認識できていなかったので、「天皇は戦争のことなど知らなかったのではないか」という質問にも、「天皇こそが侵略戦争の第一の責任者なのではないか」という質問にも、自信を持って答えられなかった。

そこで、とにかく、天皇が戦争中に軍部からどのような情報を得ていて、それらにどのような質問や意見を発していたのか、というきわめて基礎的なことから調べ始めた。そして、防衛研究所図書館に所蔵されていた上奏文や「御下問奉答資料」(想定問答集)などの検討から、天皇が得ていた情報の質が決して低いものではないこと、天皇の質問や意見も単に思いつきというレベルではないことが確認できた。

こうした研究の最初の成果が、「昭和天皇の戦争指導――太平洋戦争中の統帥部による上奏と天皇の『御下問』の検討――」（東京都立大学人文学部紀要『人文学報』第二一六号、一九九〇年三月、一～八三頁）という論文である。これが昭和天皇研究の第一作となった。そして、出版社からの勧めもあって、この論文をベースにした『昭和天皇の戦争指導』（昭和出版、一九九〇年一一月、本文二一二頁・資料編七三頁）を刊行することができた。

これら二つの著作は、アジア太平洋戦争期に限定して、天皇への軍事情報の集中状況を検討し、天皇の軍人としての素養と作戦関与の実態を明らかにし、天皇への上奏文と天皇の「御下問」「御言葉」に対する軍事史的分析を加えたという点で、従来の研究に若干なりとも新しいものを付加することができたものであった。しかしながら、『昭和天皇の戦争指導』には、私の研究の浅さから、「大陸命」を「大本営陸軍命令」の略称だとしたり、命令書に「御名御璽」が記されているとするなど明らかな誤りがあり、さらに多数の誤記・誤植があった。この本は、三〇〇〇部というこの種の本としては異例の刷部数であったが、ほとんど売れず（昭和天皇の喪が明けた直後で取次業者が引き取らず、店頭に並ばなかったと出版社からは説明された）、大半は断裁処分され、出版社はこの痛手から立ち直れずに後に倒産した。私はこの一件で、研究者としての未熟さ、「天皇」を扱うことの恐ろしさ、そして本を出版することの責任の重さを痛感した。

私は、最初の単著『昭和天皇の戦争指導』の失敗に懲りてはいたが、それでももし機会があればその修正版を出したいと考えていた。だがその一方で、また出版社に迷惑をかけるのではないかと、こちらから切り出そうとは思っていなかった。しかし、一九九三年一一月のある日、出版社の方が私の勤務先（当時、私は東京都立大学の助手だった）に来訪され、『大元帥 昭和天皇』という本を執筆してほしいと依頼されたのである。このストレートなタイトルは、出版社側の提案だったように記憶している。私は前著の失敗（売れそうもないこと）を説明したが、その時、編集者は「一九九五年の戦後五〇年に焦点をあてて出版すれば必ず注目されるから」と言われ、さらに前著は「叙述が論文調で、史料の引用と注が多く、難解なところがあるので、一般の人が読んでも分かりやすいものにしてもらいたい」とかなり厳しい（と思えた）注文をされた。私は自信がなかったが、前著の誤りを正した上で、文章を平易に書き直せばなんとかなるかもしれないと思い、半年後の九四年五月頃までに三〇〇枚（四〇〇字換算）くらいの原稿を書くと約束してしまった。

しかし、この約束は守れなかった。前著の失敗に懲りた私は、もう一度最初から史料を読み直し、先行研究にあたり、自分の叙述に遺漏がないかを再三確かめた。これは、著作を発表する者としては、当然の作業ではあったが、一進一退の繰り返しであった。さらに前著には記さなかった昭和天皇の幼少期、満州事変期・日中戦争期・三国同盟締結前後・

アジア太平洋戦争終末期を書き加え、読みやすいかどうか原稿の推敲をかさねた結果、枚数は六五〇枚（本文三二〇頁）に膨れ上がり、脱稿するのに八月末までかかってしまった。私の遅筆によって本書が刊行されたのは、一九九四年一〇月三〇日のことであった。

本書は、上奏文や「御下問」「御言葉」の分析から、戦争指導における天皇の役割を明らかにしようという方法を前著から受け継ぎながらも、昭和天皇の半生記ともなるように通史的な叙述にも心がけた。だが、読みやすさを重視する当初の方針のために、厳密に出典注をつけるやり方がとれず、また、研究史を紹介することも十分にはできなかった。また、紙幅の関係で大本営命令の内容に踏み込んだ検討ができず、その後の課題とせざるをえなかった。

本書刊行後のこと

研究としては多くの課題を残した本書ではあるが、一九九五年に第二〇回野呂栄太郎賞を受賞したことは、そのような賞とは無縁だと思っていた私にとっては喜びを通り越して驚きの出来事であった。

本書は一九九四年に刊行されたものであるので、当然のことだが、昭和天皇に関する重要史料であっても、本書刊行後に出されたものは使われていない。たとえば、高松宮宣仁『高松宮日記』全八巻（中央公論社、一九九五〜九七年）や森松俊夫監修・原剛解説『「大本営陸軍部」大陸命・大陸指総集成』全一〇巻〈昭和六〜二〇年〉（エムティ出版、一九九四年）や末國正雄・秦郁彦監修『連合艦隊海空戦戦闘詳報』全一八巻・別巻二（アテネ書房、一九九六年）、などが本書刊行直後に出版された。そこで私は、これらの重要史料の分析を盛り込んで、さらには本書では踏み込めなかった問題を加筆し、厳密な出典注をつけた博士学位請求論文『昭和天皇による戦争指導の軍事史的研究』を東京都立大学に提出し、一九九九年一月に博士（史学）の学位を得ることができた。そして、その学位請求論文をさらに改訂して、『大元帥 昭和天皇』のアカデミックバージョンともいえる『昭和天皇の軍事思想と戦略』（校倉書房、二〇〇二年六月）を上梓した。

そして、今日においては昭和天皇研究には不可欠の『昭和天皇実録』全一九巻（東京書籍、二〇一五〜一九年）の検証については『昭和天皇の戦争――「昭和天皇実録」に残されたこと・消されたこと』（岩波書店、二〇一七年一月）において行なっている。また、昭和天皇に関する既発表論文をまとめたものとして、『日本の戦争Ⅲ　天皇と戦争責任』（新日本出版社、二〇一九年七月）がある。

＊＊＊

本書を文庫化するにあたり、新日本出版社版の第一四刷を定本として、あらためて誤記・誤植を修正した。用語の点で、厳密に言えば、「奏上」は天皇への報告、「上奏」は天皇の決裁をうける際の提案として使い分けるべきであったが、両者とも「上奏」という原著の表現のままとした。これは、一次史料そのものに「奏上」と「上奏」が必ずしも使い分けられていないものが多く、全ての個所で使い分けをすることが混乱をまねくと考えたからである（二〇一七年以降の私の著作では、「奏上」と「上奏」を使い分けている）。

なお、今回の文庫化にあたっては、筑摩書房の伊藤大五郎氏にお世話になった。四半世紀前の著作にいくばくかの価値ありとして、再び出番を与えていただいたことに末筆ながら深く御礼申し上げたい。

二〇二〇年二月二〇日

山田　朗

昭和天皇の主要軍務年表

天皇の軍務のうち、演習の視察・統裁を中心に、特別な観兵式・観艦式、重要な視察や御前会議などをとりあげた。国策決定のための御前会議と大本営御前会議の日時・議題については、本文参照のこと。

一九〇一年（明治34）4月29日　嘉仁親王（大正天皇）の第一皇子として誕生。

一九〇八年（明治41）4月11日　学習院初等科入学（院長・乃木希典陸軍大将）。

一九一二年（大正1）7月30日　大正と改元。皇太子になる／9月9日　陸軍・海軍少尉に任官。近衛歩兵第一聯隊付、第一艦隊付となる。

一九一四年（大正3）5月4日　東宮御学問所開設（総裁・東郷平八郎元帥）／10月30日　陸軍・海軍中尉に昇任。

一九一六年（大正5）10月31日　陸軍・海軍大尉に昇任。

一九二〇年（大正9）10月31日　陸軍・海軍少佐に昇任／11月8日　陸軍特別大演習（大分）を

視察。この年より、大正天皇は統監せず。上原勇作参謀総長が統監代行（〜10日）。

一九二一年（大正10）3月3日　軍艦〈香取〉で欧州旅行に出発（9月3日に帰国）／11月17日　陸軍特別大演習（神奈川）の統監を代行（〜20日）／11月25日　摂政に就任。

一九二二年（大正11）11月16日　陸軍特別大演習（香川）の統監を代行（〜18日）。

一九二三年（大正12）4月12日　軍艦〈金剛〉で台湾に行啓（〜5月1日）／10月31日　陸軍・海軍中佐に昇任／11月　陸軍特別大演習は取り止め。

一九二四年（大正13）1月26日　久邇宮良子女王と結婚／9月6日　聯合艦隊の実艦標的射撃を視察（館山沖）／11月3日　陸軍特別大演習（石川）の統監を代行（〜5日）

一九二五年（大正14）8月5日　軍艦〈長門〉で樺太に行啓（〜17日）／10月19日　陸軍特別大演習（宮城）の統監を代行（〜22日）／10月31日　陸軍・海軍大佐に昇任。

一九二六年（大正15）11月15日　陸軍特別大演習（佐賀）の統監代行取り止め（閑院宮載仁親王が統監代行）。

一九二六年（昭和1）12月25日　践祚。昭和と改元。大元帥となる。

一九二七年（昭和2）7月28日　軍艦〈山城〉で小笠原・奄美大島行幸／8月4日　聯合艦隊の射撃・爆撃演習（豊後水道沖）を親閲（〜5日）／9月19日　陸軍特別攻防演習（富士裾野）を親閲／10月22日　海軍特別大演習（本州南方）を統裁（〜24日）／11月15日　陸軍特別大演習（愛知）を統監（〜18日）。

一九二八年（昭和3）1月8日　践祚後初の陸軍始観兵式／4月29日　践祚後初の天長節観兵式

／10月6日　陸軍特別大演習（岩手）を統監（〜8日）／11月10日　即位礼（14日〜15日、大嘗祭）／12月2日　大礼特別観兵式／12月4日　大礼特別観艦式／12月15日　関東五府県の学生・青年団員・在郷軍人ら七万人を親閲。

一九二九年（昭和4）6月5日　大阪にて関西の学生・青年団員・在郷軍人ら一二万人を親閲（6日、大阪城東練兵場で観兵式を親閲）／11月15日　陸軍特別大演習（茨城）を統監（〜17日）。

一九三〇年（昭和5）10月19日　海軍特別大演習（太平洋上）を統裁（〜22日）／11月14日　陸軍特別大演習（広島・岡山）を統監（〜16日）。

一九三一年（昭和6）9月18日　満州事変始まる／11月12日　陸軍特別大演習（熊本）を統監（〜14日）。

一九三二年（昭和7）1月8日　関東軍にたいして勅語下賜／4月24日　軍人勅諭下賜五〇年式典に行幸／11月11日　陸軍特別大演習（大阪・奈良）を統監（〜13日）。

一九三三年（昭和8）8月16日　海軍特別大演習（太平洋上）を統裁（〜20日）／10月24日　陸軍特別大演習（福井）を統監（〜26日）。

一九三四年（昭和9）11月11日　陸軍特別大演習（群馬・栃木・埼玉）を統監（〜13日）。

一九三五年（昭和10）11月9日　陸軍特別大演習（宮崎・鹿児島）を統監（〜12日）。

一九三六年（昭和11）2月26日　二・二六事件／10月2日　陸軍特別大演習（北海道）を統監（〜5日）／10月21日　海軍特別大演習（太平洋上）を統裁（〜24日）。

一九三七年（昭和12）7月7日　盧溝橋事件起こる／11月20日　宮中に大本営設置／11月24日　第一回大本営御前会議。

一九三八年（昭和13）1月11日　国策決定のための第一回御前会議／8月11日　海軍航空廠、木更津航空隊に行幸。

一九三九年（昭和14）5月22日　軍事教練一五年記念式典、学生生徒の分列式を親閲／7月21日　聯合艦隊演習を親閲（太平洋上）／11月8日　陸軍演習を親閲（富士山麓）

一九四〇年（昭和15）7月18日　聯合艦隊演習を親閲（太平洋上）／11月10日　紀元二千六百年式典／11月11日　紀元二千六百年特別観艦式／11月21日　紀元二千六百年特別観兵式。

一九四一年（昭和16）7月2日　御前会議、対ソ戦準備、南方進出のためには対英米戦を辞せず、と決定／9月6日　御前会議、10月上旬までに対米交渉妥結の見通しの立たない場合は開戦を決意、と決定／11月5日　御前会議、12月初旬武力発動を決定／12月1日　御前会議、開戦を最終決定／12月8日　対米英蘭開戦、開戦の詔書。

一九四二年（昭和17）12月11日　伊勢神宮で戦勝祈願（～13日）／12月31日　大本営御前会議、ガダルカナル撤退を決定。

一九四三年（昭和18）5月29日　アッツ島守備隊玉砕／6月24日　横須賀海軍工廠で戦艦〈武蔵〉視察／9月30日　御前会議、「絶対国防圏」の設定を決定。

一九四四年（昭和19）7月7日　サイパン守備隊玉砕。

一九四五年（昭和20）6月8日　御前会議、本土決戦方針を確認／6月24日　最高戦争指導会議

構成員に「戦争終結」を表明／8月9日　御前会議、ポツダム宣言受諾を決定（〜10日）／8月14日　御前会議、ポツダム宣言受諾を最終決定、終戦の詔書、公布／8月15日「玉音放送」／9月2日　降伏文書調印／9月13日　大本営廃止。

〔出典〕陸軍省編『自明治三十七年至大正十五年　陸軍省沿革史』下（一九二九年、厳南堂、一九六九年復刻）、荻野晃也・河野益近編『昭和天皇新聞記事集成昭和元年〜一五年』（第三書館、一九九〇年）、戦史叢書102『陸海軍年表』（朝雲新聞社、一九八〇年）より作成。

付表1　陸軍統帥部による天皇への作戦上奏

（大陸命の允裁を求める上奏を除く）

一九四一（昭和一六）年

9月6日　［作戦に関する概略と動員について］
9月8日　南方作戦全般ニ関スル件
9月9日　［南方作戦の作戦部隊動員について］
10月？日　奉答資料・対英米蘭戦争ニ於ケル作戦的見透シ
10月10日？奉答資料・南方作戦ノ見透ニ関スル件
10月20日　奉答資料・対英米蘭戦争ニ於ケル初期及数年ニ亘ル作戦的見透シニ就テ
10月23日　対英米蘭戦争ニ伴フ帝国軍作戦計画ノ概要
10月24日　御説明・台湾ニ於ケル航空作戦準備ニ関スル件
10月29日　南方ニ対スル作戦準備ノ現況
11月2日　［国策・作戦の検討経過・結論について］（両総長）
11月3日　対米英蘭戦争ニ伴フ帝国陸軍作戦計画

11月5日　対米英蘭戦争ニ伴フ帝国陸軍作戦計画ニ関スル件

11月8日　兵棋ニ依ル作戦計画御説明ニ関スル件（両総長）

11月15日　南方作戦御前兵棋演習

12月1日　作戦準備ノ現況ニ就テ

12月2日　[用兵事項ニ関スル件—X日ニ就テ]

12月6日　日独伊軍事協定ニ関スル件

12月16日　日泰両軍ノ作戦協定ニ関スル件

一九四二（昭和一七）年

1月4日　[南方作戦爾後ノ指導ニ就テ]

1月14日?　南方作戦爾後ノ指導ニ就テ（作戦上奏）

1月22日　緬甸要域ノ攻略命令ノ件

1月?日　日泰共同作戦協定ニ関スル件

2月13日　今後採ルベキ戦争指導ノ大綱（政府・大本営）

2月19日　[今後の作戦指導について]

3月13日　今後採ルベキ戦争指導ノ大綱

3月19日　今後ノ作戦指導ニ就テ

3月20日　航空兵団編組ノ改定等ニ関スル件

4月9日　［参謀総長南方視察報告］
4月16日　今後ノ南方及太平洋方面作戦ニ就テ
5月5日　御説明・「アリューシアン」群島「ミッドウェー」島方面作戦部隊ノ戦闘序列及任務ニ関スル件
5月？日　御下問奉答資料・昭和十七年度関東軍主要演習概見表
5月29日　南方占領地域ノ現状ト兵力運用ニ就テ
6月6日　昭和十七年陸軍軍容刷新ニ関スル件ニ基ク全軍兵力ノ運用ニ就テ
6月8日　［MO作戦中止、FS作戦延期について］
6月20日　南方軍兵站ノ概況
6月27日　対北方関係軍容刷新ノ秘匿ニ関スル件
7月3日　［第四師団長・北野憲造中将、内地帰還軍状報告］
7月4日　南方軍第十四軍衛生状況
7月？日　第三航空軍ノ戦闘序列等ニ関スル件
7月10日　航空関係部隊ノ軍容刷新一段落時ニ於ケル各方面彼我航空兵力関係ニ就テ
7月11日　用兵事項ニ関シ奏上（両総長）
8月10日？御説明・一木支隊及青葉支隊等ノ指揮隷属転換ニ関スル件
8月13日　御説明［ソロモンの戦況について］
8月29日　御説明・第二師団其他部隊ノ転用ニ関スル件

9月1日　御説明・第十四軍部隊支那転用内報ノ件
9月3日　[五号作戦準備について]
11月7日　太平洋作戦遂行ニ伴フ第一段措置ニ関スル件
11月8日　戦略上ヨリ見タル情勢判断ニ就テ（両総長）
11月16日　御説明［第八方面軍の戦闘序列について］
11月18日　用兵事項ニ関シ奏上（永野修身軍令部総長）
11月18日　南太平洋方面今後ノ作戦ニ関スル件
12月10日　[今後の対支作戦について]
12月14日　[今後の作戦指導について]
12月15日　南西方面防衛強化ニ関スル件
12月23日　[南西方面防衛強化について]
12月27日　[ガ島方面の戦線整理と陸軍重爆隊派遣について]
12月31日　用兵事項ニ関シ奏上

一九四三（昭和一八）年

1月15日　南太平洋方面作戦指導ニ関シ現地軍トノ連絡事項ニ関スル件
1月15日　対仏措置ニ伴フ作戦準備ニ関スル件
2月16日　昭和十八年度総合作戦指導並兵力運用及兵備ノ大綱ニ就テ

5月20日　［北方作戦方針の転換について］
8月24日　［南東方面の作戦指導について］（両総長）
8月30日　「ラエ」「サラモア」方面ノ作戦指導ニ関スル件
9月15日　今後ノ作戦ニ関スル件
10月4日　［地上・航空兵備と兵力運用について］

一九四四（昭和一九）年

1月28日　対仏印武力処理ニ関スル中央協定ノ件
2月？日　［現下ノ戦況ニ就テ］
2月16日　北東及中部太平洋方面統帥組織及兵備ノ大綱ニ関スル件（両総長）
2月21日　一部ノ部隊ノ隷属ニ関シ命令相成度件
4月26日　作戦一般ニ就テ
5月9日　西北部「ニューギニア」方面作戦指導ニ関スル件
5月10日？作戦一般ニ関スル件
5月16日　作戦重要事項ニ就テ
5月26日　作戦一般ニ関スル件（内奏）
5月29日　海上機動第二旅団ノ件
6月19日　［サイパン島奪回作戦について］

6月24日　［サイパン島奪回断念と後方要域の防備強化について］

7月1日　「ビルマ」作戦ノ指導ニ就イテ　［インパール作戦中止］

7月2日　浙東作戦ノ件

7月13日　［陸海軍航空戦力の統合について］（両総長）

7月13日　第三十六軍司令部ノ設置ニ就テ

7月15日　南西諸島、台湾及比律賓方面ノ戦備強化ニ関スル件

7月24日　陸海軍爾後ノ作戦指導大綱

8月5日　警備隊等ノ編成及第百八、第百十二、第百十三師団等ノ隷属ニ関スル件

8月22日　［捷号作戦準備進捗状況ニ関スル件］

8月30日　緬甸方面作戦指導ノ件

9月6日　捷号作戦準備進捗状況ノ件

9月21日　今後ニ於ケル作戦指導ニ関スル件

10月18日　捷一号作戦発動ニ関スル件

10月23日?　第二十三師団ノ比島方面派遣ニ関スル件

11月14日　［比島方面ノ補給ノ状況ニ就テ］

11月20日?　第十師団等ノ転用ニ関スル件

12月6日?　敵ノ本土空襲ニ対スル緊急対策ノ件

12月27日　今後ノ作戦指導ニ関スル件　［レイテ決戦断念］（両総長）

12月30日　呂宋島ノ作戦指導ニ関スル件

〔出典〕参謀本部第二課（作戦課）『上奏関係書類綴』一九四一年〜一九四四年（全九巻一一冊、防衛庁防衛研究所図書館所蔵）および防衛庁防衛研修所戦史室・戦史叢書『大本營陸軍部〈1〉〜〈10〉』（朝雲新聞社、一九六七〜一九七五年）、同『陸海軍年表』（一九八〇年）より作成。

付表2　海軍統帥部による上奏（一九四四年）一〇月〜一二月

◆印…戦況上奏、◇印…作戦上奏

一九四四年一〇月（合計四八六頁）

◆「戦況ニ関シ御説明資料」（提出日）

1・2・3・4・5・6・8・9・13・14・14・15・15・21・22・24・27・28・29・30（合計二〇回）

◆「戦況ニ関シ奏上」（奏上日）

7・10・11・12・13・14・16・17・18・19・20・23・25・26・28・31（合計一六回）

◇「用兵事項ニ関シ奏上」（奏上日）
23

一九四四年一一月（合計四四八頁）

◆「戦況ニ関シ御説明資料」（提出日）
1・2・3・4・5・7・9・11・13・15・16・17・19・21・22・23・24・25・26・27・28・29・30（合計二三回）

◆「戦況ニ関シ奏上」（奏上日）
6・8・10・12・14・18・20（合計七回）

◇「用兵事項ニ関シ奏上」（奏上日）
12

◇「用兵事項ニ関シ上聞書」（上聞日）
14・18・30（合計三回）

一九四四年一二月（合計四九八頁）

◆「戦況ニ関シ御説明資料」（提出日）
1・3・4・5・6・8・10・11・12・13・17・18・19・20・21・22・23・24・25・26・28・29・30・31（合計二四回）

◆「戦況ニ関シ奏上」（奏上日）
2・7・9・14・15・16・27（合計七回）

◇「用兵事項ニ関シ奏上」（奏上日）

2・7・27（合計三回）

◇「用兵事項ニ関シ上聞書」（上聞日）

4・9・19・30・31（合計五回）

◇「今後ノ作戦指導ニ関スル件」（奏上日）

27

〔出典〕大本営海軍部『昭和十九年十月奏上書』『昭和十九年十一月奏上書』『昭和十九年十二月奏上書』（防衛庁防衛研究所図書館所蔵）より作成。

〔註〕戦況上奏にあたるのは「戦況ニ関シ御説明資料」と「戦況ニ関シ奏上」。その他の「用兵事項ニ関シ奏上」「用兵事項ニ関シ上聞書」「今後ノ作戦指導ニ関スル件」は作戦上奏にあたる。

参考文献一覧

（本文中に引用あるいは参照した文献を書名・論文名の五十音順に並べた）

森武麿〈日本の歴史20〉『アジア・太平洋戦争』（集英社、一九九三年）

芦田均『芦田均日記』1～7（岩波書店、一九八六～九二年）

入江為年監修『入江相政日記』1～6（朝日新聞社、一九九〇～九一年）

角田順校訂『宇垣一成日記』1（みすず書房、一九六八年）

尚友倶楽部編『岡部長景日記――昭和初期華族官僚の記録』（柏書房、一九九三年）

大田嘉弘『沖縄作戦の統帥』（相模書房、一九八四年）

藤原彰編『沖縄戦――国土が戦場になったとき』（青木書店、一九八七年）

藤原彰編『沖縄戦と天皇制』（立風書房、一九八七年）

山田朗・纐纈厚『遅すぎた聖断』（昭和出版、一九九一年）

海軍大臣官房編『海軍制度沿革』1（原書房、一九七一年復刻）

奥宮正武『海軍特別攻撃隊』（朝日ソノラマ文庫、一九八二年）

福留繁『海軍の反省』（日本出版協同、一九五一年）

猪口力平・中島正『神風特別攻撃隊』(河出書房、一九六七年)
淵田美津雄・奥宮正武『機動部隊』(朝日ソノラマ文庫、一九八二年)
木戸日記研究会編『木戸幸一関係文書』(東京大学出版会、一九六六年)
木戸幸一『木戸幸一日記』上下(東京大学出版会、一九六六年)
木戸日記研究会編『木戸幸一日記 東京裁判期』(東京大学出版会、一九八〇年)
松下芳男『近代日本軍人伝』(柏書房、一九七六年)
永井和『近代日本の軍部と政治』(思文閣、一九九三年)
豊下楢彦「〝空白〟の戦後史―「天皇・マッカーサー会見」の歴史的位置(下)」(『世界』一九九〇年三月号)
上法快男編『軍務局長 武藤章回想録』(芙蓉書房、一九八一年)
現代史資料(37)『大本営』(みすず書房、一九六七年)
現代史資料(9)『日中戦争(一)』(みすず書房、一九六四年)
続・現代史資料(4)『陸軍 畑俊六日誌』(みすず書房、一九八三年)
藤原彰・荒井信一編『現代史における戦争責任』(青木書店、一九九〇年)
佐々木隆爾『現代天皇制の起源と機能』(昭和出版、一九九〇年)
井原頼明『増補 皇室事典』(一九四二年、冨山房、復刻版一九八二年)
村上重良『皇室辞典』(東京堂出版、一九八〇年)
松尾尊兊「考証 昭和天皇・マッカーサー元帥第一回会見」(『京都大学文学部研究紀要』二九号、

一九九〇年三月)
桜井忠温編『国防大事典』(中外産業調査会、一九三二年、国書刊行会、復刻版一九七八年)
五味川純平『御前会議』(文藝春秋、一九七八年)
大江志乃夫『御前会議――昭和天皇十五回の聖断』(中公新書、一九九一年)
原田熊雄述『西園寺公と政局』1~8(岩波書店、一九五一~五二年)
井本熊男『作戦日誌で綴る支那事変』(芙蓉書房、一九七八年)
井本熊男『作戦日誌で綴る大東亜戦争』(芙蓉書房、一九七九年)
高山信武『参謀本部作戦課』(芙蓉書房、一九七八年)
藤田尚徳『侍従長の回想』(中公文庫、一九八七年)
野村実編『侍従武官　城英一郎日記』(山川出版社、一九八二年)
伊藤隆監修、百瀬孝『事典　昭和戦前期の日本――制度と実態』(吉川弘文館、一九九〇年)
大江志乃夫編・解説『支那事変大東亜戦争間動員概史』(不二出版、一九八八年復刻)
江口圭一〈昭和の歴史4〉『十五年戦争の開幕』(小学館、一九八二年)
黒羽清隆『十五年戦争史序説』上下(三省堂、一九八四年)
藤原彰・今井清一編『十五年戦争史』1~4(青木書店、一九八八~八九年)
江口圭一『新版　十五年戦争小史』(青木書店、一九九一年)
中村政則『象徴天皇制への道』(岩波新書、一九八九年)
松尾尊兊「象徴天皇制の成立についての覚書」(『思想』一九九〇年四月号)

杉田一次『情報なき戦争指導』（原書房、一九八七年）
伊藤隆『昭和十年代史断章』（東京大学出版会、一九八一年）
高橋紘ほか編『昭和初期の天皇と宮中――侍従次長河井弥八日記』1〜6（岩波書店、一九九三〜九四年）
猪瀬直樹監修・森山康平編『目撃者が語る昭和史　第1巻　昭和天皇』（新人物往来社、一九八九年）
荻野晃也・河野益近編『昭和天皇新聞記事集成　昭和元年――15年』（第三書館、一九九〇年）
山本七平ほか編『昭和天皇全記録』（講談社、一九八九年）
寺崎英成、マリコ・テラサキ・ミラー編著『昭和天皇独白録　寺崎英成　御用掛日記』（文藝春秋、一九九一年）
江口圭一「昭和天皇の虚像と実像」（『文化評論』一九九一年三月号）
吉田裕『昭和天皇の終戦史』（岩波新書、一九九二年）
藤原彰『昭和天皇の十五年戦争』（青木書店、一九九一年）
山田朗『昭和天皇の戦争指導』（昭和出版、一九九〇年）
勝野駿『昭和天皇の戦争』（図書出版社、一九九〇年）
赤間剛『昭和天皇の秘密』（三一書房、一九九〇年）
高橋紘編『昭和天皇発言録』（小学館、一九八九年）
重光葵『昭和の動乱』上下（中央公論社、一九五二年）

佐々木隆爾・原田勝正・山田朗編『新視点 日本の歴史』6・7（新人物往来社、一九九三年）
参謀本部編『杉山メモ』上下（原書房、一九六七年）
中村政則『戦後史と象徴天皇』（岩波書店、一九九二年）
渡辺治『戦後政治史の中の天皇制』（青木書店、一九九〇年）
防衛庁防衛研修所戦史室・戦史叢書95『海軍航空概史』（朝雲新聞社、一九七六年）
防衛庁防衛研修所戦史室・戦史叢書『関東軍』〈1〉〈2〉（朝雲新聞社、一九六九・七四年）
防衛庁防衛研修所戦史室・戦史叢書『支那事変陸軍作戦』〈1〉〜〈3〉（朝雲新聞社、一九七五〜七六年）
防衛庁防衛研修所戦史室・戦史叢書『大本營陸軍部』〈1〉〜〈10〉（朝雲新聞社、一九六七〜七五年）
防衛庁防衛研修所戦史室・戦史叢書『大本營海軍部・聯合艦隊』〈1〉〜〈7〉（朝雲新聞社、一九七〇〜七五年）
防衛庁防衛研修所戦史室・戦史叢書『大本營陸軍部 大東亜戦争開戦経緯』〈1〉〜〈5〉（朝雲新聞社、一九七三〜七四年）
防衛庁防衛研修所戦史室・戦史叢書『大本營海軍部 大東亜戦争開戦経緯』〈1〉〈2〉（朝雲新聞社、一九七九年）
防衛庁防衛研修所戦史室・戦史叢書10『ハワイ作戦』（朝雲新聞社、一九六七年）
防衛庁防衛研修所戦史室・戦史叢書2『比島攻略作戦』（朝雲新聞社、一九六六年）
防衛庁防衛研修所戦史室・戦史叢書14『南太平洋陸軍作戦』〈1〉（朝雲新聞社、一九六八年）

防衛庁防衛研修所戦史室・戦史叢書102『陸海軍年表』（朝雲新聞社、一九八〇年）
防衛庁防衛研究所戦史部・戦史叢書史料集『海軍年度作戦計画』（朝雲新聞社、一九八六年）
家永三郎『戦争責任』（岩波書店、一九八五年）
宇垣纏『戦藻録』（原書房、一九六八年）
木下道雄『側近日誌』（文藝春秋、一九九〇年）
稲田正純「ソ連極東軍との対決」（『別冊知性　秘められた昭和史』一九五六年一二月号）
波多野澄雄『「大東亜戦争」の時代』（朝日出版社、一九八八年）
松谷誠『大東亜戦争収拾の真相』（芙蓉書房、一九八〇年）
日本国際政治学会太平洋戦争原因研究部編『太平洋戦争への道』1〜7、別巻（朝日新聞社、一九六二〜六三年）
毎日新聞社訳・編『太平洋戦争秘史――米戦時指導者の回想』（毎日新聞社、一九六五年）
歴史学研究会編『太平洋戦争史』1〜6（青木書店、一九七一〜七三年）
木坂順一郎〈昭和の歴史7〉『太平洋戦争』（小学館、一九八二年）
家永三郎『太平洋戦争　第二版』（岩波書店、一九八六年）
種村佐孝『大本営機密日誌』（芙蓉書房、一九七九年）
富永謙吾『大本営発表にみる太平洋戦争の記録』（自由国民社、一九七〇年）
高木惣吉『高木海軍少将覚え書』（毎日新聞社、一九七九年）
土門周平『戦う天皇』（講談社、一九八九年）

田中義一伝記刊行会編『田中義一伝記』上下（原書房、一九八一年復刻）
田中新一著・松下芳男編『田中作戦部長の証言』（芙蓉書房、一九七八年）
荻野富士夫『昭和天皇と治安体制』（新日本出版社、一九九三年）
永井和「張作霖爆殺事件と田中義一首相の上奏」『日本歴史』（一九九〇年一一月号）
井本熊男監修、外山操・森松俊夫編著『帝国陸軍編制総覧』（芙蓉書房、一九八七年）
藤原彰・粟屋憲太郎・吉田裕・山田朗『徹底検証 昭和天皇「独白録」』（大月書店、一九九一年）
児玉幸多編〈日本史小百科8〉『天皇』（東京堂出版、再刊一九九三年）
高橋紘・鈴木邦彦『天皇家の密使たち』（現代史出版会、一九八一年、文春文庫、一九八九年）
黒田勝弘・畑好秀『天皇語録』（講談社文庫、一九八六年）
藤原彰『天皇制と軍隊』（青木書店、一九七八年）
千本秀樹『天皇制の侵略責任と戦後責任』（青木書店、一九九〇年）
日本史研究会・京都民科歴史部会編『天皇制を問う』（人文書院、一九九〇年）
岸田英夫『天皇と侍従長』（朝日文庫、一九八六年）
ねずまさし『天皇と昭和史』上下（三一新書、一九七六年）
児島襄『天皇と戦争責任』（文藝春秋、一九八八年）
千田夏光『天皇と勅語と昭和史』（汐文社、一九八三年）
大江志乃夫〈昭和の歴史3〉『天皇の軍隊』（小学館、一九八二年）

村上重良『天皇の祭祀』（岩波新書、一九七七年）
藤原彰・吉田裕・伊藤悟・功刀俊洋『天皇の昭和史』（新日本新書、一九八四年）
井上清『天皇の戦争責任』（現代評論社、一九七五年、同時代ライブラリー、一九九一年）
豊下楢彦「天皇は何を語ったか―「天皇・マッカーサー会見」の歴史的位置（上）」（『世界』一九九〇年二月号）
保阪正康『東條英機と天皇の時代』上下（文春文庫、一九八八年）
大江志乃夫『統帥権』（日本評論社、一九八三年）
神田文人「統帥権と天皇制」（『横浜市立大学論叢　人文社会科学系列』三七巻二・三合併号、一九八六年三月）
神田文人「統帥権と天皇制2」（『横浜市立大学論叢　人文社会科学系列』四〇巻一号、一九八九年二月）
防衛教育研究会編『統帥綱領・統帥参考』（田中書店、一九八三年復刻）
佐々木隆爾ほか編『ドキュメント　真珠湾の日』（大月書店、一九九一年）
田中伸尚『ドキュメント昭和天皇』1～8（緑風出版、一九八四～九三年）
波多野澄雄・黒沢文貴編・解説「奈良武次侍従武官長日記（抄）」（『中央公論』一九九〇年九月号・一〇月号）
三宅正樹『日独伊三国軍同盟の研究』（南窓社、一九七五年）
外山三郎『日清・日露　大東亜海戦史』（原書房、一九七九年）

日本海軍航空史編纂委員会編『日本海軍航空史』1〜4（時事通信社、一九六九年）
外務省編『日本外交年表竝主要文書』上下（原書房、一九六五年）
藤原彰『日本軍事史』上下（日本評論社、一九八七年）
日本統計研究所編『日本経済統計集』（日本評論社、一九五八年）
浅田喬二・小林英夫編『日本帝国主義の満州支配』（時潮社、一九八六年）
松崎敏弥・小野満『日本の皇室事典』（主婦の友社、一九八八年）
秦郁彦編『日本陸海軍総合事典』（東京大学出版会、一九九一年）
富田健治『敗戦日本の内側——近衛公の思い出』（古今書院、一九六二年）
参謀本部所蔵『敗戦の記録』（原書房、一九六七年）
進藤栄一「分割された領土」（『世界』一九七九年四月号）
高橋紘『陛下、お尋ね申し上げます——記者会見全記録と人間天皇の軌跡』（文春文庫、一九八八年）
近衛文麿『平和への努力』（日本電報通信社、一九四六年）
細川護貞『細川日記』上下（中公文庫、一九七九年）
本庄繁、近代日本史料選書6-2『本庄繁日記』2（山川出版社、一九八三年）
本庄繁『本庄日記』（原書房、一九六七年）
伊藤隆・広瀬順晧編『牧野伸顕日記』（中央公論社、一九九〇年）
真崎甚三郎、近代日本史料選書1-2『真崎甚三郎日記』2（山川出版社、一九八一年）

参謀本部編『満洲事変作戦経過ノ概要』(巌南堂書店、一九七二年復刻)
岡部牧夫「明治憲法と昭和天皇」(『歴史評論』一九八九年一〇月号)
実松譲『米内光政秘書官の回想』(光人社、一九八九年)
奥宮正武『ラバウル海軍航空隊』(朝日ソノラマ文庫、一九八二年)
上法快男監修・外山操編『陸海軍将官人事総覧』陸軍篇・海軍篇(芙蓉書房、一九八一年)
保阪正康『陸軍省軍務局と日米開戦』(中公文庫、一九八九年)
草鹿龍之介『聯合艦隊』(毎日新聞社、一九五二年)

防衛庁防衛研究所図書館所蔵史料

本文中に引用あるいは参照した史料ファイル名

参謀本部第二課[作戦課]『上奏関係文書綴』(昭和十六〜十九年)全九巻一一冊
大本営海軍部『奏上書綴』(昭和十九年十〜十二月)三冊
第二復員局残務処理部資料課『台湾沖航空戦竝関連電報綴(昭和十九年十月十〜二十日)』
大本営陸軍部第二十班『大本営機密戦争日誌』

解説

茶谷誠一

山田朗先生の大著『大元帥 昭和天皇』がちくま学芸文庫から復刊されることとなった。この機にあたり、私は山田先生と編集担当の伊藤大五郎氏より文庫版への解説執筆の依頼をうけた。これまで、拙著のあとがきのほか、様々な機会に言及してきたことであるが、山田先生は私の明治大学在籍時の恩師であり、一九九四年に先生が明治大学文学部に赴任してきた年に学部四年生として卒業論文の指導をうけた、山田ゼミの第一期生にあたる。あれから二五年以上経過した今日、恩師である山田先生の大著の解説担当を非常に光栄なことと感じつつ、筆をとっている。

私自身が山田先生の研究に触れるきっかけとなったのは、「昭和天皇独白録」の発表後、故藤原彰先生、故粟屋憲太郎先生、吉田裕先生と山田先生の共著で刊行された、『徹底検証・昭和天皇「独白録」』（大月書店、一九九一年）を学部一年生の時に拝読したことに始まる。『文藝春秋』一九九〇年一二月号に掲載された「昭和天皇独白録」は、天皇の肉声を伝える第一級の資料として、当時の社会でも話題となっていたが、山田先生をはじめとする四人の先生方が歴史学研究者として史料や事実にもとづき、まさしく「昭和天皇独白録」を徹底的に検証、批判する文面を興奮しながら耽読していたことを昨日のことのように覚えている。

当然、この時は山田先生と出会うことなど夢想だにしなかったのだが、前述したように、数年後に山田先生の薫陶を受けることとなる。その際のいきさつは、学部三年次に在籍していた故海野福寿先生のゼミで卒論テーマについて、「昭和天皇について『独白録』との関係から調べてみたい」と申し上げたところ、海野先生より「では、この本を読んでみなさい」といわれ、借りて読んだのが、本書のもとになった『昭和天皇の戦争指導』(昭和出版、一九九〇年)であった。

『昭和天皇の戦争指導』は先の『徹底検証・昭和天皇「独白録」』以上に、私の関心を引き付けた。その最たる理由は何といっても、日米開戦後のいわゆるアジア・太平洋戦争のさなかにおいて、昭和天皇が帝国陸海軍の最高司令官、「大元帥」として戦争指導にあたっていた生々しい実態を明らかにした点に尽きる。良書を表現する際、「一気に読破した」という言葉を用いることがあるが、当時の私にとって本書とその前身作にあたる『昭和天皇の戦争指導』は、まさにそんな文句があてはまる研究書であった。

本書『大元帥 昭和天皇』は『昭和天皇の戦争指導』の内容をもとにしつつも、日中戦争以前や敗戦後の叙述などを加筆し、タイトルに示されたような、大元帥としての昭和天皇の全体像と実態を暴き出すべく、丹念に資料分析を行いながら検証した増補版といえる。

そもそも、本書の問題提起とは、「まえがき」の冒頭にも明記されているように、

①天皇は軍事には素人で、戦争には直接関係しなかった

②戦争は軍部が独走して起こしたもので、天皇はそれを抑えようとする平和主義者だった

③戦時中、天皇は戦争の実態を知らなかった

④天皇の聖断によって戦争が終結し、平和になった（本文の記述を略述）

という、戦後の誤った天皇観に対し、史実を提供することで天皇の戦争責任を考えさせようとした点にある。

よくよく考えてみれば、近代以降の君主制国家において、宣戦布告をして戦争状態になった以上、君主が国家を勝利に導くために行動するのは当たり前のことであり、大元帥の地位にあった昭和天皇も例外ではない。戦後の日本人の場合、このような常識的な前提にたたず、昭和天皇＝平和主義者という先入観でとらえ、戦時中の天皇は何も関係しなかったのだと、一方的に信じている傾向を感じる。

山田先生は昭和天皇の戦争責任を検証する意味について、「国家元首・大元帥の立場にあった天皇の責任を検証することは、当時の国家の責任全体を追及することにつながり、そこから実証的にあぶり出された史実を国民の共通認識とすることで、今後、日本が再び

戦争という過ちを繰り返さないための『確かな土台』になるのだ」（本書まえがき参照）と力説する。本書を執筆された時点でのこの問題意識は、山田先生のその後の研究活動、教育活動にも引き継がれ、現在に至るまで貫かれているようにみうけられる。

本書の問題設定や検証方法についての特徴を紹介したい。問題設定については、明治憲法体制下において天皇が持つ軍事的機能の実態解明に特化し、とくに、昭和天皇の大元帥としての側面を徹底的に解析することに終始している。そして、このような問題を検証していくための資料として、防衛庁防衛研修所戦史室『戦史叢書』（朝雲新聞社刊）の関係各巻を中心に、当時の軍人、官僚、政治家らの回想録、手記類など既刊の資料群を駆使しながら、精緻な分析を行っている。

つぎに本書の構成と内容にそって、若干の解説を加えていく。本書を通読すると、第Ⅲ章までにいたる過程、すなわち、第Ⅰ章「大元帥への道」、第Ⅱ章「大陸への膨張と昭和天皇」の記述がややおとなしく感じるのではないだろうか。第Ⅰ章は昭和天皇の生い立ちから幼少期、摂政を務めた青年期の記述であり、天皇になるまでの間に軍事面の素養をいかに身につけていったのか、いくつかのエピソードを紹介するにとどまっている。

しかし、大正天皇の死後、一九二六年一二月には皇太子裕仁は天皇に践祚し、大元帥の地位に就いていたわけで、周知のように、一九三一年九月の満州事変勃発以降、軍部の大陸侵攻に伴い、大元帥としての天皇の役割も重要になっていく。第Ⅱ章でも満州事変や一九三三年の熱河作戦の際における天皇の動向が紹介されているが、第Ⅲ章以降の臨場感にあふれた筆致が感じられない。

断っておくが、その理由は書き手の問題ではない。この間の大元帥としての昭和天皇の言動が継続的に、明確に示されなかった時期だからである。たしかに、本書でも紹介されているように、一九三六年の二・二六事件の際、昭和天皇が本庄繁侍従武官長に「朕自ら近衛師団を率ひ、此が鎮定に当らん」という激怒の言葉を発したような、大元帥としての自覚が示された事例もある。

ただし、本書でも指摘されているように、満州事変から日中戦争後半までの期間は資料上の制約もあり、昭和天皇が陸海軍の幕僚に対して軍事問題に関する詳細な下問を行うなど、大元帥としての一面を見出しにくい時期であった。そのため、日米開戦の可能性が高まってくる時期になると、天皇や幕僚らの言動をつぶさに記した資料も整い、第Ⅱ章後半の「南進・膨張戦略と天皇」の記述あたりから、天皇の肉声を通じ、戦争へと突入していく当時の国家情勢や緊迫した雰囲気も伝わってくるようになる。

本書における白眉は、何といってもアジア・太平洋戦争の開戦経緯から戦局の悪化までの過程を論じた、第Ⅲ章「アジア太平洋戦争における天皇の戦争指導」である。開戦経緯に精通している者であれば、一九四一年九月六日の御前会議で「帝国国策遂行要領」が決定されたことの重要性は理解できるであろう。第Ⅲ章では、この九月六日の御前会議に臨む昭和天皇の姿勢への検証に始まり、戦時中における天皇の戦争指導の実態を実証的に描くことで、「天皇は日米開戦に反対、消極的であった」という通説への批判を試みている。今日でも昭和天皇の開戦への反対姿勢を示す事例として取りあげられることの多い九月六日の御前会議につき、本書では前五日における天皇と近衛文麿首相、杉山元参謀総長、永野修身軍令部総長との対話記録、統帥部作成の応答資料などから分析する。そして、天皇が九月六日の時点で日米開戦に消極的だった理由として、開戦に全面的に反対だったわけではなく、陸海軍の捨て鉢的、冒険主義的な姿勢に反対していたに過ぎないと指摘する。その証左として、本書ではこの後、天皇が早期開戦を急ぐ統帥部からの具体的な説明（南方への進軍と戦略物資の獲得、本土への輸送による長期持久戦体制の構築）を受けるうち、徐々に開戦論へと傾斜していく様子を実証的に書き進めていく。

なかでも、天皇をはじめ、当時の陸海統帥部が開戦に踏みきった際の国策として、一九四一年一一月に大本営政府連絡会議で策定された「対米英蘭蔣戦争終末促進に関する腹案」の内容には、私も初めて読んだ際にかなりの衝撃を受けた。読者も当時の日本という国が最大、最強の軍事国家であるアメリカに戦争を吹っ掛けたのであるから、多少なりとも軍事的な勝算があり、戦争終結に向けて明確な道筋を描いて開戦したのだろうと思っているのではないだろうか。そのような見解を持っておられる方は、本書の該当箇所を読めば、いかに当時の国家指導者が杜撰で他力本願な見透ししか立たないなかで無謀な賭けにでたかという事実に接し、私と同じような衝撃を受けることであろう。

また、第Ⅲ章がより読む意欲をかき立てるのは、アジア・太平洋戦争期の戦局が転換する局面ごとに大元帥・昭和天皇の言動を紹介し、戦争指導に対する姿勢や熱意が変化していく様子を如実に示した点にある。従来までのいわゆる戦争本では、一九四二年六月のミッドウェー海戦の惨敗が戦局の転換点としてよく取りあげられている。

しかし、本書ではミッドウェー海戦の敗戦に重きをおかず、一九四二年から一九四三年にかけてのガダルカナル島攻防戦、同島撤退後のソロモン諸島、東部ニューギニア攻防戦で繰り広げられた日本軍と連合軍（米軍主体）との消耗戦を重視する。この消耗戦を戦い抜くなかで、日本軍は海軍を中心に多くの艦載機を失ったほか、日中戦争以来の熟練パイロットの犠牲者も増えていくのであった。

そして、本書ではこの間における天皇の姿勢を「攻勢要求」段階とし、ズルズルと戦線を後退させる陸海統帥部に対して天皇が攻勢にでるよう指示を発するなど、積極的に戦争指導を行っていた実態を明らかにしている。その後、東部ニューギニア、ソロモン諸島戦線で苦戦が続き、アッツ島玉砕が明らかとなる一九四三年五月頃になると、天皇の戦争指導は「決戦要求」段階に入る。この時点での興味深い記述は、天皇の決戦を求める矛先が海軍であり、決戦を避けるかのような対応をみせる永野軍令部総長への風当たりが強くなる一幕を紹介したシーンである。「決戦要求」段階での昭和天皇の言動を描いた場面では、大元帥としての不安や苛立ちが見事に表現されている。

天皇の戦争指導への意欲変化は第Ⅳ章「敗戦と天皇」にも引き継がれる。一九四三年九月の絶対国防圏の設定後、「補給確保・戦略拠点防備強化」段階を経て、一九四四年には天皇の戦争指導の意欲が明らかに低下していく過程が描かれている。挽回不可能なまでに悪化していく戦局に対し、天皇の戦争指導の意欲は低下するばかりであったが、それでも、サイパン決戦や台湾沖航空戦、沖縄戦といった重要な決戦時には、戦争指導上、必要な指示を発していた事実も紹介されている。

このように、本書ではアジア・太平洋戦争における戦局の転換に応じて、大元帥たる昭和天皇の戦争指導の様相も変化していった側面を実証的に論じている。本書を読了した時点で、多くの読者が本書あとがきでまとめている「昭和天皇は、軍事に素人などでは決してなかった。天皇の大元帥としての責任感、軍人としての資質・素養は、アジア太平洋戦争において大いに示された」との結論に納得されるはずである。ここまで詳細かつ精緻にアジア・太平洋戦争期の大元帥昭和天皇の実態を分析した研究はなく、まさに本書の意義と価値を見出せる。

・今回の解説依頼を受けた頃、ある学術雑誌の書評に山田先生の寄稿が掲載された。井上清『天皇の戦争責任』（現代評論社、一九七六年）を評した書評文のなかで、山田先生は同書が学会や社会に影響を与えた理由として、「日本近現代史研究の第一人者による、一次史料を駆使し、天皇の戦争責任を正面から追及する歯に衣着せぬ筆致は、他に類がなかったから」（『日本史研究』第六八八号、二〇一九年一二月号、一二一頁）だと述べている。

この評価は、本書『大元帥　昭和天皇』の書評としても全くあてはまる表現といってよい。とくに、昭和天皇の大元帥の側面につき、資料を用いながらここまで精緻に分析した研究は、本書が初めてではないだろうか。本書の刊行以前にも、上記の井上清『天皇の戦争責任』、大江志乃夫『御前会議』（中公新書、一九九一年）、藤原彰『昭和天皇の十五年戦争』（青木書店、一九九一年）などが上梓されていたものの、本書の分析視角のように大元帥たる昭和天皇の一挙手一投足を解析したわけではなかった。

ここにあげた先行研究のなかでは、藤原彰『昭和天皇の十五年戦争』が本書の分析視角や内容に近い研究書であるが、読んで比較していただければ両書の違いが把握できるであろう。昭和天皇の大元帥としての全体像を「広く薄く」概説的にコンパクトにまとめたのが『昭和天皇の十五年戦争』であり、本書はアジア・太平洋戦争期を中心に大元帥の実態をより「深く」検証している。

本書を書き起こすにあたり、山田先生が意識されていた課題とは、藤原先生ら先達の研究者によって描き切れなかった昭和天皇像を解明することにあったのではないだろうか。陸海軍の最高司令官たる大元帥としての昭和天皇を描くことで、先行研究の研究蓄積と合わせ、昭和天皇の全体像が学術的にはっきりと示されたことは確かである。

ここまで、本書の評価について内容をふまえながら紹介してきたが、本書の原版発行から四半世紀以上経過した今日、その課題もまた浮かび上がっている。まずは、検証材料となる原資料の公開や利用状況が時間の経過とともに進捗し、さらに精緻な分析が可能となっている点である。解説の冒頭でもふれたように、本書は既刊の資料群を駆使しながら検証を行っている。しかし、それは本書を執筆した当時に利用できる「既刊」の資料であり、原版の刊行から二五年以上経過した現在では、資料公開、利用の環境が異なってきている（同様の指摘につき、山田先生ご自身が今回の文庫版あとがきで言及している）。

例えば、本書でもその一部を引用している大本営陸軍部第二〇班「機密戦争日誌」は、当時、防衛庁防衛研究所図書館所蔵扱いで閲覧、利用するには現地に足を運ぶ必要があったが、その後、原文が翻刻され、軍事史学会編『機密戦争日誌』上下（錦正社、一九九八年）として刊行された。同じく、敗戦時に大本営陸軍部作戦部長を務めた宮崎周一の日記も、軍事史学会編『宮崎周一中将日誌』（錦正社、二〇〇三年）として刊行されるなど、この間、アジア・太平洋戦争期や日中戦争期の軍事関係の資料が次々と刊行されている。

また、当時、防衛庁防衛研究所図書館所蔵の資料群は現地に行って閲覧請求をし、数冊単位で出てきた簿冊のページをめくりながら、目当ての文書を見つけ出す手間が必要であった。しかし、現在ではアジア歴史資料センターに防衛省防衛研究所所蔵の資料も提供され続けており（もちろん全てではない）、デジタル処理された資料が文書単位でインターネットからアクセス、利用できるような研究環境となっている。このほか、本書でもアジア・太平洋戦争期の検証資料として多用されている『戦史叢書』シリーズも、現在、防衛省防衛研究所のHPから全一〇二巻の閲覧、利用が可能となっている。

資料の調査環境の整備、検証材料の増加により、一段と詳細な分析が可能となった今日、本書で論じられている内容についても、部分的に再検討や修正を迫られる箇所が生じてくることになろう。歴史学において先行研究批判は必然の作業であり、資料環境が進んだ今日、本書もその俎上にのぼることになる。

しかしながら、本書を基礎として新たな事実解明や修正が図られるのであり、その意味で本書の価値が失われるわけではない。それどころか、今後も昭和天皇の戦争指導について研究する際、本書は必読の書として読み継がれていくことになるであろう。実際、現在でも昭和戦前期の軍事史について分析した研究では、必ずといってよいほど本書が先行研究整理のなかで言及されている。今回、本書がちくま学芸文庫から復刊されることで、より手軽に読めるようになったわけであり、研究者はもちろん、一般の方々にも是非手に取って読んでいきただい。

本書を読んで山田先生の研究に興味を持たれた方には、本書の内容をもとに『昭和天皇実録』の検証も加えた、山田朗『昭和天皇の戦争』（岩波書店、二〇一七年）もおすすめしたい一冊である。

二〇二〇年四月

（ちゃだに・せいいち　志學館大学人間関係学部教授）

本書は一九九四年一〇月、新日本出版社より刊行された。

独立自尊　北岡伸一
国家の発展に必要なものとは何か――。福沢諭吉は生涯をかけてこの課題に挑んだ。今こそ振り返るべき思想を明らかにした画期的福沢伝。（細谷雄一）

賤民とは何か　喜田貞吉
非人、河原者、乞胸、奴婢、声聞師……。差別と被差別の根源的構造を歴史的に考察する賤民研究の決定版。『賤民概説』他六篇収録。（塩見鮮一郎）

増補 絵画史料で歴史を読む　黒田日出男
歴史学は文献研究だけではない。絵巻・曼荼羅・肖像画など過去の絵画を史料として読み解き、斬新な手法で日本史を掘り下げた一冊。（三浦篤）

滞日十年（上）　ジョセフ・C・グルー　石川欣一訳
日米開戦にいたるまでの激動の十年、どのような外交交渉が行われたのか。駐日アメリカ大使による貴重な記録。上巻は１９３２年から１９３９年まで。

滞日十年（下）　ジョセフ・C・グルー　石川欣一訳
知日派の駐日大使グルーは日米開戦の回避に奔走。下巻は、ついに日米が戦端を開き、１９４２年、戦時交換船で帰国するまでの迫真の記録。（保阪正康）

東京裁判　幻の弁護側資料　小堀桂一郎編
我々は東京裁判の真実を知っているのか？　準備されたものの未提出に終わった膨大な裁判資料から18篇を精選。緻密な解説とともに裁判の虚構に迫る。

一揆の原理　呉座勇一
虐げられた民衆たちの決死の抵抗として語られてきた一揆。だがそれは戦後歴史学が生んだ幻想にすぎない。これまでの通俗的理解を覆す痛快な一揆論！

甲陽軍鑑　佐藤正英校訂・訳
武田信玄と甲州武士団の思想と行動の集大成。大部から、山本勘助の物語や川中島の合戦など、その白眉を収録。新校訂の原文に現代語訳を付す。

機関銃下の首相官邸　迫水久常
二・二六事件では叛乱軍を欺いて岡田首相を救出し、終戦時には鈴木首相を支えた著者が明かす、天皇・軍部・内閣をめぐる迫真の秘話記録。（井上寿一）

増補 モスクが語るイスラム史　羽田正

モスクの変容――そこには宗教、政治、経済、美術、人々の生活をはじめ、イスラム世界の全歴史が刻み込まれている。その軌跡を色鮮やかに描き出す。

日本大空襲　原田良次

帝都防衛を担った兵士がひそかに綴った日記。各地の空爆被害、斃れゆく戦友への思い、そして国への疑念……空襲の実像を示す第一級資料。（吉田裕）

餓死（うえじに）した英霊たち　藤原彰

第二次大戦で死没した日本兵の大半は飢餓や栄養失調によるものだった。彼らのあまりに悲惨な最期を詳述し、その責任を問う告発の書。（一ノ瀬俊也）

裏社会の日本史　フィリップ・ポンス　安永愛訳

中世における賤民から現代社会の経済的弱者まで、また江戸の博徒や義賊から近代以降のやくざまで――フランス知識人が描いた貧困と犯罪の裏日本史。

古代の朱　松田壽男

古代の赤色顔料、丹砂。地名から産地を探ると同時に古代史が浮き彫りにされる。標題論考に、「即身佛の秘密」、自叙伝「学問と私」を併録。

横井小楠　松浦玲

欧米近代の外圧に対して、儒学的理想である仁政を基に、内外の政治的状況を考察し、政策を立案し遂行しようとした幕末最大の思想家を描いた名著。

古代の鉄と神々　真弓常忠

弥生時代の稲作にはすでに鉄が使われていた！原型を遺さないその鉄文化の痕跡を神話・祭祀に求め、古代史の謎を解き明かす。（上垣外憲一）

古代大和朝廷　宮崎市定

記紀を読み解き、中国・朝鮮の史料を援用して、日本の古代史を東洋と世界の歴史に位置づける、壮大なスケールの日本史論集。（砺波護）

増補 海洋国家日本の戦後史　宮城大蔵

戦後アジアの巨大な変貌の背後には、開発と経済成長という日本の「非政治」的な戦略があった。海域アジアの戦後史に果たした日本の軌跡をたどる。

日本の外交　添谷芳秀

憲法九条と日米安保条約に根差した戦後外交。それがもたらした国家像の決定的な分裂をどう乗り越えるか。戦後史を読みなおし、その実像と展望を示す。

世界史のなかの戦国日本　村井章介

世界史の文脈の中で日本列島を眺めてみるとそこには意外な発見が！　戦国時代の日本はそうとうにグローバルだった！　（橋本雄）

増補 中世日本の内と外　村井章介

国家間の争いなんておかまいなし。中世の東アジア人は海を自由に行き交い生計を立てていた。私たちの「内と外」の認識を歴史からたどる。（榎本渉）

古代史おさらい帖　森浩一

考古学・古代史の重鎮が、「土地」「年代」「人」の基本概念を徹底的に再検証。「古代史」をめぐる諸問題の見取り図がわかる名著。

江戸の坂　東京の坂（全）　横関英一

東京の坂道とその名前からは、江戸の暮らしや庶民の心が透かし見える。東京中の坂を渉猟し、元祖「坂道」本と謳われた幻の名著。（鈴木博之）

明治富豪史　横山源之助

維新そっちのけで海外投資に励み、贋札を発行してまで資本の蓄積に邁進する新興企業家・財閥創業者たちの姿を明らかにした明治裏面史。（色川大吉）

つくられた卑弥呼　義江明子

邪馬台国の卑弥呼は「神秘的な巫女」だった？　明治以降に創られたイメージを覆し、古代の女性支配者たちを政治的実権を持つ王として位置づけなおす。

北一輝　渡辺京二

明治天皇制国家を批判し、のち二・二六事件に連座して刑死した日本最大の政治思想家北一輝の生涯。第33回毎日出版文化賞受賞の名著。（臼井隆一郎）

中世を旅する人びと　阿部謹也

西洋中世の庶民の社会史。旅籠が客に課す厳格なルールや、遍歴職人必須の身分証明のための暗号など、興味深い史実を紹介。（平野啓一郎）

中世の星の下で　阿部謹也

中世ヨーロッパの庶民の暮らしを具体的、克明に描き、その歓びと涙、人と人との絆、深層意識を解き明かした中世史研究の傑作。（網野善彦）

中世の窓から　阿部謹也

中世ヨーロッパに生じた産業革命にも比する大転換――。名もなき人びとの暮らしを丹念に辿り、その全体像を描き出す。大佛次郎賞受賞。（樺山紘一）

1492 西欧文明の世界支配　ジャック・アタリ　斎藤広信訳

1492年コロンブスが新大陸を発見したことで、アメリカをはじめ中国・イスラム等の独自文明は抹殺された。現代世界の来歴を解き明かす一冊。

憲法で読むアメリカ史（全）　阿川尚之

建国から南北戦争、大恐慌と二度の大戦をへて現代まで。アメリカの歴史は常に憲法を通じ形づくられてきた。この国の底力の源泉へと迫る壮大な通史！

専制国家史論　足立啓二

封建的な共同団体性を欠いた専制国家・中国。歴史的にこの国はいかなる展開を遂げてきたのか。中国の特質と世界の行方を縦横に考察した比類なき論考。

暗殺者教国　岩村忍

政治外交手段として暗殺をくり返したニザリ・イスマイリ教国。広大な領土を支配したこの国の奇怪な活動を支えた教義とは？（鈴木規夫）

増補 魔女と聖女　池上俊一

魔女狩りの嵐が吹き荒れた中近世、美徳と超自然的力により崇められる聖女も急増する。女性嫌悪と礼賛の熱狂へ人々を駆りたてたものの正体に迫る。

ムッソリーニ　ロマノ・ヴルピッタ

統一国家となって以来、イタリア人が経験した激動の歴史。その象徴ともいうべき指導者の実像とは。既成のイメージを刷新する画期的ムッソリーニ伝。

中華人民共和国史十五講　王丹　加藤敬事訳

八九年天安門事件の学生リーダー王丹。逮捕・収監後、亡命先で母国の歴史を学び直し、敗者たちの透徹した認識を復元する、鎮魂の共和国六〇年史。

台湾総督府　黄昭堂

清朝中国から台湾を割譲させた日本は、新たな統治機関として台北に台湾総督府を組織した。抵抗と抑圧と建設。植民地統治の実態を追う。（檜山幸夫）

増補 大衆宣伝の神話　佐藤卓己

祝祭、漫画、シンボル、デモなど政治の視覚化は大衆の感情をどのように動員したか。ヒトラーが学んだプロパガンダを読み解く「メディア史」の出発点。

ユダヤ人の起源　シュロモー・サンド　高橋武智監訳　佐々木康之／木村高子訳

〈ユダヤ人〉はいかなる経緯をもって成立したのか。歴史記述の精緻な検証によって実像に迫り、そのアイデンティティを根本から問う画期的試論。

中国史談集　澤田瑞穂

皇帝、彫青、男色、刑罰、宗教結社など中国裏面史を彩った人物や事件を中国文学の碩学が独自の視点で解き明かす。怪力乱「神」をあえて語る！（堀誠）

ヨーロッパとイスラーム世界　R・W・サザン　鈴木利章訳

〈無知〉から〈洞察〉へ。キリスト教文明とイスラーム文明との関係を西洋中世にまで遡って考察し、読者に歴史的見通しを与える名講義。（山本芳久）

図説　探検地図の歴史　R・A・スケルトン　増田義郎／信岡奈生訳

世界はいかに〈発見〉されていったか。人類の知が全地球を覆っていく地理的発見の歴史を、時代ごとの地図に沿って描き出す。貴重図版二〇〇点以上。

同時代史　タキトゥス　國原吉之助訳

古代ローマの暴帝ネロ自殺のあと内乱が勃発。絡みあう人間ドラマ、陰謀、凄まじい政争を、臨場感あふれる鮮やかな描写で展開した大古典。（本村凌二）

秋風秋雨人を愁殺す　武田泰淳

辛亥革命前夜、疾風のように駆け抜けた美貌の若き女性革命家秋瑾の生涯。日本刀を鍾愛した烈女秋瑾の思想と人間像を浮き彫りにした評伝の白眉。

歴史（上・下）　トゥキュディデス　小西晴雄訳

野望、虚栄、裏切り――古代ギリシアを殺戮の嵐に陥れたペロポネソス戦争とは何だったのか。その全貌を克明に記した、人類最古の本格的「歴史書」。

日本陸軍と中国　戸部良一
中国スペシャリストとして活躍し、日中提携を夢見た男たち。なぜ彼らが、泥沼の戦争へと日本を導くことになったのか。真相を追う。（五百旗頭真）

カニバリズム論　中野美代子
根源的タブーの人肉嗜食や纏足、宦官……。目を背けたくなるものを冷静に論ずることで逆説的に人間の真実に迫る血の滴る異色の人間史。（山田仁史）

帝国の陰謀　蓮實重彦
一組の義兄弟による陰謀から生まれたフランス第二帝政。「私生児」の義弟が遺した二つのテクストを読解し、近代的現象の本質に迫る。（入江哲朗）

交易の世界史（上）　ウィリアム・バーンスタイン　鬼澤忍訳
絹、スパイス、砂糖……。新奇なもの、希少なものへの欲望が世界を動かし、文明の興亡を左右してきた。数千年にもわたる交易の歴史を一望する試み。

交易の世界史（下）　ウィリアム・バーンスタイン　鬼澤忍訳
交易は人類そのものを映し出す鏡である。圧倒的な繁栄をもたらし、同時に数多の軋轢と衝突を引き起こしてきたその歴史を圧巻のスケールで描き出す。

フランス革命の政治文化　リン・ハント　松浦義弘訳
フランス革命固有の成果は、レトリックやシンボルによる政治言語と文化の創造であった。政治文化とそれを生み出した人々の社会的出自を考察する。

戦争の起源　アーサー・フェリル　鈴木主税／石原正毅訳
人類誕生とともに戦争は始まった。先史時代からアレクサンドロス大王までの壮大なるその歴史をダイナミックに描く。地図・図版多数。（森谷公俊）

近代ヨーロッパ史　福井憲彦
ヨーロッパの近代は、その後の世界を決定づけた。現代をさまざまな面で規定しているヨーロッパ近代の歴史と意味を、平明かつ総合的に考える。

イタリア・ルネサンスの文化（上）　ヤーコプ・ブルクハルト　新井靖一訳
中央集権化がすすみ緻密に構成されていく国家あってこそ、イタリア・ルネサンスは可能となった。ブルクハルト若き日の着想に発した畢生の大著。

イタリア・ルネサンスの文化（下）
ヤーコプ・ブルクハルト　新井靖一訳
緊張の続く国家間情勢の下にあって、類稀な文化と個性的な人物達は生みだされた。近代的な社会に向かう時代の、人間の生活文化様式を描ききる。

はじめてわかる ルネサンス
ジェリー・ブロトン　高山芳樹訳
ルネサンスは芸術だけじゃない！　東洋との出会い、科学と哲学、宗教改革など、さまざまな角度から光をあてて真のルネサンス像に迫る入門書。

増補 普通の人びと
クリストファー・R・ブラウニング　谷喬夫訳
ごく平凡な市民が無抵抗なユダヤ人を並べ立たせ、ひたすら銃殺する――なぜ彼らは八万人もの大虐殺に荷担したのか。その実態と心理に迫る戦慄の書。

匪賊の社会史
エリック・ホブズボーム　船山榮一訳
抑圧的権力から民衆を守るヒーローと讃えられてきた善きアウトローたち。その系譜や生き方を追い、暴力と権力のからくりに迫る幻の名著。

20世紀の歴史（上）
エリック・ホブズボーム　大井由紀訳
第一次世界大戦の勃発が20世紀の始まりとなった。この「短い世紀」の諸相を英国を代表する歴史家が渾身の力で描く。全二巻、文庫オリジナル新訳。

20世紀の歴史（下）
エリック・ホブズボーム　大井由紀訳
一九七〇年代を過ぎ、世界に再び危機が訪れる。不確実性がいやますなか、ソ連崩壊が20世紀の終焉を印した。歴史家の考察は我々に何を伝えるのか。

アラブが見た十字軍
アミン・マアルーフ　牟田口義郎／新川雅子訳
十字軍とはアラブにとって何だったのか？　豊富な史料を渉猟し、激動の12、13世紀をあざやかに、しかも手際よくまとめた反十字軍史。

バクトリア王国の興亡
前田耕作
ゾロアスター教が生まれ、のちにヘレニズムが開花したバクトリア。様々な民族・宗教が交わるこの地に栄えた王国の歴史を描く唯一無二の概説書。

ディスコルシ
ニッコロ・マキァヴェッリ　永井三明訳
ローマ帝国はなぜあれほどまでに繁栄しえたのか。その鍵は〝ヴィルトゥ〟。パワー・ポリティクスの教祖が、したたかに歴史を解読する。

戦争の技術　ニッコロ・マキァヴェッリ　服部文彦訳

出版されるや否や各国語に翻訳された最強にして安全な軍隊の作り方。この理念により創設された新生フィレンツェ軍は一五〇九年、ピサを奪回する。

マクニール世界史講義　ウィリアム・H・マクニール　北川知子訳

ベストセラー『世界史』の著者が人類の歴史を読み解くための三つの視点を易しく語る白熱の入門講義。本物の歴史感覚を学べます。文庫オリジナル。

古代ローマ旅行ガイド　フィリップ・マティザック　安原和見訳

タイムスリップして古代ローマを訪れるなら？　そんな想定で作られた前代未聞のトラベル・ガイド。必見の名所・娯楽ほか情報満載。カラー頁多数。

古代アテネ旅行ガイド　フィリップ・マティザック　安原和見訳

古代ギリシャに旅行できるなら何を観て何を食べる？　そうだソクラテスにも会ってみよう！　神殿等の名所・娯楽ほか現地情報満載。カラー図版多数。

オリンピア　村川堅太郎

古代ギリシア世界最大の競技祭とはいかなるものであったのか。遺跡の概要から競技精神の盛衰まで、綿密な考証と卓抜な筆致で迫った名著。（橋場弦）

アレクサンドロスとオリュンピアス　森谷公俊

彼女は怪しい密儀に没頭し、残忍に邪魔者を殺す悪女なのか、息子を陰で支え続けた賢母なのか。大王母の激動の生涯を追う。（澤田典子）

古代地中海世界の歴史　本村凌二　中村るい

メソポタミア、エジプト、ギリシア、ローマ——古代に花開き、密接な交流や抗争をくり広げた文明を一望に見渡し、歴史の躍動を大きくつかむ！

増補　十字軍の思想　山内進

欧米社会にいまなお色濃く影を落とす「十字軍」の思想。人々を聖なる戦争へと駆り立てるものとは？　その歴史を辿り、キリスト教世界の深層に迫る。

向う岸からの世界史　良知力

「歴史なき民」こそが歴史の担い手であり、革命の主体であった。著者の思想史から社会史への転換点を示す記念碑的作品。（阿部謹也）

ちくま学芸文庫

大元帥（だいげんすい） 昭和天皇（しょうわてんのう）

二〇二〇年七月十日 第一刷発行

著者 山田朗（やまだ・あきら）

発行者 喜入冬子

発行所 株式会社 筑摩書房

東京都台東区蔵前二―五―三 〒一一一―八七五五

電話番号 〇三―五六八七―二六〇一（代表）

装幀者 安野光雅

印刷所 星野精版印刷株式会社

製本所 株式会社積信堂

ISBN978-4-480-09971-6 C0121